Rosine Debray

O EQUILÍBRIO PSICOSSOMÁTICO
E UM ESTUDO SOBRE DIABÉTICOS

Dados Internacionais de Catalogação na Publicação (CIP)
(Câmara Brasileira do Livro, SP, Brasil)

Debray, Rosine
    O equilíbrio psicossomático: e um estudo sobre diabéticos /
Rosine Debray ; tradução José Werneck ;| prefácio de P. Marty |.
— São Paulo ; Casa do Psicólogo, 1995.

    Bibliografia.
    ISBN 85-85141-52-2

    1. Diabetes 2. Manifestações psicológicas de doenças
3. Medicina psicossomática I. Marty, P.
II. Título.

95-1200   CDD-616.08

Índices para catálogo sistemático:

1. Diabéticos   : Manifestações psicológicas de
        doenças   : Medicina psicossomática   616.08
2. Medicina psicossomática   616.08

Editor: Anna Elisa de Villemor Amaral Güntert

Capa: Cristina Sion

Revisão: Maria Senatore
            Ana Venite Fuzato

Composição Gráfica: Arte Graphic

estudos psicanalíticos
coleção dirigida por Latife Yazigi

Rosine Debray

O EQUILÍBRIO PSICOSSOMÁTICO

E UM ESTUDO SOBRE DIABÉTICOS

Tradução:
José de Souza e Mello Werneck

Casa do Psicólogo®

Do original:
L'équilibre psychosomatique
organisation mentale des diabétiques

© 1995 Casa do Psicólogo Livraria e Editora Ltda.

© 1983 Bordas, Paris

Reservado todos os direitos de publicação em língua portuguesa à
Casa do Psicólogo Livraria e Editora Ltda.
Rua Alves Guimarães, 436 — CEP 05410-000 — São Paulo — SP
Fone (011) 852-4633   Fax (011) 64-5392

É proibida a reprodução total ou parcial desta publicação para
qualquer finalidade, sem autorização por escrito dos editores.

Impresso no Brasil / *Printed in Brazil*

ÍNDICE

Prefácio de P. Marty IX

Introdução XVII

1. OS PSICANALISTAS E OS DISTÚRBIOS PSICOSSOMÁTICOS A PARTIR DE S. FREUD 1

2. O PONTO DE VISTA PSICOSSOMÁTICO DE P. MARTY 11

3. POR QUE A DIABETE INSULINO-DEPENDENTE?
1. Características da doença 25
2. Sem "perfil psicológico" comum, organizações mentais variadas 27
3. Observação de Diane (nº 1) 34

VI

O equilíbrio psicossomático

4. UMA DOENÇA SOMÁTICA PRECOCE: QUAIS SEUS VÍNCULOS COM A NOÇÃO DE TRAUMA?

1. Os "períodos sensíveis": a idade do conflito edipiano 47
2. Observação de Pascale (nº 2) 51
3. Observação de Serge (nº 3) 62
4. A questão do trauma e o peso dos elementos da realidade 71

5. DIABÉTICOS NA ADOLESCÊNCIA, COM QUE FUTURO?

1. Os "períodos sensíveis": a adolescência 81
2. Observação de Valérie (nº 4) 85
3. Observação de Gilles (nº 5) 97
4. Observação de Simon (nº 6) 106
5. Uma etiologia sexual para a doença somática? 114

6. A DOENÇA SOMÁTICA IRREVERSÍVEL NO JOVEM ADULTO

1. Os "períodos sensíveis": o nascimento dos filhos 119
2. Observação de Antoine (nº 7) 119
3. Observação de Danièle (nº 8) 130

Índice   VII

4. As mudanças na relação de objeto 140

7. A DESORGANIZAÇÃO SOMÁTICA TARDIA

1. Os "períodos sensíveis": crises individuais, mas também
a crise da metade da vida, a crise da aposentadoria 145
2. Observação de Gaëtan (nº 9) 146
3. Fragilidade individual e doença somática.................... 155

8. A PROPÓSITO DA CONSTITUIÇÃO DO EGO 161

9. INTERESSE E LIMITES DA INVESTIGAÇÃO

1. Eventualidades da investigação 181
2. Contribuição das provas projetivas 184
3. Contribuição das provas de desenho: a figura
complexa de Rey, o desenho de uma pessoa 189

10. OS TRATAMENTOS PROLONGADOS

1. Psicoterapia de Gilles 195
2. Psicoterapia de Antoine 198
3. Psicoterapia de Simon 204

Conclusão 213

VIII   *O equilíbrio psicossomático*

Anexos: Protocolos das nove observações 219

Bibliografia 259

Prefácio

A psicossomática pretende enquadrar-se entre as ciências do homem ao sustentar simultaneamente o interesse pelas pessoas em si mesmas, aprendido da psicanálise, ao abandonar o dualismo histórico psique-soma, ao considerar, enfim, as dimensões evolutivas — a despeito das dificuldades implicadas nessas três perspectivas — cada uma delas ousada e chocante — e reunidas para fundamentar sua metodologia e sua trajetória.

As relações que a psicossomática mantém com as diversas formas da sociologia, com a medicina, com a psicanálise — sua geradora e muitas vezes seu modelo — delimitam ao mesmo tempo seu campo, seus interesses científicos e seu espírito.

Sensível ao estudo das culturas — a que a extensão de suas observações se presta melhor do que a psicanálise e a medicina — a psicossomática tem como objeto primordial o conhecimento dos funcionamentos individuais na civilização dita ocidental, sem deixar de estar atenta aos movimentos relativos destes e daquela. Sem desprezar os pontos de vista sociológicos, ela não apresenta em relação a eles maior fraqueza do que é sua intenção ao aplicar ao social esquemas que resultam da organização das personalidades que traz à luz do dia.

A psicossomática encontra-se em situação complexa perante a medicina. Por assim dizer, engloba seu território, empenhando-se em trabalhar num domínio mais amplo. Por outro lado critica vários aspectos de seu método, conquanto se beneficie, às vezes, de seus resultados.

X   *O equilíbrio psicossomático*

O procedimento médico, como o procedimento psicossomático, procura analiticamente, partindo do complexo para o mais simples, os elementos constitutivos dos diversos aparelhos, com o intuito de compreender o percurso habitual ou os distúrbios da construção e do funcionamento desses aparelhos. Procura também identificar os fenômenos externos que intervêm nessa construção e nesse funcionamento. Não obstante, a psicossomática não pode aderir a certas tendências da medicina, variáveis conforme as épocas, mas que são muito atuais no seu conjunto, a saber:

— conceder aos elementos isolados pela análise um valor independente de seu lugar hierárquico na economia humana e, especialmente sob essa perspectiva, atribuir um valor duradouro e primordial aos agentes externos que ela descobre;

— fazer da fragmentação, atividade normal da análise, um sistema que, para além da teoria, se imponha à clínica;

— isolar o domínio psico-afetivo ou só considerá-lo superficialmente; apesar de que, sendo ele especificamente humano, mostra-se, em última instância, o mais poderoso organizador, desorganizador e reorganizador até mesmo das funções somáticas.

A psicossomática tira proveito da medicina. Em especial, sabe que as possibilidades terapêuticas são ultrapassadas por problemas de urgência, por *déficits* funcionais irreversíveis — nós o constatamos com Rosine Debray —, por lutas contra tumores. O restabelecimento artificial do equilíbrio de base, o aniquilamento das massas tumorais são necessários para que o terapeuta psicossomático possa ajudar o paciente a encontrar de novo o melhor de seu equilíbrio biológico natural, o melhor de suas defesas imunológicas.

As duas ciências se ajudam mútua e inapelavelmente, uma confiando à outra seus setores de maior competência. A psicossomática proporciona à medicina perspectivas e vantagens imediatas:

— teóricas, por meio da concepção evolutiva dos seres humanos, bem como de sua aplicação às formas individuais da vida social, mental, somática; por meio também de modelos metodológicos de pesquisa geral e sua aplicação específica a cada assunto;

— clínicas, por meio de uma semiologia nova, com diagnósticos

Prefácio   XI

e prognósticos fundamentais, que levam em conta as estruturas e suas variações;

— terapêuticas, com as adaptações aplicadas aos tratamentos médicos clássicos, com o acompanhamento de pacientes em seus períodos difíceis, com a complementariedade psicoterápica desejável ou necessária — como mostra Rosine Debray nos diabéticos insulino-dependentes —, e assumindo a total responsabilidade pelos doentes em alguns casos;

— profiláticas, a curto e médio prazo para os adultos e abrindo para as crianças perspectivas a longo prazo.

No essencial, a psicossomática é filha da psicanálise. Em troca, cumula a psicanálise de inúmeras riquezas.

A experiência psicossomática, em particular a das investigações e a da psicoterapia dos pacientes somáticos, baseou-se, como continua a fazer, em trabalhos de psicanalistas. Estes levaram muito tempo para admitir a evidência de diferenças marcantes entre o funcionamento psíquico das neuroses, como Freud lhes ensinou a ver, e o do número bem mais amplo de doentes somáticos. Alguns deles, entretanto, continuam a negar aquela evidência, reduzindo a teoria analítica, e, se precisarem, forçando até o sentido de algumas de suas explicações, limitando a quantidade e a qualidade dos pacientes aceitos.

A consideração pelo funcionamento somático do ponto de vista da economia estende e reforça, se for preciso, a hipótese freudiana da circulação interna dos valores. As noções de impulso, aumento, diminuição, repartição, equivalência, deslocamento, inversão, e também de consumo das forças instintivas encontram-se de novo e por vezes se esclarecem ao nos interessarmos pelo terreno dos impulsos.

Um inconsciente considerado não somente no seu porvir mental, mas como fator de qualquer programa psicossomático individual, permite considerar de modo mais eficaz, porque mais amplo, seus componentes em termos de forma e conteúdo, sua estruturação, movimentos internos, ritmos de distribuição dos tipos fundamentais de energia e as modificações mais importantes trazidas também a esses ritmos pelo próprio curso da vida.

Os instintos de morte encontram novamente seu estado elementar quando deixam de se cobrir com as vestes que as resistências da

XII   *O equilíbrio psicossomático*

vida mental moldam com eles e via de regra lhes impõem. Esta última, desligada de sua fonte pulsional, desorganizada, libera a anarquia somática.

Os seres humanos se reconhecem frágeis diante de uma doença somática quando não forem objeto de uma continuidade patológica apoiada no domínio das neuroses e psicoses. Não havendo expressão direta, comportamental, das pulsões — tenha que forma tiver — e sem o funcionamento hierarquizado do aparelho mental instala-se a depressão, desenvolvem-se os distúrbios somáticos.

Rosine Debray mostra como a atividade mental da parte mais significativa — e maior — dos doentes somáticos chama atenção ao mesmo tempo por suas insuficiências permanentes ou passageiras, assim como por suas formas especiais. A autora mostra igualmente como quase todos nós, pessoas que vivemos reguladamente um longo período de vida, ficamos vulneráveis numa certa idade, quando as representações e as fantasias mal podem se retemperar na realidade; quando o desejo é perdido, diminui a possibilidade de novos investimentos, cresce a ausência de relações, as circunstâncias externas ou internas tornam obsoletos antigos motivos de viver.

Com um funcionamento regular nos neuróticos, mas muitas vezes discútivel nos pacientes portadores de afecções somáticas, o pré-consciente viu a atenção de que era objeto ser novamente lançada pela psicossomática. As experiências materno-infantis, sensório-motoras, perceptivas, de linguagem, têm papel primordial na edificação do pré-consciente, específica em cada pessoa. Essa edificação cedo orienta a pessoa para um dos grandes grupos de neuroses (mentais, de caráter, de conduta). As qualidades do pré-consciente repousam na espessura do conjunto evolutivo de suas camadas, na variedade de seus tipos de representação, nos seus dinamismos internos de ligação, nos ritmos e tempos de seu funcionamento. A vida somática de uma pessoa é, via de regra, a imagem da vida do seu pré-consciente.

A percepção clínica da presença ativa do superego, dos ideais do ego, do ego ideal informam igualmente sobre a qualidade do funcionamento mental individual em um determinado momento. O superego instalado como herdeiro do complexo de Édipo, efeito assimilado de um trabalho de luto, instância da segunda tópica — se-

Prefácio XIII

jam quais forem os conflitos mentais e a sintomatologia que ele provoque — atesta *a fortiori* qual a melhor situação somática. Os ideais do ego, decorrentes de múltiplas identificações, no conjunto mais superificiais e frágeis, não oferecem a mesma garantia. O ego ideal primário — que é preciso distinguir das feições superegóicas que por vezes adquire — não procede diretamente de ninguém. Visceralmente não-evolutivo, insaciável, mostra-se quase sempre inibidor da liberdade mental.

A psicossomática trabalha, assim, a maioria dos campos da psicanálise, no sentido teórico e no clínico. Concorre também, com vigor novo, para esclarecer as indicações e adaptações técnicas, tanto dos tratamentos-padrões como de outras formas psicoterápicas derivadas da psicanálise.

O abandono do dualismo psique-soma não reside em um abandono de palavras. Revela-se progressivamente a cada um como abandono do espírito — do qual faz parte o difícil abandono das classificações, nosografias e procedimentos em voga — pelo estudo analítico da economia:

— abandono dos movimentos conexos ou comuns da instalação das diversas funções somáticas e psíquicas que se sucedem durante o desenvolvimento individual;

— abandono dos movimentos e encadeamentos posteriores dessas mesmas funções, seja na vida regular, seja nos períodos de doenças físicas em que se assiste à sua degradação, renascimento, ou desaparecimento, chegando eventualmente até a morte.

Certos sistemas habitualmente considerados de natureza somática pesam com toda a carga na construção do aparelho mental. O funcionamento hierarquizado do psiquismo atesta a excelência do andamento somático no indivíduo em questão. As desorganizações mentais se acompanham regularmente de desordens físicas. Mesmo sabendo que, com freqüência, no sentido do desenvolvimento ou da alteração psicossomática, existem praias escuras, — essas revelam lacunas, não raro enormes, de nossos conhecimentos — algumas das quais já preenchidas - sem que nada, excetuando o comodismo, autorize a encarar quaisquer descontinuidades. Mesmo se as funções mentais não desempenham abertamente um papel na construção mental (sem dúvida em

XIV   *O equilíbrio psicossomático*

razão de seu arcaísmo filogenético), seus desregramentos acabam se seguindo finalmente às desorganizações mentais.

A psicossomática deixa indiferente bom número de psicanalistas
e médicos; a outros desagrada e horroriza. Todos podem considerá-
la simplesmente como estranha à sua própria vocação ou especiali-
zação. Sua existência corre, porém, o risco de cometer um atentado
contra certos narcisismos, provocando o sentimento de insuficiência
do saber ou da prática nos que permanecem presos aos domínios
tradicionais, bem como naqueles que se encontram em momentos em
que é difícil a mudança de hábitos e de formas de pensar. Mais ainda, traz novo golpe a nossos aspectos megalomaníacos, acrescentando a carga de um questionamento pessoal ao determinismo, por si
mesmo pesado, de nossa vida. É mais ameno invocar elementos
patogênicos externos do que analisar fatores íntimos de nossos episódios depressivo.

Apesar das desigualdades e dos buracos de uma via teórica cuja
parte mais longa ainda não foi esboçada, não obstante as ciladas e
por vezes a aspereza do seu exercício, malgrado ainda a duração de
uma rigorosa formação profissional para os que se tomam de amo-
res por ela, médicos ou não, a psicossomática se evidencia cheia de
promessas e revela-se apaixonante.

A presença de profissionais da psicossomática de origens diversas, médicos e psicólogos em especial, parece necessária à vida regular de instituições como o hospital de La Poterne des Peupliers. A
complementariedade dos pontos de vista, assim como seus cotejos,
por ocasião de encontros e seminários, fomentando o aprendizado
das outras disciplinas, fazem progredir os trabalhos teóricos e clínicos — é o caso do trabalho de Rosine Debray — tornando mais fe-
cundas as técnicas das psicoterapias.

As características de personalidade, especialmente a flexibilidade
das identificações, o espírito de análise e síntese, a adesão aos valores humanos e o interesse pelas pessoas constituem, afinal, os crité-
rios fundamentais que, seja qual for o caminho, podem conduzir à
psicossomática.

Aceitar as dimensões evolutivas — salientou Freud — não é nem
a menor dificuldade nem o menor dos golpes para o ser humano. A

Prefácio XV

nossos olhos é a maior ajuda com que a ciência pode contar. O evolucionismo amedronta porque a evolução se apresenta como um todo, como uma engrenagem ativa, na qual a ponta do dedo é seguida pelo corpo e pelo resto, até o fim do universo. São conhecidos alguns desses dados, mas parece arriscado generalizar o princípio evolucionista e sentir-se submetido, sem escolha, a leis desconhecidas. Sendo assim, não raro situamos a "evolução" em outras épocas ou em lugares diferentes dos nossos, ou só aceitamos reconhecer seus efeitos em praias bem delineadas, onde nos sentimos seguros.

É contudo verossímil que, reunidas e comparadas, as aquisições essenciais das diversas disciplinas científicas relativas aos "antes", aos "depois", e à volta dos antes em tudo aquilo que se tranforma, — aquisições consideradas sob o ângulo econômico contextual, traduzidas em ordenamentos, regras e leis —, dariam progressivamente lugar a um instrumento privilegiado de pesquisa e de serenidade pessoal.

Habituada à pesquisa no sentido anti-evolutivo e, ao encarar a ordem de uma longa rota evolutiva que vai da filogênese, passando pela genética e pelo desenvolvimento individual e atingindo os sistemas quiçá mais evoluídos presentemente, os do pensamento, a psicossomática trará sua contribuição a um tal projeto quando suas descobertas se encontrarem melhor formuladas do que o são atualmente, em regras e leis. Seus trabalhos já estão caminhando nessa direção, recaindo sobre programas evolutivos, automação e programação, sobre as fixações e regressões extra e intra-sistêmicas, sobre a progressão das organizações funcionais, sobre a desorganização progressiva, enfim sobre a noção de ponta evolutiva.

Ao tratar das relações com a medicina, da psicanálise, dos dualismos ou das dimensões evolutivas, Rosine Debray encara esses problemas com clareza, ao longo de um trabalho modelar, deixando-me feliz em fazer seu prefácio. Esta obra reflete meu pensamento. Responde com precisão a meu desejo de ver sem cessar um confronto da realidade clínica com todos os setores de uma teoria tirada da experiência, mas que é preciso descobrir, ressaltar, e cujas fraquezas e falhas devemos empenhar-nos em suplantar.

Rosine Debray ilustra cada um dos pontos de vista desenvolvidos

XVI

O equilíbrio psicossomático

a partir de relatórios de investigação ou de exposições nuançadas de psicoterapias feitas com precisão, vivas. Suas observações expressam seu espírito psicanalítico incisivo e seguro, suas aspirações — na qualidade de profissional da psicossomática — de descobrir elementos semiológicos de natureza inédita. Os movimentos que identifica e consegue retirar das múltiplas combinações que lhe oferece o atendimento de pacientes afetados por uma mesma doença dão sempre lugar a discussões e relatos. Ela respeita os pacientes que trata, não os seduz nem os machuca, ficando no seu lugar, com a preocupação constante de sua economia, atenta à prevalência mental de sua homeostase. Observamos a posição de Rosine Debray até na apresentação de experiências psicológicas. Basta ler seu trabalho, o qual escrito em estilo claro e despojado, onde transparecem as qualidades de professora, e se verá salientar-se sua metodologia psicossomática.

Rosine Debray afronta a tarefa, especialmente difícil, de dirigir-se a sujeitos afetados por uma doença irreversível na sua essência, com crises, ameaças e complicações, e que colocam o profissional psicossomático, obervador ou terapeuta, ao mesmo tempo diante de um objetivo mais suscinto e de uma obrigatoriedade de atenção mais empenhada do que é habitual. Mostra com simplicidade em que pode consistir a ajuda mútua da medicina e da psicossomática. Não resta dúvida de que a maioria dos diabetólogos ficará satisfeita ao ver os psicossomaticistas afiançarem uma parte igualmente temível do tratamento de seus pacientes.

Pierre MARTY

Introdução

A idéia de realizar este trabalho nasceu do encontro entre uma elaboração teórica, a de Pierre Marty, a respeito da economia psicossomática dos seres humanos e aquilo que constituia minha reflexão, na época, em função de minha experiência clínica com pacientes ditos "psicossomáticos", mas também com pacientes crianças e adulto, objeto de uma prática psicanálitica corriqueira.

Meu interesse, logo de início muito vivo, pela dimensão representada pela economia psicossomática, parece explicável pelo fato de dizer respeito a todos os seres vivos e por isso mesmo ir ao encontro das preocupações atuais dos biólogos, imunologistas, biofísicos, que procuram como os últimos, chegar à consciência de que nos seres humanos a vida se desenvolve, se mantém e finalmente se extingue.

Abordar o problema geral, que podemos enunciar assim: "o que é que nos permite continuar vivos?"; ou "o que nos faz morrer e por quê? " utilizando do instrumento representado pela teoria psicanalítica, é sublinhar a importância principal concedida ao papel reservado à organização e ao funcionamento mental dos seres humanos em sua luta para permanecer vivos. Mas, é reconhecer ao mesmo tempo o peso considerável, para não dizer essencial, atribuído ao inconsciente.

É com ele que os psicanalistas costumam medir-se, sabendo com razão tratar-se de um confronto plenamente desigual. Isso evidencia-se pelo fato facilmente reconhecível ao término de um prolongado

XVIII   *O equilíbrio psicossomático*

tratamento analítico considerado bem sucedido, de que a psicanálise tem bom valor preditivo em relação ao passado, pois, no que tange ao futuro, nossa apreciação é muito mais prudente. É concordar com a opinião recentemente formulada pelo biólogo H. Atlan[1] quando escreve: *"O futuro pertence ao campo do desconhecido e portanto do inconsciente."*

Entretanto, tentar apreciar o que faz a economia psicossomática de um ser humano num dado momento da existência é tentar, por um lado, avaliar suas potencialidades de viver, e mesmo de sobreviver, numa postura prognóstica, em que não está excluída qualquer apreciação sobre o futuro, mesmo quando aleatória. Para chegar a tanto, possuímos um instrumental próprio da prática psicanalítica: a avaliação da qualidade das reações transferenciais derivadas das particularidades da relação de objeto, referentes à metapsicologia e especialmente aos dois sistemas tópicos, bem como à qualidade de seu funcionamento, tendo em conta os arranjos defensivos que nos serão dados perceber. Quando decidimos ampliar o campo de investigações do domínio das neuroses e psicoses para o domínio dos pacientes portadores de distúrbios somáticos eventualmente graves, devemos conceder uma atenção especial ao que se pode chamar "apetite relacional" do sujeito, assim como à sua tolerância ou intolerância diante das acomodações mentais decorrentes de assumir a angústia.

Na prática psicanalítica ordinária, o apetite relacional manifesto pela forma da demanda do paciente que vem à consulta não está em questão, pois na maior parte do tempo é ele quem deseja ir ao nosso encontro. Nada disso sucede com os doentes somáticos que não têm, via de regra, nenhuma demanda para conosco, quando não é o caso de uma grande reticência em vir até nós, como se nossa simples presença ameaçasse seu equilíbrio — não raro frágil —; equilíbrio no qual a sintomatologia somática e o tratamento médico, de que são objetos, interferem em grande parte, afastando e até sufocando uma possível elaboração, e mesmo o simples acesso da angústia ao plano mental. E é certamente essa dimensão da angústia a ser sentida

---

1 H.Atlan, 1979, p. 174

Introdução XIX

ou pensada que reintroduzimos maciçamente pela nossa mera presença, quando esta se faz acompanhar do rótulo "psi", qualquer que seja a continuação da palavra: psicólogo, psiquiatra, psicanalista.

Há entretanto dois sinais: o apetite relacional e a capacidade de poder tolerar certa quantidade de angústia no plano mental, que vão com freqüência aparecer como determinantes da possibilidade de um dado sujeito continuar vivo, mesmo quando pareça estar comprometido num movimento de desorganização somática aparentemente irreversível. Isso recorta a experiência clínica dos que estão, por exemplo, trabalhando com reanimação, os quais, no caso de dois pacientes com alterações comparáveis no âmbito das constantes biológicas, "sentem" que este vai se reorganizar, ao passo que aquele parece perdido. Segundo eles, seus sentimentos se baseiam em algo que deriva da noção de apetite relacional, como se o mundo vital conservasse ainda um poder de excitação, isto é, teria a capacidade de reanimar aquele que vai se reorganizar.

Quanto à tolerância à angústia no plano mental, basta referirmo-nos aos escritos de Freud sobre a angústia como "sinal de alarme[1]" para sublinhar seu papel protetor face a uma situação de perigo que a domina. Esse fato, sobre o qual eu insistia recentemente (falando a um grupo de enfermagem, ao mostrar o aspecto atuante e, em suma, adaptado da crise de angústia presente na véspera de uma intervenção cirúrgica) teve uma confirmação inesperada pela observação de um participante que descreveu o quadro de doentes, os quais surpreenderam a equipe hospitalar com sua calma e aparente serenidade na véspera dessas operações — denegando qualquer angústia no plano consciente — e que desde o começo da intervenção, no instante em que a pele era cortada, punham-se a sangrar de forma anormal, prenunciando uma operação difícil. Dizer que para eles a angústia, sinal de alarme, não havia funcionado, impedindo tanto a preparação psíquica quanto a fisiológica à agressão de que seriam objeto, pode parecer uma extrapolação arrojada. Será, contudo, a nossa.

Pode-se mesmo ir mais longe, e se conferirmos um papel protetor, e mesmo organizador, a manifestações ligadas a uma sinto-

---

1 S. Freud (1926), 1975, p.96

XX   *O equilíbrio psicossomático*

matologia mental positiva, até ruidosa, podemos admitir que papel idêntico poderá ser atribuído em certos momentos da vida e de acordo com cada pessoa, a uma sintomatologia somática. A clínica psicossomática do bebê e da criancinha nos apresentam inúmeros exemplos do fato. Vamos nos deter apenas no caso que nos foi dado presenciar.

Trata-se de uma linda menininha, nascida a termo e confiada desde a saída da maternidade a uma ama de leite diurna, a quem estava aparentemente adaptada. Com seis meses de idade, a criança nos surpreendeu, malgrado seu aspecto saudável, pelo pouco interesse pelos rostos humanos, excetuados os de sua mãe e de seu pai, reconhecidos por ela e que desempenhavam para ela um papel intercambiável. Seu interesse pouco intenso se restringia aos movimentos das mãos e à localização dos brinquedos. Tinha, por outro lado, uma curiosa faculdade de adormecer como um bebezinho de tenra idade, de barriga para baixo, no peito do pai ou da mãe, mesmo quando estavam envolvidos numa animada conversa. É nesse contexto que, entre sete e nove meses teve uma série de otites com repetições que levaram a paracenteses*, choro durante a noite num estado de sofrimento que mobilizava imediatamente a ansiedade da mãe, sem contudo, fazê-la interromper seu trabalho. Aos nove meses, as otites pararam e a criança mostrou-se inteiramente desperta, balbuciando, mostrando-se presente a outrem, mas com viva reação de medo perante um rosto estranho. Tinha enfim perdido todo traço de retardo no desenvolvimento, do estado regressivo e de idiferença que nos chamaram a atenção aos seis meses.

A respeito de seu caso, podemos discutir o valor de reorganização da afecção somática, que conduziu entretanto à realização de cinco paracenteses em menos de dois meses. É verdade que a doença acarretou uma modificação de atitude por parte da mãe, que de repente ficou muito preocupada, e que, por não suportar o insólito choro noturno do bebê, tomava-a junto a si, segurando-lhe a mão porque — dizia — isso lhe dava segurança e ela se sentia melhor. Essa atitude que poderíamos enquadrar no que se convencionou definir como be-

---

* Punção para drenagem de um líquido acumulado numa cavidade qualquer do organismo (N. T)

Prefácio XXI

nefícios secundários da doença, não impediu que esta se desenvolvesse durante dois meses, propiciando um período de regressão e, provavelmente, de uma melhora da qualidade de maternagem, período do qual a criança saiu dando um salto no avanço de seu desenvolvimento.

Tal exemplo mostra a complexidade da noção de economia psicossomática e, por conseguinte, o caráter aleatório de toda a tentativa que vise compreender os diversos componentes ativos num momento preciso da vida de uma pessoa. Dito isso, e levando em conta que nenhuma sintomatologia, mental ou somática, tenha valor por si mesma, aparecendo em última instância como um sinal isolado, cujo sentido só se revelará relacionado com o conjunto da organização econômica do momento, por que então nos centrarmos na diabete insulino-dependente?

De fato, nossa escolha poderia ter recaído sobre outra entidade nosológica. Foi essencialmente o caráter, indiscutível e irreversível da afecção somática, constituído pela diabete *privada de insulina* que nos atraiu, conduzindo-nos ao problemas da idade do aparecimento da doença, do encargo pesado que é o tratamento médico quotidiano, das possibilidades de adaptação quando somos confrontados com a existência de uma molésta crônica em que habitualmente se descreve toda uma série de complicações secundárias. Afecção somática indiscutível e sensivelmente idêntica para todos, mesmo tendo-se em conta que não surge para cada pessoa na mesma época da vida, constitui, porém, uma economia psicossomática totalmente diferente de um indivíduo para outro e no mesmo indivíduo, segundo as fases da existência, ainda que as diferenças intra-individuais se revelem, no conjunto, menos importantes que as interindividuais. É o que desejamos mostrar.

1 Os psicanalistas e os distúrbios psicossomáticos a partir de Freud

Quando nos decidimos a dar atenção primordial ao que se passa com uma pessoa na esfera da psique, o enigma que constitui o aparecimento inopinado de distúrbios somáticos no mesmo indivíduo pode acarretar no psicanalista observador diferentes atitudes. Uma delas consistiria em dizer que se trata de manifestações não pertencentes à sua alçada, e portanto sem interesse para si, podendo ser compreendida como um procedimento bastante coerente do ponto de vista científico e, nessa perspectiva, uma outra consistente no procedimento inverso, voltado para a compreensão e até para a redução dos sintomas somáticos. Estes poderiam apresentar-se talvez marcados pela fantasia de onipotência, na qual o controle — mesmo relativo — do que se desenrola no cenário mental deveria ser acompanhado por igual controle, no que concerne às manifestações na esfera corporal, aí incluindo-se, pois, o aparecimento das doenças.

Sem dúvida, poderíamos considerar que o reconhecimento de sintomas ditos "psicossomáticos" atestam uma espécie de compromisso mais ou menos extenso, conforme o caso, visando delimitar uma zona em que as interações entre psique e soma poderiam chegar a quadros sintomatológicos complexos, dando lugar a afecções somáticas precisas. Parece que, de certo modo, é a esse tipo de compromisso que chegou o ramo especializado da medicina, constituído pela psicossomática.

Entretanto, se nesse campo nos reportarmos às posições de Freud,

2 *O equilíbrio psicossomático*

chegaremos a uma constatação aparentemente muito distante de qualquer forma de compromisso. Lembremos, com efeito, que foi num texto de 1895 que Freud deu ênfase ao que se chamarão distúrbios somáticos, opacos, destituídos de significado, ligados a uma neurose atual ou a uma neurose traumática, e sintomas psiconeuróticos de tipo histérico (dos quais a paralisia histérica constituirá um dos melhores exemplos) e que, originando-se em uma neurose mental, são mantidos como tais somente pela força do recalcamento. Eles irão desaparecer, pois, como que magicamente quando o sentido oculto for revelado pelo extinção daquele mecanismo de defesa. Trata-se aí de uma distinção capital no que diz respeito à natureza do sintoma somático, verdadeiramente somático e desprovido de significado em um caso, falsamente somático, se poderia dizer, porque ligado ao recalcamento, em outro caso, e submetido à aparente magia de uma interpretação correta.

O fato de essa distinção ter sido, de certa forma, esquecida pelos discípulos de Freud enquanto este ainda era vivo se explicaria em grande parte pela coexistência possível nos indivíduos humanos de uma sintomatologia histérica de valor conversivo, que se aliaria a distúrbios somáticos mais ou menos transitórios ou instalados de acordo com a época da vida. É o que transparece do exame do caso de "Dora" tratado por Freud e publicado em 1905 nas *Cinco psicanálises* (p. 8), com o subtítulo "Fragmento de uma análise de histeria". Caso retomado por P. Marty, M. Fain, M. de M'Uzan e Ch. David em 1967 no programa do Simpósio de Psicossomática intitulado "O caso Dora e o ponto de vista psicossomático". De fato, verifica-se — pelos vários sintomas somáticos apresentados por Dora — que enquanto certos distúrbios se mostram indiscutivelmente ligados a uma conversão histérica (tosse, crises de afonia), outros (enxaqueca, astenia) pareceriam mais puramente somáticos, não sendo mantidos pela força do recalcamento. Isso leva os autores a falar da *"existência de uma polissintomatologia em Dora"*[1] indicando *"uma multiplicidade de mecanismos etiopatogênicos: fatores puramente orgânicos, mecanismos próprios das neuroses atuais, identificações histéricas e alérgicas..."*[2].

---

1 P. Marty, M.Fain, M. de M'Uzan, Ch. David. 1968, p. 705
2 *Ibid.*, p.706

Os psicanalistas e os distúrbios psicossomáticos a partir de Freud   3

Em resumo, esse polimorfismo, possível de confirmar com base nos distúrbios somáticos, em certos sujeitos seria responsável por uma parte das extrapolações abusivas feitas por certos psicanalistas, a despeito das posições prudentes de Freud.

No que lhe diz respeito, — lembremos que, excetuando os trabalhos sobre as neuroses atuais, — Freud centrou-se exclusivamente nos processos psíquicos, deixando de lado os distúrbios somáticos propriamente ditos, quando não lhe pareciam entrar no quadro da conversão histérica, e isto apesar de ter feito intervir fatores explicativos de natureza especulativa tais como: complacência somática, diferenças quantitativas de libido herdadas, fatores ligados à constituição ou à predisposição. Entretanto, a noção de sintoma somático opaco, destituído de significado, nunca abandonou Freud ao longo de seus trabalhos. Citamos como exemplo o que diz sobre o assunto em 1916 na conferência nº 24 "O nervosismo comum" em *A introdução à psicanálise*:

"Os sintomas das neuroses atuais, cabeça pesada, sensações dolorosas, irritação de um órgão, enfraquecimento ou interrupção de uma função, não têm nenhum 'sentido', nenhum significado psíquico. Esses sintomas são corporais, não apenas em suas manifestações (é o caso dos sintomas histéricos, por exemplo), mas também quanto aos processos que os produzem e que se desenvolvem sem a menor participação de qualquer dos mecanismos psíquicos complicados conhecidos por nós"[1].

Entre os discípulos de Freud, Paul Federn foi o primeiro, em 1913, a se interessar pelos sintomas somáticos, tendo apresentado uma comunicação à Sociedade Psicanalítica de Viena sobre um paciente asmático. Em seguida Groddeck (1923) a tomar uma posição de certo modo extrema ao escrever:

"A doença do coração nos fala de amor e de sua repressão, a úlcera péptica decorre do que está no fundo da alma (pois foi no ventre que o id colocou a alma), o câncer do útero evoca os pecados contra os deveres da maternidade e da devassidão arrependida,

---

1 S. Freud (1916), 1972, p. 365

4 *O equilíbrio psicossomático*

assim como a sífilis os pecados de uma moral sexual rígida... É o id que resolve se os ossos vão se quebrar quando alguém cai [1]*."*

É fácil compreender que diante de tais asserções, marcadas pela onipotência do pensamento, mesmo que esta dependa da onipotência do inconsciente, as reações do mundo médico tenham sido extremamente negativas, tanto mais que os resultados terapêuticos obtidos pelos psicanalistas que subscreviam a essas teses não eram, e nem de longe, puramente negativos. Os trabalhos de Angel Garma (1957), na Argentina, de fato parecem inserir-se nessa linhagem, com a utilização de interpretações de tipo kleiniano, visando diretamente a sintomatologia somática que é então tratada como se fosse uma sintomatologia mental.

O fato de tais interpretações poderem propiciar uma melhora, e até a sedação do distúrbio somático — com Garma tratava-se principalmente de uma patologia de úlcera gástrica — parece-nos que possa ser compreendido de outra maneira do que como conseqüência de uma interpretação considerada pertinente. De fato, não é a construção interpretativa que o psicanalista propõe ao paciente relacionada à gênese ou à evolução somática de seu sintoma que nos parece conduzir de maneira direta ao desaparecimento do sintoma conversivo histérico, mas muito mais as modificações que se produzirão na economia psicossomática geral do paciente, através de caminhos complexos, em função da atenção global de que é objeto ao longo do tratamento psicoterápico, sendo a interpretação mágica, afinal, apenas um dos elementos de um conjunto de inúmeras variáveis.

De resto, a ampliação extremada das interpretações psicanalíticas de um lugar em que são cabíveis para outro onde não o são, levará Franz Alexander a uma crítica procedente e fecunda. Assim, escreve: *"A extensão da teoria da conversão histérica a todas as reações psicossomáticas foi um exemplo típico de erro produzido freqüentemente na história das ciências: a da aplicação acrítica de conceitos de um campo onde são válidos a um outro onde não o são"*[2].

---

1 Citado por W. Wesiack, 1978, p. 32.
2 *Ibid.*

Os psicanalistas e os distúrbios psicossomáticos a partir de Freud 5

Alexander e seus colaboradores descreveram a existência de "tipos específicos de conflitos" (*specific patterns of conflicts*) que estariam na origem de certo número de afecções somáticas como as úlceras duodenais, colites, hipertensão, asma brônquica, dermites de origem nervosa, artrite reumatóide, hipertiroidia. Para que o distúrbio psicossomático apareça, é preciso que se reúna um tríplice conjunto de fatores:

- um tipo específico de conflito;

- uma predisposição especial do corpo do sujeito chamada fator somático X;

- uma situação atual de conflito.

É afirmar uma concepção totalmente dinâmica quanto ao que preside à instauração de um distúrbio somático, pois a noção de conflito está em primeiro plano; mas é dizer também que a noção de "terreno" ou complacência somática — para conservar a expressão de Freud— aí intervém igualmente. O aspecto de certa forma dúplice que toma aqui a noção de conflito parece particularmente interessante: à situação de conflito atual (na qual podemos observar uma espécie de referência à noção de neurose atual de Freud) se junta a de sensibilidade particular do sujeito a um tipo específico de conflito, sendo em última instância da conjunção que se estabelecerá entre a sensibilidade própria, a predisposição somática e a reativação ou a sobrecarga da situação atual de vida, que irá nascer a doença somática. A insistência de Alexander em reconhecer a importância das diferenças individuais é expressa no que escreve:

"Pode ser estabelecido com certeza que a importância dos fatores emocionais varia de caso para caso dentro da mesma categoria diagnóstica. Em conseqüência, o procedimento terapêutico pode ser também altamente individual (...) a maioria dos casos requer uma coordenação judiciosa dos diferentes métodos somáticos e psicoterapêuticos".[1]

A focalização sobre a especificidade individual de cada caso é combatidda por Flanders Dunbar, aluna e antiga analisanda de

---

1 F.Alexander, 1953, p. 342

6 *O equilíbrio psicossomático*

Alexander, a qual passa a descrever perfis psicológicos (*personnality profils*), que estariam associados a um tipo especial de doença somática: doenças cardíacas, úlcera, alergia, diabete, tuberculose, câncer, etc.

O perfil psicológico dos diabéticos, evidentemente, atraiu nossa atenção:

- hereditariedade;

- estado de saúde anterior;

- vida familiar;

- atitudes fora de casa;

- comportamento individual;

- reação à doença;

dando lugar a generalizações dificilmente aceitáveis. Na "rubrica vida familiar" por exemplo, é dito:

"Há uma grande proporção de crianças 'problemáticas' entre os diabéticos e um ciúme acirrado em relação a irmãos e irmãs."

E um pouco mais adiante:

"Um número surpreendente desses pacientes fala de divórcio e separação sem jamais passar a vias de fato. Sua freqüente repulsa ao ato sexual faz com que muitos homens permaneçam solteiros e que os casados tenham poucos filhos. As mulheres, muitas vezes frígidas, se queixam com freqüência de serem excessivamente solicitadas ao sexo pelos maridos."

Na rubrica comportamento individual, o autor observa:

"Em geral pouco precavidos quanto à saúde, acusam os outros por seus possíveis distúrbios. Têm tendência a evitar os esportes competitivos e a procurar um trabalho em que esperam não encontrar demasiada competição. Diferem e adiam decisões procurando eximir-se de responsabilidade para com os outros se isso acarretar conseqüências nefastas."[1].

---

1 f.Dumbar, 1955, p. 207, traduzido pelo autor.

Os psicanalistas e os distúrbios psicossomáticos a partir de Freud 7

Se não nos parece útil multiplicar os exemplos nem dar por extenso as páginas que tratam do perfil psicológico dos diabéticos, é porque essa abordagem de tipo fenomenológico globalizante (mas que não é destituída de referências à moral puritana anglo-saxônica da época[1]) só nos parece suscitar no leitor sentimentos ambivalentes. Estes nos parecem ter apenas como equivalente a própria ambivalência do autor que, entregando-se a vastas generalizações, exprime uma ressalva, ao insistir no fato de que não se trata aí senão de traços gerais, em que não se enquadram as pessoas tomadas individualmente! Os exemplos clínicos parecem passíveis de suscitar a mesma reserva, se bem que Flanders Dunbar seja capaz de sensibilidade e precisão em suas observações.

Com G. Engel e seus colaboradores (1955, 1960), a ênfase é posta na noção de perda do objeto (real ou imaginária) e nos sentimentos de perda da ajuda e da esperança, que a acompanham, como elementos desencadeantes da doença. É o que a língua inglesa pode exprimir em uma síntese surpreendente por meio da dupla expressão: *giving up/given up* e *helplesness/hopelessness*.

Essa abordagem encontrou confirmação nos trabalhos estatísticos feitos nos Estados Unidos, os quais revelam um aumento significativo da taxa de mortalidade no ambiente próximo de um sujeito, no ano seguinte ao de seu falecimento.

A. Mitscherlich (1965) desenvolve, por sua vez, a teoria de uma defesa bifásica: as perturbações psicossomáticas aparecem quando os pacientes portadores de distúrbios neuróticos não são mais capazes de enfrentar uma perda de objeto, real ou imaginária, utilizando mecanismos de defesa neuróticos. É a teoria da ressomatização dos afetos elaborada por Max Schur (1955).

Em suma, para esses autores que, desde Alexander, constituem uma fase mais científica de trabalhos feitos por psicanalistas a propósito de pacientes com distúrbios somáticos, parece que esses distúrbios sejam compreensíveis a partir do mesmo modelo que rege o

---

1 *Ibid.* cf. como nota do capítulo VII "The doctor Dilemma", consagrado às curas milagrosas em Lourdes.

8 O equilíbrio psicossomático

conflito intrapsíquico, podendo os doentes psicossomáticos parecer, via de regra, portadores de neuroses particularmente severas.

Nesse caso, estaríamos tomando — se bem que de forma diferente — a perspectiva antiga especialmente defendida por J. C. Heinroth, primeiro ao introduzir, em 1818, a expressão "psicossomática" para designar os distúrbios somáticos nos quais a origem psíquica seria determinante. Perspectiva que foi rapidamente combatida por F. Jacobi com o termo "somato-psíquico", buscando pôr a ênfase na origem puramente somática dos distúrbios, os quais podiam acarretar, mas apenas secundariamente, repercussões psíquicas.

Aparentemente essa dupla abordagem pode ainda ser válida para numerosos psiquiatras e psicanalistas contemporâneos, como atestam A. Haynal e W. Pasini no recente *Abregé de médicine psychosomatique* no qual descrevem "as reações somato-psíquicas[1]" ligadas às repercussões de distúrbios somáticos crônicos sobre a organização psíquica dos doentes, falando também de "doença multifatorial com somatização dos problemas psíquicos, como no caso das doenças somáticas mais importantes"[2].

Parece ser essa uma posição muito próxima à dos médicos que praticam a medicina psicossomática — termo introduzido por Felix Deutsch em 1922 —; posição que destaca e confirma — parece-nos — a dicotomia entre a psique e o soma, pois torna a considerar os fatores psíquicos como hipotéticos na origem de certas doenças, dando primazia à dimensão psíquica, e sendo a predominância de fatores somáticos indiscutível para outras doenças.

Sem dúvida, tentativas como a de M. Balint (1960) e grupos de discussão de médicos, que se constituíram a partir de seus trabalhos, procuram reduzir essa dicotomia, pois a ênfase é posta na relação estabelecida entre o médico e o paciente; relação que com freqüência parece ter um papel determinante quanto à melhora do estado somático do doente. Mas essa opção, que parece obter êxitos, terapêuticos, nem por isso se apóia em uma teoria psicossomática solidamente alicerçada, diferentemente dos trabalhos atuais, como o

---

1 A.Haynal, W. Pasini,1978, p. 205.
2 *Ibid.*, p. 243.

Os psicanalistas e os distúrbios psicossomáticos a partir de Freud 9

ponto de vista psicossomático definido por Pierre Marty, de quem falaremos no capítulo seguinte, ou ainda dos trabalhos dos alemães Th. e J. Van Üexküll (1966).

Esses autores tratam de uma teoria das unidades funcionais ou circulares que, combinadas com o conceito de estresse, têm a vantagem de ser uma real teoria psicossomática, incluindo as dimensões somática e psíquica. O organismo ligado a seu ambiente constitui uma unidade funcional. Esta será variável de pessoa para pessoa, pcis o organismo utiliza os dados da percepção e da ação para formar seu meio ou sua realidade específica. Defrontado com uma situação de estresse (os autores se referem à teoria do estresse de H.Selye (1956)), o organismo pode reagir com a ativação de programas inatos (constitucionais) ou adquiridos (imunológicos, por exemplo) e até com a falência dos programas de que dispõe, quando se trata de experiências passadas com base no aprendizado ou na comunicação e que podem revelar-se inadequadas ou incompatíveis com a situação presente. A resposta frente a essa "situação de crise", em que se trata de compreender e utilizar os significantes, envolverá necessariamente e de forma inseparável, em variados níveis de organização e integração, os aspectos somáticos e psíquicos do sujeito. A capacidade de criar novos programas graças à imaginação e a certa capacidade de antecipação poderá permitir ao indivíduo humano enfrentar a situação sem maiores sobressaltos. Se ao contrário isso for impossível, o organismo responderá com uma reação de alarme, podendo, no caso de esgotamento, terminar em aparecimento de doenças e mesmo em morte.

Vemos assim que se trata de uma teoria que busca integrar a contribuição de diversas disciplinas, tanto psicológicas quanto lingüísticas ou biológicas, numa vasta e rica abordagem, na qual a dimensão psicanalítica pode mostrar-se relegada a um segundo plano.

Não é o que irá acontecer com o ponto de vista psicossomático de Pierre Marty nem com os escritos originais de seus colegas e amigos Michel Fain (1969, 1971, 1975), Denise Braunschweig (1971, 1975), Michel de M'Uzan (1968), Christian David (1963, 1975) e Sami Ali (1969, 1974) de que falaremos em seguida neste trabalho.

2 O ponto de vista psicossomático de P. Marty

Tentar compreender os mecanismos que regem o estado de saúde de uma pessoa, assim como os que vão entrar em jogo se adoecer — e ainda, de que doença — constitui um ambicioso projeto. Tão ambicioso que se compreende o fascínio que exerceu, e continua a exercer, o recurso à dicotomia psique/soma para tentar circunscrever os campos de observação menos amplos, e até para tentar estabelecer uma hierarquia, ou melhor, uma anterioridade entre o que decorreria do psiquismo como origem da doença e que corresponderia, ao contrário, a uma afecção que ataca o corpo de chofre; afecção que talvez acarretasse um reflexo na psique. Vimos, no capítulo anterior, certas teorias, assim como suas aplicações práticas no campo terapêutico, decorrentes dessas tomadas de posição.

Com o ponto de vista psicossomático de Pierre Marty, ilustrado em seu livro *Les mouvements individuels de vie et de mort. Essai d'économie psychosomatique* (1976), somos convidados ao abandono dessa dicotomia.

De fato, o ser humano deve ser apreendido como um todo, mas uma totalidade extremamente complexa, e cujo equilíbrio geral, como pode ser captado num dado momento do curso de sua vida, resulta de uma infinidade de ajustamentos, variados e variáveis no tempo, contribuindo, cada um por sua parte e em diferentes níveis, para

12   *O equilíbrio psicossomático*

realizar um estado de equilíbrio — ou de desequilíbrio — correspondendo à economia psicossomática do sujeito em questão. A noção de sistema complexo, também ele apanhado numa rede de igualmente complexas interações, com hipotéticos dados do ambiente, pode servir de ponto de partida para uma reflexão em que a principal interrogação residirá na busca de compreensão daquilo que aciona esses movimentos individuais, às vezes nitidamente identificáveis, levando o sujeito à vida ou, ao contrário, para a morte.

Apoiando-se nos dados fornecidos pela teoria psicanalítica — sua referência essencial e constante — Pierre Marty, fiel ao que chama "o princípio evolucionista[1]", vai insistir na organização e na hierarquização progressiva das funções que se instalam no curso do desenvolvimento da pessoa humana. Os movimentos progredientes, facilmente reconhecíveis na infância, vão integrar com evidência todas as fases da evolução libidinal, descrita na metapsicologia freudiana, vindo reforçar a cadeia evolutiva central, cujo eixo mental (falando-se corretamente) se mostrará então muito desenvolvido. Encontraremos aí, em função dos inevitáveis movimentos regredientes, que não deixam de afetar o curso da vida humana, pontos de fixação cuja solidez mesma constituirá um dos elementos essenciais no que se refere às possibilidades evolutivas posteriores do sujeito. O número e a intensidade dos pontos de fixação a serem constituídos progressivamente por intermédio do jogo contínuo entre os movimentos orientados no sentido da organização — acionados no começo da vida pela força do programa a cumprir — e os movimentos em sentido inverso, que tendem a reconduzir a organização funcional no extremo da evolução para um estado anterior menos organizado — segundo um esquema de regressão — dão lugar, para cada ser humano, a uma profunda marca, abolutamente singular. Quando esta atinge, no fim de seu desenvolvimento, uma organização mental rica em pontos de fixação escalonados ao longo dos diferentes estádios da evolução libidinal, encontramos um sujeito que apresenta uma organização mental claramente identificável, pertencente ao grupos das organizações francamente neuróticas e até psicóticas. Mas não é sempre esse o caso e, de todos os modos, o que P. Marty chama de ca-

---

1 *Op. cit.*, p. 10

O ponto de vista psicossomático de P. Marty   13

deia evolutiva central — que se acaba ou se conclui na escala evolutiva central da mente — não pode por si só conter a evolução sucessiva das diversas funções.

Por isso, haverá sempre diversos pontos de fixação variáveis conforme os indivíduos, assim como muitas vezes "dinamismos laterais" que constituem escapadas sublimatórias, perversas e mesmo somáticas, preciosas para a economia psicossomática geral do sujeito.

Vale dizer que a concepção do conjunto da organização do funcionamento do indivíduo humano está aqui longe de poder se resumir a uma visão linear: movimentos de organização e de desorganização nunca efetuados ao longo de um único eixo, mas através de cadeias evolutivas múltiplas, o que explica a complexidade de diversos ajustamentos que conduzem à manutenção da homeostase geral.

Numerosos fatores, tanto internos quanto externos ao sujeito, vão intervir para favorecer ou impedir a constituição de pontos de fixação, realizando essa "marcação profunda", sempre original para cada pessoa. Entre esses, os fatores "constitucionais", genéticos, em sentido amplo, se incluirmos as fixações *in-utero*. Pierre Marty sempre mantém a hipótese dessas fixações, principalmente a respeito da estrutura alérgica essencial. Os fatores acima mencionados se combinarão com os fatores ambientais, ligados essencialmente às peculiaridades das relações primitivas com a mãe, relações em que, no segundo volume de sua obra (1980)[1], o autor insiste, tanto quanto nas eventualidades da história a ser vivida pelo sujeito.

É da interação entre todos esses elementos que vai se manifestar progressivamente a organização psicossomática do indivíduo com suas características próprias, suas linhas de força (especialmente as ligadas à qualidade e ao número dos pontos de fixação), suas falhas, ocasionalmente relacionadas com as particularidades de seu código genético ou dos avatares de sua história, os quais terão ou não favorecido as possibilidades de resgate, permitindo que o programa de desenvolvimento se efetue e, concluída a maturação, que a vida se perpetue.

A despeito dos traumas que não deixam de afetar o curso da vida

---

1. Cf. o sub-capítulo: "La complexité des relations objectales", p. 29.

14 *O equilíbrio psicossomático*

humana, esta mantém-se em função do jogo recíproco que se estabelece entre forças que caminham no sentido da organização funcional, forças animadas primeiro pelo instinto de vida, e forças antagônicas que, por sua vez, visam à desorganização dos conjuntos funcionais sustentados sobretudo pelos instintos de morte. Para P. Marty *"a morte é paralela à vida, qualquer que seja a organização desta última. Ela a subentende"*[1].

Contudo, enquanto prossegue o movimento evolutivo, observamos a nítida presença dos instintos de vida sobre os instintos de morte que só poderão ser perceptíveis por ocasião de breves momentos de desorganização, por exemplo com o surgimento de pequenas doenças. De fato, no mais das vezes, será num segundo tempo, quando a vida vai se escoando, com o tônus vital parecendo enfraquecer, que os movimentos de desorganização vão tornar-se mais patentes, revelando a ação subjacente dos instintos de morte.

Mas, nesse esquema geral em que triunfariam primeiro os instintos de vida no início desta, depois os instintos de morte progressivamente liberados pelo esgotamento das forças de vida na segunda parte da existência, a variável que constitui a sensibilidade individual aos traumas pode introduzir modificações consideráveis.

A própria noção de trauma necessita de esclarecimentos, na medida em que não se trata de reduzi-la aos meros traumas externos perceptíveis: separação, luto, acidentes que podem aparecer como tais, mais facilmente aos olhos do observador externo do que aos do sujeito que os sofre. A esse propósito P. Marty escreve: "A origem externa do trauma não traz em si um valor objetivamente apreciável. A perda de um ente próximo pode não ser mais traumatizante, num indivíduo adulto, do que para outro, num dia qualquer, por exemplo, o sentimento provocado por uma poeira atravessando um raio de sol"[2]. Em definitivo — e isso é permanecer numa perspectiva psicanalítica clássica —, somente o trauma interno tem valor em si mesmo, respondendo de forma totalmente estrita à definição dada por Freud: *"O trauma é uma experiência de ausência de socorro nas*

---

1 *Op.cit.*, 1976, p. 13
2 *Ibid.*, 1976, p. 102.

O ponto de vista psicossomático de P. Marty 15

partes do ego que devem enfrentar um acúmulo de excitação, de origem externa ou interna, e que ele não consegue controlar"[1]. Trata-se, no caso, de uma apreciação em que o ponto de vista econômico está em primeiro plano, junto com noção de sobrecarga quantitativa, e mesmo qualitativa, de excitação, a que se acrescenta a de quebra dos limites do ego.

Vemos por aí que a tolerância ou a resistência aos traumas pode ser extremamente variável conforme a pessoa, e para um mesmo indivíduo, variação que acompanha as fases de sua evolução ou os diversos períodos de sua vida.

Para P. Marty, o que se segue mais ou menos imediatamente a um trauma numa pessoa é um movimento de desorganização que afetará sempre o sentido anti-evolutivo, atacando em primeiro lugar as estruturas mais evoluídas, portanto as mais recentemente adquiridas durante o desenvolvimento.

É a "ponta evolutiva" da cadeia evolutiva central, e mesmo das cadeias evolutivas laterais, que será atingida primeiro, não sendo, pois, o movimento de desorganização interrompido em sua progressão regrediente, a não ser que consiga ser impedido em um ponto de fixação suficientemente sólido para permitir a construção de um estrato de regressão que permita, num segundo tempo, uma reorganização.

A marcha anti-evolutiva do movimento de desorganização, que atinge as funções na ordem inversa do precedente a seu desaparecimento, pôde evocar em alguns leitores de P. Marty um ponto de vista semelhante às teorias de H. Jackson; teorias retomadas e desenvolvidas por Henri Ey em uma obra recente intitulada *Des idées de Jackson à un modèle organo-dynamique en psychiatrie* (1975).

Entretanto, além do fato de Pierre Marty não reconhecer nenhuma identidade de pontos de vista com os modelos propostos por esses autores, constata-se que, provavelmente, a principal oposição a essa aproximação reside em omitir a referência à teoria psicanalítica, ignorada por H. Jackson (pois seus trabalhos são anteriores ou

---

1 S. Freud (1926), 1973, p. 97; citado por Lebovici e M. Soulé, 1970, p. 108.

16　　　　　　　　　　　　　　　　*O equilíbrio psicossomático*

concomitantes ao começo dos escritos de Freud[1]). Teoria que aliás Henri Ey rejeita, ao passo que essa referência constitui o âmago do pensamento de Pierre Marty. O reconhecimento da existência do inconsciente e de seu papel, nos movimentos de vida e de morte que afetam a cada um de nós ao longo da existência, constitui o objeto fundamental de seus estudos sobre a economia psicossomática, e enseja a formulação de hipóteses teóricas estimulantes, principalmente no segundo volume de sua obra[2].

Não se trata absolutamente de reduzir o movimento de desorganização que se abate sobre a pessoa, com uma queda mais ou menos profunda ao longo de um sistema de escala fixa e única, no qual poderíamos identificar, pelo menos no que concerne ao funcionamento mental, a passagem do mais voluntário e do mais consciente a quadros patológicos dominados pela desorganização cada vez mais acentuada do "ser consciente". De fato, considerar com Henri Ey que "a subordinação dos 'inferiora' (Inconsciente) aos níveis superiores de integração (Consciente) é uma modalidade fundamental"[3], não é compatível com o que a psicanálise mostra do funcionamento mental humano, como se pode perceber em relação ao modelo das duas tópicas freudianas. Como disse com justeza J. Rouart (1975) "o recalcamento não é uma integração. Ele é exatamente o contrário, já que é um desconhecimento"[4].

De fato, se o que se passa no cenário mental de um indivíduo envolvido num movimento de desorganização atrai a atenção do profissional psicossomático, Pierre Marty insiste em ressaltar que os fenômenos mentais que às vezes precedem cronologicamente uma desordem somática não constituem em si mesmos uma causa de desorganização somática: o homem não responde necessariamente às situações traumáticas com atividades mentais organizadas.

Essa variedade de respostas nos diversos sujeitos leva o autor a

---

1 A obra de H. Jackson se estende de 1861 a 1909 e comporta mais de trezentos artigos ou memoriais. Henri Ey, 1975, p. 40.

2 Cf. *l'Ordre psychosomatique*, 1980, o subcapítulo: "La vie opératore: points de vue théoriques automation et programmation", p. 101.

3 H. Ey, 1975. p. 222.

4 J. Rouart, 1975, p. 202.

O ponto de vista psicossomático de P. Marty 17

completar a nosografia psicanalítica clássica ao acrescentar aos grupos de psicoses e aos de neuroses ditas "bem mentalizadas" duas categorias suplementares: as neuroses de caráter e as de conduta.

As neuroses de caráter constituiriam, segundo o autor, a maioria dos indivíduos que povoam nossas regiões, cujo número não pára de crescer. Trata-se de sujeitos que, contrariamente às neuroses mentais, não estabeleceram sólidos pontos de fixação no plano mental (principalmente no âmbito da segunda fase do estádio anal quando se fixam as possibilidades de retenção objetais) e que, paralelamente, não apresentam um funcionamento contínuo, isto é, estável no âmbito dos sistemas tópicos.

A primeira tópica é caracterizada por um funcionamento irregular no tempo, revelando a existência de um pré-consciente pouco permeável. A segunda apresenta alterações identificáveis principalmente no plano do superego, com freqüência aparentemente pouco diferenciado, tomando, com facilidade, as característica de um ego ideal. Os traços de caráter aparecem então como elementos sintomáticos mentais facilmente perceptíveis, apesar de sua importância e de seu valor funcional variarem enormemente conforme a pessoa.

De fato, encontramos na categoria das neuroses de caráter organizações mentais no conjunto muito dessemelhantes, pois podem situar-se ao longo de um contínuo, desde sujeitos que apresentam uma "franja neurótica", com um vigor funcional por vezes muito consistente, até organizações marcadas pela precariedade das defesas mentais, parecendo assim muito próximas das neuroses de conduta.

No caso destes não se trata mais de identificar uma "franja neurótica" qualquer, mostrando-se frágeis as próprias defesas relativas aos traços de caráter. O elemento que domina seu funcionamento reside no recurso à atividade e às condutas exteriores. Não tendo-se — para falar corretamente — constituído a partir de "dentro", tudo parece para eles passar-se "fora" com os objetos externos reais, compreendendo-se que se mostrem inteiramente desprotegidos se lhes faltarem esses objetos, vindo a tornarem-se presa fácil de eventuais desorganizações somáticas.

Se, no âmbito da primeira tópica, pudemos descrever a pouca permeabilidade do pré-consciente nos neuróticos de caráter, com os

18   *O equilíbrio psicossomático*

neuróticos de conduta trata-se de "perda do valor funcional do pré-consciente"[1], não mais estando o inconsciente representado ou sendo passível de representação. Uma alteração tão importante da primeira tópica não ocorre mais sem ser acompanhada de modificações paralelas da segunda tópica em que, ao lado de um ego frágil e pouco diferenciado, o superego aparece como uma instância malograda, remetendo-se a um ideal normativo e socializado que não adquiriu características pessoais.

Defrontados com traumas, vemos que os neuróticos de conduta não podem reagir por meio de uma exacerbação de sintomatologia mental positiva, de que aparentemente são pouco providos, ou mesmo desprovidos, e o movimento de desorganização habitualmente consecutivo a um trauma não pode ser interrompido senão graças a uma parada em um ponto de fixação-regressão, relativo, no caso, a uma cadeia somática com todas as eventualidades cabíveis. Numerosos fatores de origem muito diversa intervêm na constituição desses pontos de fixação situados em cadeias evolutivas somáticas, cujos elementos ligados às particularidades individuais do código genético e a eventuais fixações realizadas *in-uteru*, e depois às conseqüências somáticas do que irá constituir a história do sujeito desde o nascimento até o instante em que surgir o movimento de desorganização.

O interesse da classificação nosográfica psicossomática proposta por P. Marty reside essencialmente no fato de ela poder encarar, "de antemão", o modo de reações individuais mais prováveis frente aos traumas, assim como adaptar "posteriormente" um tratamento terapêutico que leve em conta o sistema econômico geral do sujeito, e, conseqüentemente, suas eventuais possibilidades de reorganização. Nessa perspectiva, é natural que a classificação nosográfica médica clássica, que agrupa os doentes em função da sintomatologia somática apresentada, isto é, em função das doenças, sem considerar seu funcionamento econômico, só pode revelar-se decepcionante; não se relacionando "o signo" que constitui a doença com o indivíduo tomado na sua totalidade do momento, bem como na dinâmica evolutiva do curso de sua vida. Assim, por exemplo, a identificação

---

1 P. Marty,1972, p. 807.

O ponto de vista psicossomático de P. Marty 19

da sucessão, no tempo, das diversas afecções somáticas, benignas ou não, bem como as diferentes manifestações que envolvem o funcionamento psíquico, o caráter ou o comportamento de um sujeitto, esclarece o valor econômico (na economia geral do momento), apresentado por determinado sintoma somático atual, chegando-se à conclusão de ser inoportuno reduzi-lo rápido demais. Finalmente, permitir a uma pessoa tomada por um movimento de desorganização (decorrente do que vivenciou como traumático) a construção um estrato de reorganização, num ponto de fixação-regressão situado numa cadeia evolutiva somática, supõe não tentar curá-la rápido demais de uma sintomatologia somática com possível valor secundário reorganizante.

Como vemos, trata-se do manejo de uma problemática complexa em que é preciso conciliar a urgência de curar, facilitando o tempo da regressão, etapa indispensável à reorganização.

Para fazer isso, não seria suficiente apenas a apreciação do tipo de organização mental do sujeito; e Marty propõe distinguir quatro sistemas econômicos fundamentais que vão procurar definir, em grandes linhas, os movimentos evolutivos ou contra-evolutivos atuantes no sujeito considerado. Os sintomas econômicos fundamentais não coincidem exatamente com a classificação nosográfica psicossomática. Trata-se de:

1) Aparentes faltas de organização que dizem respeito principalmente aos neuróticos, em quem a precariedade dos arranjos mentais é tal que deixa os sujeitos completamente descobertos quando confrontados com traumas; no caso, essencialmente externos e ligados ao desaparecimento físico de objetos privilegiados, indispensáveis a seu funcionamento. O aparecimento de uma sintomatologia somática toma neles uma feição grave, exigindo a prática de medidas terapêuticas que implicam, além dos tratamentos médicos clássicos, modificações de ambiente sucetíveis de mitigar o desaparecimento do objeto real, indispensável a seu funcionamento, sem o que o movimento de desorganização não se verá definitivamente erradicado.

2) Desorganizações progressivas que sobrevêm freqüentemente aos neuróticos da conduta, mas que podem igualmente atacar os neuróticos do caráter. Aqui, o movimento de desorganização pode

20   *O equilíbrio psicossomático*

adquirir um ritmo rápido ou lento, segundo os indivíduos e a época em que aparecem em suas vidas, ritmo caracterizado por eventuais pausas no que parece constituir os estratos de reorganização, mas que de fato se mostrarão pouco sólidos, pois não estancam duradouramente a desorganização que, na falta de medidas adequadas, poderá ser fatal. A passagem de uma sintomatologia somática a outra com o agravamento progressivo da sintomatologia geral é aqui a regra.

3) Regressões globais que atingem estruturas relativamente sólidas: neuróticos, psicóticos, e mesmo neuróticos de caráter, mas que apresentam uma franja neurótica ou psicótica consistente. Aqui, o equilíbrio econômico revela-se mais estável mesmo se acompanhado de uma sintomatologia mental ou somática importante, não implicando *a priori* o prognóstico vital.

4) Regressões parciais que se apresentam em qualquer estrutura. Trata-se no caso de manifestações sintomáticas que afetam tanto o cenário mental quanto a esfera somática de maneira transitória ou de forma durável, mas sem pôr obstáculos, via de regra, ao movimento evolutivo geral, que permanece positivo, marcado pela prevalência dos instintos de vida.

Esses quatro sistemas econômicos fundamentais reagrupam a quase totalidade das reações humanas frente a um movimento de desorganização consecutiva ao que é vivenciado como trauma. A especificidade do pensamento de P. Marty reside principalmente — parece-nos — na extensão dada por ele não tanto à noção de trauma (que, já dissemos, permanece bem freudiana), mas à de desorganização enquanto cobre toda a gama de respostas individuais possíveis frente a um trauma. A perspectiva psicanalítica clássica nos ensinou a considerar o trabalho de luto (quando se efetua em um sujeito com uma organização mental bem desenvolvida) como o protótipo das reações psíquicas que um evento traumático, no caso perfeitamente identificável, deve suscitar. A exacerbação da sintomatologia mental do sujeito, assim como a ativação transitória de certo número de outros mecanismos para sobrepujar, ajeitar, elaborar as reações depressivas, são bastante conhecidas por nós. Quando esses sinais faltarem, nos acharemos desamparados, por estarmos privados de nossos pontos habituais de referência.

O ponto de vista psicossomático de P. Marty 21

Com o ponto de vista psicossomático de Pierre Marty, tenta-se preencher essa falta de referenciais, dando sentido a outros signos, entre os quais poderá vir a se integrar a sintomatologia somática. O caráter dinâmico sempre em evolução, que marca a economia psicossomática dos indivíduos humanos, anda junto com esta outra constatação em que insiste P. Marty (1980), a saber, a da irregularidade do funcionamento mental[1]. Nos neuróticos mentais e nos psicóticos bem organizados, essa irregularidade será menos marcante, permitindo a esses sujeitos responder com mais freqüência aos traumas, com exacerbação por vezes acentuada de sua sintomatologia mental costumeira, o que de certo modo os coloca ao abrigo de um movimento de desorganização somática. Para os outros, a irregularidade do funcionamento mental pode ver-se aumentada, e até ser desencadeada pelo próprio trauma, acarretando este estado peculiar que Pierre Marty chama "depressão essencial", em que poderia instalar-se "a vida operatória" *.

Depressão dita essencial porque se trata de um estado em que o aspecto propriamente depressivo, ligado ao reconhecimento da falta e ao sofrimento decorrente, não é de forma alguma percebido pelo sujeito que o vive. Este, em geral, continua envolvido em suas atividades relacionais e profissionais, aparentemente não se queixando de nada, ou, no máximo, de um eventual sentimento de fadiga ou de lassidão. Habitualmente serão as pessoas que o cercam as primeiras a falar de depressão, visto o caráter mecânico, desvitalizado do funcionamento do sujeito, fazendo nascer a inquietação entre seus próximos.

Essa inquietação pode estar na origem de uma consulta psicossomática, mesmo na ausência de uma sintomatologia somática precisa. Para o consultante se tratará de chegar a identificar a existência dessa depressão essencial, se existir, e de tentar avaliar em que sistema econômico fundamental poderá ser integrada. Voltaremos posteriormente[2] às dificuldades e alterações que podem sobrevir no quadro

---

1 Cf. o subcapítulo: "L'irrégularité du fonccionnement mental", p. 14.

* Vida operatória - conceito criado por P. Marty e M. de M'Uzan a partir do artigo "La pensée opératoire", in *Revue Française de Psychanalyse*", nº 27, ps. 345/6, 1963.

2 Cf. o capítulo 9 "Interesse e limites da investigação" e em particular o subcapítulo "Eventualidades da investigação."

22   *O equilíbrio psicossomático*

do intercâmbio relacional que se instaura por ocasião da consulta.

Para P. Marty, a existência de uma depressão essencial num indivíduo impõe a tomada de providência urgente de psicoterapia especializada. Não se trata de um estado que permita uma reorganização qualquer, mas de um momento "em suspenso", prelúdio habitual de um movimento de desoganização, donde o interesse em torná-lo conhecido para tentar eliminá-lo, ou ao menos limitar sua amplitude.

É aos olhos do ambiente — dissemos — mais do que aos seus próprios que o sujeito se acha alterado, pois nada (aparentemente) do que preside ao curso habitual de sua existência se modificou. Entretanto, o tônus vital já não é o mesmo; o que se traduz pelo aspecto mecanizado do funcionamento, tendo como recurso principal, no plano da mente, a "vida operatória". Sabemos tratar-se aí de um tipo de pensamento em que domina a referência ao "factual" e ao "atual"[1], parecendo que os problemas concretos do momento ocupam todo o campo da consciência, excluindo inteiramente a emergência de representações e de afetos ligados à reativação de traços mnésicos, às lembranças, aos pensamentos latentes. Não há referência ao passado, não se encontram projeções no futuro, aparentemente barrado, excluído da consciência, com o recurso ao superinvestimento na realidade concreta do presente.

A existência do pensamento operatório, descrito por P. Marty e M'Uzan num artigo já antigo (1962) e retomado pelos autores com Ch. David em *l'Investigation psychosomatique* (1963), em que esse tipo de pensamento se encontra associado a organizações mentais marcadas pela carência da vida de fantasia, suscitou e ainda suscita muitos comentários e críticas.

À parte o fato lamentável de as crítica recentes (J. Cremerius, 1977) basearem-se em trabalhos antigos, não levando em conta publicações posteriores, a posição de P. Marty e de seus co-autores se modificou consideravelmente. Segundo P. Marty a vida operatória acompanha em geral os quadros em que domina a depressão essencial, tratando-se, porém, de um instante no funcionamento mental de

---

1 Cf. P. Marty, M. de M'Uzan e Ch. David, 1963.

O ponto de vista psicossomático de P. Marty 23

um sujeito que pode ter uma qualidade completamente diversa. No caso extremo, poderíamos dizer que ninguém, por melhor provido que seja de mecanismos de defesa (sejam eles de procedência neurótica ou psicótica), estará ao abrigo de apresentar um dia um estado de depressão essencial, prelúdio a um movimento de desorganização.

Por outro lado, o superinvestimento de tarefas concretas materiais, pondo em jogo um pensamento de tipo operatório, com duração variável, pode muito bem se revelar uma forma de pensamento banal, e até adaptado em cada pessoa, no qual se integra com o conjunto dos outros tipos de funcionamento possíveis, e cuja variedade traduz sua riqueza.

Resta citar que, no quadro da classificação nosográfica psicossomática, os sujeitos que apresentam organização mental do tipo das neuroses de conduta e que parecerão, além do mais, comprometidos no sistema econômico das aparentes faltas de organização, são aqueles que estarão com mais freqüência na situação de vítimas da vida operatória, em razão da sua precariedade em termos de recursos a outros mecanismos de funcionamento. Mas esse é um grupo de pessoas limitado.

Finalizando, com o ponto de vista psicossomático de P. Marty, constata-se que a sintomatologia de qualquer natureza, mental e/ou somática, só pode adquirir sentido quando relacionada com a economia geral do sujeito por ela atingido. Ponto de vista econômico, portanto, em primeiro lugar, mas do qual não se excluem nem o ponto de vista tópico, nem o dinâmico, na medida em que apreender a economia psicossomática de uma pessoa é recolocá-la no desenrolar vivo daquilo que é sua vida, em função de suas peculiaridades constitutivas genéticas e relacionais, bem como de sua história.

É esse ponto de vista psicossomático sumariamente retomado aqui que serve de base teórica e prática ao nosso trabalho. Nós nos reservamos, pois, a possibilidade de desenvolvê-lo, de criticá-lo, e até eventualmente confirmá-lo nas páginas que se seguem. No que se refere a esse último aspecto, trata-se, evidentemente, de nosso anelo.

3 Por que a diabete insulino-dependente?

Ao acabar de dizer que a classificação das doenças enquanto entidades nosológicas definidas era incapaz de explicar o funcionamnento geral dos indivíduos por elas atingidos, pode parecer surpreendente que nosso interesse se centralize em uma doença tão claramente circunscrita como a diabete insulino-dependente. Na verdade, não será tanto pela doença diabete que nos interessaremos, mas muito mais pelos diferentes sujeitos dela portadores examinados por nós.

1. Características da doença

Seja como for, a diabete insulino-dependente apresenta um certo número de características que merecem ser ressaltadas. Conforme uma definição médica atual, trata-se de uma doença genética cujo desencadeamento está ligado a uma brusca mudança do ambiente[1]. Vale dizer que o peso dos fatores ligados ao patrimônio hereditário é aqui preponderante, mas também que aparentemente esse peso por si só não é suficiente como explicação e que é preciso, para que a doença apareça, acrescentar-lhe modificações exteriores violentas

---

1. Trata-se de uma definição que foi dada em um curso para estudantes de DCEM 1 U. E. R.(Curso de medicina da Universidade que funciona em ligação com o Hospital Cochin Port-Royal), em dezembro de 1977.

26   *O equilíbrio psicossomático*

com valor de trauma. Pode-se pensar que para cada diabete deverá existir um jogo interdependente variável entre estes dois elementos: o que decorre do peso dos fatores genéticos e o decorrente do peso do ou dos traumas desencadeantes.

Em todo o caso, quando aparece, a diabete insulino-dependente ou diabete doce ou diabete magra ou diabete genética, é uma doença irreversível que exige um tratamento médico severo e contínuo. Recordemos que a diabete é dominada por um distúrbio de utilização da glicose ligada, em geral, a uma insuficiência insulino-pancreática. Ela se manifesta por uma fuga glicósica que, se for muito importante, acarretará uma queda ponderal pela desnutrição, não obstante a compensação procurada por meio do apetite e principalmente da sede. Na ausência de tratamento com insulina, a evolução se faz em direção ao coma e à morte.

Existem diversas escolas médicas para tratar a diabete insulino-dependente. Indicamos brevemente as duas principais tendências atualmente vigentes em Paris:

— A primeira, fomentada pelo professor Lestradet, do Hospital Hérold de Paris, consiste em um tratamento relativamente flexível: os doentes tomam uma injeção diária de insulina e fazem um regime alimentar restrito mas não draconiano, a que se acrescentam exames diários de urina;

— A segunda, representada principalmente pelo professor Tchobrousky, do Hôtel-Dieu em Paris, preconiza um tratamento muito mais severo: os sujeitos jovens recebem até três injeções de insulina em vinte e quatro horas, duas após os quarenta e cinco anos, devendo enquadrar-se num regime alimentar extremamente severo, ao qual se acrescentam vários exames de urina por dia. Busca-se, por meio desse pesadíssimo tratamento, tentar manter a glicemia o mais próximo possível de uma taxa normal.

Não é o caso aqui de nos pronunciarmos em favor de um ou de outro desses métodos — o que não nos compete. Contentamo-nos em ressaltar a qual dessas duas tendências os sujeitos por nós examinados decidiram aderir, quando a escolha foi possível, e o que representou para eles essa escolha.

Por que a diabete insulino-dependente?

Seja o tratamento médico muito restrito ou relativamente flexível, vemos, de qualquer modo, que o peso das constrições ligadas à doença permanece muito grande para a diabete insulino-dependente. Além disso, constata-se que, apesar da qualidade do tratamento médico a ser efetuado por conta própria, nunca haverá garantia de proteção contra os mal-estares hipo ou hiperglicêmicos, que podem conforme o caso dar ensejo a um coma. É dizer que a doença constitui em si mesma uma carga muito pesada para seu portador; carga que pode se revestir de um aspecto traumático secundário para o doente e para seu meio.

2. Sem "perfil psicológico" comum, organizações mentais variadas

Digamos claramente: os resultados de nosso trabalho vão ao encontro dessa visão das coisas. De fato, fica evidente que a classificação por doença (no caso, diabete *privada de insulina*) é incapaz de explicar a variedade do funcionamento geral dos doentes por ela atingidos, não podendo eles ser enquadrados em uma categoria, que é única na classificação nosográfica psicossomática, enunciada no capítulo precedente.

Em verdade, a carga representada pela doença diabética será diferentemente suportada, de acordo com o lugar por ela ocupado na economia geral da pessoa. Quanto melhor for seu funcionamento mental (vigor da segunda tópica, e conseqüentemente boa qualidade funcional da primeira), mais a doença se evidenciará circunscrita e assumida e inversamente, se o funcionamento mental estiver alterado (segunda tópica pouco diferenciada e fraqueza do valor funcional do pré-consciente na primeira tópica), menos a doença poderá ser tratada, mais se tornará invasora e impossível de ser assumida, originando desequilíbrio da diabete e complicações precoces por exemplo. Existe uma ligação direta entre o lugar reservado à doença na economia geral do sujeito e o sistema econômico fundamental em que ele está envolvido num determinado momento de sua existência (por exemplo, quando é examinado por nós).

28   *O equilíbrio psicossomático*

Por outro lado, o aparecimento da diabete na vida do indivíduo, criança ou adulto, obedece necessariamente a causas multifatoriais[1]; um trauma externo perceptível não poderia ser, pois, responsável por si só pela eclosão da doença.

Para que esta sobrevenha, devem estar reunidas numa conjunção especial, conforme as pessoas:

— características internas ligadas ao patrimônio genético, como o estado de desenvolvimento da organização mental;

— características externas, pondo em jogo o mundo relacional neste preciso momento da história do sujeito.

Levando em conta o que a psicanálise ensinou sobre o desenvolvimento mental dos indivíduos humanos, pode-se pensar que haverá maior fragilidade nos períodos de crise, principalmente na crise do conflito edipiano e no momento de sua reativação na adolescência. Esses períodos definidos não existem verdadeiramente enquanto tais, a não ser para os sujeitos que se construírem em torno dessas duas crises estruturantes (o que não é o caso nas neuroses de conduta nem nas de caráter).

Enfim, um tratamento psicoterápico especializado feito com os diabéticos insulino-dependentes, sem conseguir modificações relativas à estrutura própria da organização mental que eles apresentavam inicialmente, favoreceu mudanças econômicas que permitem circunscrever o lugar reservado à doença em sua economia geral, tornando-os mais resistentes a complicações secundárias. Trata-se — como para todos os doentes somáticos graves — de tentar reconduzir seu sistema econômico fundamental a um outro, marcado por uma evolução positiva, com a prevalência dos movimentos de vida sobre os movimentos afetados pela desorganização.

Para nossa pesquisa, fiel à perspectiva de P. Marty, que recomenda adotar o procedimento anti-evolutivo — para ele típico dos movimentos de desorganização — e partir das estruturas mais evoluídas para tentar apreender as estruturas anteriores, decidimos só incluir pessoas adultas, excluindo crianças e jovens adolescentes (apenas um

---

1. Como indica a definição da doença dada no início do capítulo.

Por que a diabete insulino-dependente? 29

sujeito tem dezessete anos de idade).

Em nossa população de vinte e um sujeitos[1], impressiona a variedade dos tipos de organização que participam de sua economia psicossomática, na qual a diabete vem se inscrever, e mesmo se integrar, de um modo sempre singular e não-unívoco.

Vale dizer que uma classificação que repousa apenas na realidade reconhecida da doença somática, mesmo quando esta for perfeitamente definida, como no caso da diabete genética insulino-dependente, não pode explicar a complexidade das diferenças individuais que presidem seu reconhecimento, tratamento e desenvolvimento. Podemos retomar aqui o velho adágio segundo o qual não há doenças, mas doentes, e o que é mais, às voltas com as eventualidades, na maioria das vezes imprevisíveis, do desenrolar-se da vida humana.

De fato, do ponto de vista do observador, ao reconhecimento da doença somática deve-se acrescentar uma apreciação geral do funcionamento do sujeito doente, apreciação que leva em conta, de algum modo, os três pontos de vista: tópico, dinâmico e econômico da teoria freudiana. Podemos considerar, nessa ótica, que o ponto de vista tópico buscará circundar o lugar reservado à doença, no jogo das instâncias psíquicas do sujeito doente; o dinâmico procurará apreciar a qualidade das forças presentes: forças de vida, essencialmente, como a possibilidade de contra-investir o movimento de desorganização ligado à doença; e o ponto de vista econômico, enfim, consistirá em avaliar a qualidade do compromisso psicossomático que o sujeito pode realizar contando com os dados atuais que constituem

---

1. Composta de dez mulheres de 20 a 50 anos e onze homens com idades de 17 a 71 anos:

— dez sujeitos vão ser atendidos durante a hospitalização em um serviço parisiense de diabetologia (seis mulheres e quatro homens);

— onze sujeitos (sete homens e quatro mulheres) são atendidos por ocasião de uma consulta ambulatorial; sete em um outro serviço parisiense de diabetologia; quatro no Centro de Consultas e de Tratamentos Psicossomáticos. § Cada sujeito é atendido por mim durante um exame sistemático que compreende: investigação do tipo entrevista clínica não diretiva, mas em certos casos semi-dirigida, tendo em conta a inibição do sujeito; um T. A. T. (Teste de Apercepção Temática); uma Figura Complexa de Rey (prova de cópia seguida de prova de memória); desenho de uma pessoa.

30   *O equilíbrio psicossomático*

sua vida. Na ausência dessa apreciação, somos levados a tomar medidas terapêuticas de ordem geral, que podem ir perfeitamente ao encontro do que convém a um determinado paciente.

Se descrevemos a variedade dos tipos de organização mental apresentados por nossos vinte e um sujeitos, variedade atestada pelas particularidades de sua economia psicossomática, devemos salientar que em nenhum deles, aparentemente, trata-se de uma organização francamente neurótica, redutível a um quadro nosólógico definido: neurose obsessiva, neurose histérica, histeria de angústia. A sintomatologia mental positiva com coloração obsessiva, histérica ou fóbica, como é identificável em bom número de nossos casos, não parece se apresentar como suficientemente sólida e organizada para permitir a constituição de uma neurose mental franca. Juntam-se a tudo isso, em proporções variadas, de acordo com os sujeitos e as situações de momento, defesas no âmbito do caráter, ou mesmo da conduta. Não se encontra mais, contudo, uma organização que possa ser referida à estruturação psicótica da personalidade: se existem elementos psicóticos, eles se mostram, via de regra, frágeis e esparsos, não conseguindo constituir um tipo de arranjo preciso, que entre no quadro nosológico clássico da paranóia, da esquizofrenia ou da psicose maníaco-depressiva. Se bem que, no todo, o conjunto de nossos sujeitos se situe ao longo de um contínuo que vai da fronteira das neuroses à das psicoses, isto é, nesse meio caminho entre as neuroses de caráter e as neuroses de conduta, conforme a classificação de P. Marty. Trata-se de duas categorias muito amplas que agrupam organizações extremamente diversas, em especial no que diz respeito às neuroses de caráter. Estas constituem, segundo P. Marty (1972, p.51), "a maior parte da população de nossa época e de nossas regiões geográficas". Essa asserção corresponde, aparentemente, ao que constata um bom número de psicanalistas, que vêem reduzir-se progressivamente, na sua atividade, o lugar reservado às neuroses mentais francas, em detrimento de estados mistos, com sintomatologia polimorfa, e nos quais as defesas de tipo caracterológico se tornam cada vez mais preponderantes.

Sem dúvida, pode-se tentar afinar a descrição da categoria das neuroses de caráter, e é o que tentamos fazer, tratando de precisar as qualidades, isto é, o vigor e o valor funcional da sintomatologia

Por que a diabete insulino-dependente? 31

mental positiva que dado sujeito apresente. Chegamos então a formulações do tipo: neurose de caráter bem mentalizada, derivada de uma organização neurótica verdadeira; neurose de caráter medianamente mentalizada, traduzindo o medíocre valor funcional do que aparenta ser uma "franja neurótica"; neurose de caráter pouco ou mal mentalizada, evocando uma organização mental falha, próxima, assim, das neuroses de conduta. Pode-se, evidentemente, discutir a legitimidade dessa apreciação e retomar todas as críticas das quais as classificações nosológicas podem ser objeto. No que nos diz respeito, parece que seu principal interesse reside em seu caráter operatório, do qual não vemos motivo para nos privar, já que, por outro lado, não nos contenta uma simples apreciação, por ser obviamente redutiva demais e cujos elementos que a funam também não deixamos, continuamente, de questionar.

É evidente que o funcionamento mental de um sujeito, identificável em um determinado momento de sua vida, com o que isso comporta de hipóteses de funcionamento anterior e de cálculos sobre o futuro, não poderia reduzir-se a uma etiqueta diagnóstica, mesmo sendo supostamente a mais nuançada possível. Poderia-se dizer novamente, como fizemos a propósito do diagnóstico médico, que sempre conviria ajuntar-lhe o tríplice ponto de vista tópico, dinâmico e econômico, único que permite reintroduzir a espessura da psique, por meio da apreciação dos movimentos conflituais que a fundamentam.

Seja como for, dizer que nossos vinte e um sujeitos se distribuem em categorias que vão desde as neuroses de caráter bem mentalizadas até as neuroses de conduta, tão severas que podem ser explicadas pela aparente falta de organização (P. Marty, 1976), é dizer finalmente que uma grande parte da clínica humana se encontra aí representada, excluindo-se apenas as neuroses mentais francas e as psicoses com sintomatologia mental positiva dominante.

A propósito disso merece ser discutido aqui o recrutamento de nossos vinte e um sujeitos. Eles foram escolhidos "ao acaso", quer dizer, o médico que os tratava propunha-lhes participar de uma pesquisa sobre a organização mental dos diabéticos insulino-dependentes, deixando-lhes a liberdade de aceitação. Nenhum dos pacientes

32 *O equilíbrio psicossomático*

recusou a proposta, tendo mesmo uma delas pedido anteriormente para ser atendida por um psicólogo. Pode-se pensar que não foi a qualquer um dos paciente que cada médico de consulta (em número de quatro) fez essa formulação e, realmente, pareceu-nos que, entre os doentes hospitalizados, foram aceitos os que possivelmente mais angustiavam seu médico, ou os que colocavam maior número de problemas, mais ou menos insolúveis no plano da realidade. É digno de nota, aliás, constatar que nenhum dos quatro médicos pediu conclusões e mesmo informes sobre seus doentes, excetuado o problema concreto, na aparência, e juridicamente sem solução, colocado por um trabalhador argelino. A administração do hospital não pretendia mais mantê-lo hospitalizado e sua pátria de origem, a Argélia, achava que a França devia custear seus tratamentos, pois ficara doente após quase vinte anos de trabalho no país.

O fato de, implicitamente, ou até inconscientemente, a escolha dos sujeitos ter sido orientada em função das preocupações pessoais de seu médico, parece-nos ter contribuído em especial para ampliar o leque de organizações representadas pelos vinte e um casos. Isso simultaneamente em direção a organizações bem mentalizadas, portadoras de uma franja neurótica com certo vigor funcional, mas também, ao contrário, em direção a organizações gravíssimamente carentes no plano mental, onde estão em primeiro lugar problemas práticos postos pela exigência de um ambiente que assegure um tratamento completo. Isso significa que os pacientes que "dão problemas" para seus médicos são os que se afastam sensivelmente do que se considera o doente somático típico, sujeito considerado "normal", quer dizer, sem uma sintomatologia mental positiva, claramente identificável, mas que ao contrário, não apresenta um estado de regressão ou de carência que o impeça de tratar-se e de se aliar ao médico, senão para cooperar com ele na cura, pelo menos para participar positivamente no bom andamento do processo.

Seria, possivelmente por motivos semelhantes que nossos quatro médicos se mostraram pouco interessados em nossos comentários, como se houvesse o perigo de serem confrontados com um ponto de vista muito diferente do deles, já que tinham sentido em seus doentes eventuais implicações psicológicas difíceis de controlar. Em troca, quando os problemas se limitavam a um, — por assim dizer, —

Por que a diabete insulino-dependente? 33

quebra-cabeças concreto, como foi o caso de dois deles, o pedido a mim endereçado para saber se eu tinha encontrado uma solução miraculosa, visava, provavelmente, confrontar-me com minha impotência.

Se retomarmos as diversas organizações mentais apresentadas por nossos vinte e um sujeitos e as compararmos com o estado de doença diabética no momento da investigação, constataremos numa primeira abordagem que os que têm a diabete bem equilibrada parecem situar-se entre as organizações mentais mais evoluidas — neuroses de caráter bem mentalizadas —, muito bem mentalizadas, e até medianamente mentalizadas e que, ao contrário, os sujeitos que têm uma diabete continuamente desequilibrada — com freqüentes ocorrências hipo ou hiperglicêmicas graves —, são no mais das vezes portadores de neuroses de caráter mal-mentalizadas, ou mesmo de neuroses de conduta. Mas dissemos tratar-se, no caso, de uma primeira abordagem, que não se pode aplicar exatamente a cada situação individual. Se assim fosse, isso implicaria que somente a organização mental do sujeito influi no estado de sua doença, o que consistiria em eliminar a existência de quaisquer outros fatores, sejam de origem interna, ligados a particularidades genéticas, humorais, históricas do sujeito; ou de origem externa, essencialmente ligadas a fatos ambientais recentes ou atuais com que o paciente está se defrontando.

Não parece haver dúvida alguma de que exista efetivamente um vínculo entre a organização mental de um indivíduo e sua maneira de tratar — ou não tratar — uma doença grave e irreversível, como a diabete, mas o papel e o peso atribuído a esse vínculo presta-se a numerosas discussões. O ponto de vista do observador, de fato função de suas opções teóricas pessoais, é que vai fazer a diferença e essa poderá mostrar-se radical de um observador a outro; pois se, o enfoque organicista for preponderante, a gravidade da afecção somática será considerada responsável pelas dificuldades em equilibrar o tratamento, mas se, ao contrário, a referência maior for abertamente psicologizante, o que remete à organização mental do sujeito, é ela que poderá aparecer supervalorizada. Evidentemente podem estar presentes todas as outras posições intermediárias.

Em suma, à variedade das organizações mentais dos indivíduos humanos, diabéticos ou não e ao campo de influência dos arranjos

34 *O equilíbrio psicossomático*

intra-individuais que são levados a fazer em função das eventualidades internas e externas de sua vida (entre as quais pode vir a integrar-se a relação com a diabete, conforme o caso), é preciso acrescentar as particularidades do observador, jamais neutro e portanto, parte integrante daquilo que observa, sejam quais forem seus esforços para criticar, analisar e tornar objetivos seus procedimentos.

Essa extrema complexidade parece-nos ter sido administrada de forma diferente nos vinte e um casos que atendemos. Parece também que nossa investigação, como foi conduzida, permite-nos avaliar o vínculo especial que, em cada sujeito, une sua organização mental com o estado da doença diabética, no momento em que o atendemos.

Como primeira ilustração apresentamos a observação de Diane.

3. Observação de Diane (nº 1)

Diane é uma jovem mulher de vinte e nove anos, feminina, de aparência atraente, apresentando-se com uma elegante camisola e um *deshabillé* — está atualmente hospitalizada — maquilada com todo o cuidado e muito sorridente. Sua apresentação contrasta com uma extrema magreza, que logo à primeira vista impressiona, e que motiva sua hospitalização. Somos informados de que emagreceu dezesseis quilos há cerca de dois anos — pesa quarenta quilos — e que as investigações médicas até o presente se mostraram infrutíferas para determinar a causa disso.

Ela parece relacionar, com um vínculo puramente cronológico, o começo de seu emagrecimento à notícia da descoberta de um câncer de colo em seu pai. Depois, progressivamente ao longo da investigação, menciona uma série de acontecimentos catastróficos ocorridos desde há mais ou menos três anos: primeiro o nascimento de uma menininha mongolóide, filha de sua irmã quatro anos mais velha; a notícia da doença do pai e seu falecimento um ano depois; o nascimento de sua filhinha por cesariana aos sete meses e meio de gravidez e sua hospitalização durante os dois primeiros meses na escola

Por que a diabete insulino-dependente? 35

de puericultura, onde teve numerosas e graves complicações; o emagrecimento seguido de pneumonia quando a filha tinha onze meses, e, enfim, há dois meses o pedido de separação por parte do marido, desejando o divórcio. Tudo isso é dito sem emoção visível, como se enuncia fatos sobre os quais não é preciso voltar. Nota-se, contudo, uma hesitação constante nas datas, coisa que reconhece sorrindo, dizendo que sempre teve muita dificuldade em situar os acontecimentos no tempo. Percebe-se igualmente uma espécie de vontade de dizer que tudo vai bem e que apesar dos pesares ela vai conseguir superar a situação.

Nesse contexto, a diabete se apresenta um avatar a mais. Diane é diabética desde os sete anos. Suas primeiras lembranças envolvem uma consulta com o professor Debré e a decepção de não ter sido hospitalizada para poder brincar com as outras crianças como os pais lhe haviam prometido. Insiste no fato de que aceitou perfeitamente as injeções de insulina que o pai e a mãe lhe aplicavam, num primeiro momento. A única coisa desagradável, isto é, vexatória, que disse ter sentido, foi quando o médico da família fez cruzes com uma caneta esferográfica em suas nádegas para mostrar o lugar de aplicar a injeção.

Percebe-se, a esse respeito, uma nítida atitude de idealização dos pais, o que lhe permite simultaneamente negar qualquer conflito. Nada de problema com a diabete porque os pais se desincumbiam do assunto muito bem: não fizeram o que tantas vezes os pais dos diabéticos fazem: superproteger a criança. Ela foi tratada como as outras. Não houve, igualmente, problemas com as duas irmãs mais velhas, que tinham, respectivamente, nove e quatro anos a mais. O único problemas reconhecido como tal e que Diane qualifica de "recusa da diabete", ocorrida aos treze ou catorze anos, é logo relacionado com a crise da adolescência e justificado pelo fato de que "parece que isto é bem freqüente". Ele se enxertou no medo de engravidar, idéia na qual muito investiu naquele momento e que permaneceu presente para Diane até o casamento. O medo de engravidar fazia com que recusasse o aumento das doses de insulina. Ao mesmo tempo, porém, não queria seguir nenhum regime, desenvolvendo uma tendência a empanturrar-se de bombons. Não obstante a imprecisão das datas e das lembranças, parece que a crise, que teria

36 *O equilíbrio psicossomático*

durado dois anos, começou ao mesmo tempo que o tratamento da sua diabete, isto é, no momento em que começou a fazer por si mesma as dosagens de urina e a aplicar-se injeções. Essa oposição à diabete acarretou vários mal-estares hipoglicêmicos e a exclusão da escola, na qual considerou impossível sua permanência nessas condições. De fato, Diane diz ter ficado muito satisfeita com essa decisão, pois tinha professores de quem não gostava, tendo, pelo contrário, se dado muito bem na escola particular, na qual ficou até o final do curso secundário. Além disso, sendo muito fantasista, encontrou lá um melhor clima para seu temperamento. Realmente, descreve-se como muito fantasista, e até esses últimos anos, de um otimismo assombroso, levando a vida facilmente, com um humor sempre igual. Sempre se mostrou interessada em modas, em costura. Gosta de fazer seus vestidos, criando os modelos. Em relação à escolha profissional tinha desejado primeiro ser conservadora de museus e fazer a Escola do Louvre. Em seguida, já que a carreira era vedada aos diabéticos, desejou ser modista, mas não tendo conseguido ingressar na profissão — possivelmente desaprovada pelos pais — tornou-se enfermeira, trabalho que exerceu durante três anos em um serviço de cancerosos, antes de se tornar esteticista. Disse mesmo que era grande o contraste entre o trabalho muito duro do serviço hospitalar e a futilidade do trabalho de esteticista, tendo, por sinal, retomado um posto de enfermeira interina até o casamento. Atualmente, prestes a ficar só com a filhinha de um ano e oito meses, está pensando em encontrar um lugar semelhante ao anterior.

Essa volta ao trabalho, depois de uma interrupção de quase três anos, possivelmente não se fará sem alguma ansiedade, que bem rápido parece se deslocar para preocupações referentes à diabete e suas complicações. Principalmente as oculares. Estas apareceram em Diane na quarto mês de gravidez e exigiram um tratamento com raios *laser*. Diane teme diminuir a visão a ponto de não conseguir continuar trabalhando. Numa tentativa de se garantir, fala do marido que, mesmo querendo divorciar-se, não deseja um rompimento real e não a abandonará financeiramente.

Não podemos deixar de ficar impressionados com a ausência de agressividade para com um marido, cuja decisão de se divorciar pareceu a Diane totalmente imprevista e imprevisível. Diz, a esse

Por que a diabete insulino-dependente? 37

respeito: *"Não sou de temperamento ciumento... jamais teria enganado meu marido... teria uma certa tendência a pensar que todas as pessoas são assim."* E nos dirá, contudo, que o marido, por causa dela, deixou a primeira esposa, com três filhos pequenos, e que a está deixando de novo por outra mulher. Após essa notícia, Diane conta que realmente ficou *"muito deprimida... digamos, durante uma semana."* A mãe e a irmã mais velha a ajudaram muito, principalmente a irmã, de temperamento muito enérgico e que lhe disse: *"já que é assim é preciso tomar as coisas na mão".* Explica que, depois de ter passado por uma primeira fase em que rejeitava a idéia de divórcio, tratando de convencer-se de que não passava de um capricho efêmero, finalmente se convenceu de que era melhor viver sozinha a fim de evitar *"viver eternamente com a sensação de que talvez isto seja por um ou dois meses".* As únicas emergências agressivas em relação ao marido referem-se à atitude de indiferença para com as crianças, não tanto com a última, como no tocante aos três filhos do primeiro casamento. Segundo Diane, sua filhinha foi desejada pelo marido, ao contrário do ocorrido com os três primeiros filhos, que teriam nascido "por acidente". É, talvez, em vista desse investimento diferente, que ela diz ter tido tanto medo quando ele lhe falou do divórcio, porque ela *"se via sem sua menininha".* Na verdade, porém, verificou-se que o marido não tinha intenção alguma de privá-la da filha e Diane hoje vai até ao ponto de se perguntar se esta não a está atrapalhando.

É difícil avaliar a qualidade da relação estabelecida entre Diane e o marido. A partir de três anos de vida em comum do casal as doenças somáticas foram praticamente incessantes, mas foi também após esses três anos que se desenrolou a série de acontecimentos catatróficos. Do ponto de vista somático há esta seqüência: gravidez, difícil no começo, pois Diane teve de ser internada no hospital Bon Secours. Com medo de ter um filho com alguma deficiência, como sua sobrinha, recomendou à religiosa responsável que não fizesse o papel de aprendiz de feiticeiro, e nem preservasse a criança a qualquer custo; depois a cesariana, o emagrecimento de dezesseis quilos, a pneumonia quando o bebê tinha onze meses e enfim, há quatro meses, uma ciática, com começo insidioso, trazendo insistentes perturbações do sono, acentuadas com o pedido de divórcio pelo mari-

O equilíbrio psicossomático

do há dois meses. Se considerarmos os acidentes somáticos, podemos interrogar-nos se seu corpo não sabia, antes da cabeça, o que o futuro lhe reservava, quanto à relação com o marido. Diane menciona mudanças importantes de humor simultâneas ao emagrecimento Irrita-se facilmente e sente raivas repentinas, o que, anteriormente, lhe era de todo desconhecido. Seu espantoso otimismo não é mais o que fora. As mudanças, tanto no plano físico quanto no do temperamento, parecem, com evidência, assinalar a ruptura do equilíbrio psicossomático anterior e o estado de "crise", isto é, de regressão atual. Isso resulta na necessidade de tentar avaliar se seu estado presente pode constituir um estrato de organização que permita posteriormente uma retomada evolutiva, ou se, ao contrário, trata-se de uma possível evolução que se dirige à desorganização progressiva.

Se considerarmos a presente organização mental de Diane, notaremos a existência de elementos neuróticos que constituem seu nível de funcionamento mais evoluído. Trata-se essencialmente de elementos de matiz histérico ligados a sua imagem narcísica: o investimento em sua aparência exterior permeneceu muito intenso; seu medo de engravidar, do qual a família zombava e que atualmente — disseram-lhe maldosamente — foi punido, era uma preocupação importante desde a adolescência. É talvez em função da importância dessa preocupação anterior que se pode compreender sua reduzida inquietação — aparente — com o impressionante emagrecimento atual que deplora unicamente, parece, pelo aspecto inestético.

Por outro lado, no plano da vida onírica, Diane refere um sonho típico de nudez que tinha, com muita freqüência, entre dezessete e dezoito anos, e cada vez menos agora, quando tem a sensação de já não sonhar mais, em todo o caso, de não se lembrar mais de seus sonhos, o que só serve para confirmar seu atual estado de crise.

No sonho, passeava inteiramente despida na rua, experimentando sentimentos de um intenso embaraço, ao passo que as pessoas a seu redor, vestidas normalmente, pareciam indiferentes. Como única associação, Diane diz que esse sonho talvez traduzisse o fato de ela não se sentir à vontade em sua pele.

O desejo de seduzir expresso no sonho e também na vida, pelo gosto em se arrumar o interesse pela moda, pela maquilagem, pode-

Por que a diabete insulino-dependente? 39

ria ser aproximado com relação com seu pai e até com o marido. Descreve o pai ao mesmo tempo como sólido, enérgico, organizando a vida de todos e sendo, ao mesmo tempo, fantasista; gostando de mulheres elegantes e tratadas. Após ter sido inspetor de impostos tornou-se diretor de uma casa de bijuterias. Sua morte deixou a família ao desamparo e em particular a mãe de Diane, cuja maneira de ser — como a da filha — mudou completamente: tornou-se hiperativa, justamente para esquecer que estava presentemente só — nos disse a paciente. A identificação de Diane com o pai fantasista se apresenta, na verdade, muito superficial. O que é muito mais flagrante é o aspecto idealizado, não criticado de que as imagens parentais se revestem. Sua suposta solidez esconde, em última instância, uma grande fragilidade, a qual é impossível Diane elaborar. Assim, o luto pelo pai parece nunca poder se realizar, bem como, apesar de recente, o do marido. Diane não estabelece um vínculo real entre a notícia do câncer de colo que atingiu o pai e o começo de seu emagrecimento, que afeta seu sistema digestivo. Também não diz nada a respeito do desenvolvimento da doença do pai, conquanto assinale que trabalhou três anos em um serviço de cancerosos; trabalho bastante duro. Em suma, não se pode destacar a ausência de toda a problemática relativa aos conflitos interpessoais, especialmente os referentes à rivalidade, o que é igualmente manifesto no TAT. Essa ausência parece surpreendente em uma mulher que é a última de três filhas. Mas é ainda mais surpreendente considerando-se a escolha do marido. O que diz da surpresa quando ele anunciou que desejava deixá-la por outra é, sob esse aspecto, revelador: ela não o teria enganado; sua tendência é crer que todas as pessoas sejam como ela própria; tendo "esquecido" o abandono da primeira mulher e das três crianças. Na realidade, o "esquecer-se", que fala de recalcamento, parece ser bem mais uma espécie de denegação, a qual, fazendo curto-circuito em todo o tratamento efetuado por meio do trabalho do pensamento, precipitaria Diane nas "atuações" de feição edipiana, mas que de modo algum são vividas nesse plano.

Percebe-se aqui os limites e a fragilidade dos arranjos defensivos de tipo neurótico e o recurso a mecanismos que põem em jogo o comportamento, e portanto, os atos. Já com treze ou catorze anos, sua "recusa da diabete" passa pela contradição entre a aumentar as

40   *O equilíbrio psicossomático*

doses de insulina e a tendência a empanturrar-se de bombons, quando, de fato, trata-se do momento em que seus pais lhe deixam o encargo da doença, que até aqui tinham assumido, aplicando-lhe injeções. No mais, sua diabete não parece ser objeto de nenhuma elaboração especial. Ela sabe equilibrá-la de forma muito efetiva, mesmo quando apresenta um brusco desequilíbrio transitório, por ocasião de uma doença, como aconteceu com a pneumonia. Mas isso não lhe dá o que pensar. Aliás, nada sabemos das condições de seu aparecimento, a não ser que foi descoberta durante um estado de intensa fadiga.

Assinalemos ainda que à fragilidade das referências temporais se juntam dificuldades de estruturação espacial e de orientação (cf. a figura de Rey), o que a desestimulou a aprender a dirigir. Essas dificuldades não se refletem em seus desenhos: realiza lindos desenhos de figurinos e pretende aprender a desenhar em tecidos.

No geral, parece tratar-se de uma neurose de caráter bem pouco mentalizada, com possibilidades de recurso ao plano da conduta. Daí decorre que a evolução da crise atual pareça essencialmente ligada às possibilidades de investimento que Diane realiza sobre as pessoas de seu meio, nesse momento especialmente crítico, quando, tendo perdido o pai deve igualmente separar-se do marido. Um elemento positivo parece residir na pessoa da irmã mais velha, que Diane investe como enérgica e capaz de tomar para si as coisas no lugar do pai. Mas, na ausência de todo apoio externo, não deve ser excluído o risco de uma evolução para a desorganização progressiva.

Relatório do TAT [1]

Trata-se de um protocolo caracterizado por um tempo de latência inicial muito rápido, característico de uma atitude de quem se safa da interpretação. Se o tema é muitas vezes banal, o conjunto é, no entanto, pouco consistente devido à presença de defesas evidentes e empobrecedoras. Nota-se uma atitude de apego ao detalhe dos con-

---

1 Cf. anexo, p. 228.

Por que a diabete insulino-dependente? 41

teúdos manifestos, que acarreta o bloqueio da elaboração imaginativa, sem com isso impedir a expressão de afetos subjacentes violentos, que transparecem através das críticas ao material e que podem ir até à projeção do objeto mau sobre personagens — ao que parece — fundamentalmente femininos. Vale dizer que se os conflitos podem por vezes ser descritos, não podem contudo ser elaborados e retomados para construir uma verdadeira história.

Nesse contexto, os mecanismos mais evoluídos, de coloração histérica, e mesmo hístero-fóbica diante de pranchas pouco estruturadas, têm apenas um valor defensivo. O elemento dominante reside, sem dúvida, em uma intolerância à depressão de tal natureza, que ela sugere repressão, por meio do controle da realidade; fuga na inibição ou na rejeição, ou enfim, e principalmente, projeção no exterior, mas sem que possa haver aí um verdadeiro trabalho de elaboração imaginativa, devido à própria quantidade dos afetos envolvidos.

Em síntese, parece que nem as defesas da série histérica, nem as mais primárias defesas que utilizam o colorido paranóico, nem mesmo as que se apóiam no uso de clichês e de arremedos, conseguem constituir um compromisso defensivo estável. Vale afirmar que se trata de uma organização do tipo neurose de caráter, na qual as defesas mentais só têm um valor defensivo e que, havendo sobrecarga econômica — o que parece bem claro no caso atualmente —, a via mental parece mostrar-se insuficiente para assegurar uma verdadeira descarga, tendo em vista a violência dos afetos subjacentes.

Notemos, contudo, que existe uma tentativa de recuperação em um nível regressivo narcísico que se expressa, no mínimo, na prancha 16 com a descrição do mar e de pessoas que se aquecem ao sol "tendo uma palmeirinha a um canto". É o mesmo aspecto encontrado no desenho da pessoa.

Figura de Rey

Os resultados computados são medíocres. Se o tempo de execução é rápido na cópia e no desenho de memória, a exatidão é fraca

42 *O equilíbrio psicossomático*

e o tipo de construção muito arcaico nas duas provas. Existem incontestáveis dificuldades de estruturação espacial; os referenciais rotineiros não são pecebidos: o esquema central, as diagonais, etc.

O desenho de memória revela anomalias sob a forma de elementos omitidos, deslocados, truncados, superpostos. Se já o aspecto geral do desenho mal formado — aberto mesmo — faz pensar em distúrbios do esquema corporal, parece-nos mais ainda relacionar-se com uma imagem narcísica inconsciente muito pouco delimitada, lembrando uma verdadeira "bocarra" narcísica. Os elementos de preenchimento (dentro do retângulo, assim como as retas que o prolongam e a extravagância constituída pelo fato de que o círculo é cortado por uma reta) têm aqui o mesmo valor de tentativa de colmatagem* que os mecanismos hístero-fóbicos assinalados no TAT, exceto por seu caráter ridículo (discordante mesmo?), aqui totalmente claro.

O desenho da pessoa, ao contrário, enseja uma representação muito eficiente do tipo "figurino de moda". Trata-se da esguia silhueta de uma jovem mulher, fina e elegante, coberta com um vasto chapéu de abas e munida de acessórios femininos: colar de pérolas, ampla gola, saia grande.

O conjunto evoca bem o investimento narcísico de coloração histérica que Diane pode apresentar com relação a si própria, mas ressalta também sua extrema fragilidade, bem como o aspecto exterior que reveste, marcando a um só tempo a fraqueza dos pontos de referência internos, como se evidencia no desenho de memória da figura de Rey.

Com a observação de Diane, nossa intenção é principalmente discutir o problema do que de bom grado chamaríamos de "neurose de destino". Se há neurose de destino — digamos logo — é para nós que ela assim se apresenta e não para Diane, para quem a sucessão de eventos catastróficos que atravessam sua vida parece se resumir à

---

* Termo tomado emprestado da agricultura. Consiste em fazer alterações no terreno, por exemplo, represando sulcos, de tal modo que uma água ou limo, ricos em nutrientes, venham aí se depositar, contribuindo para maior fertilidade da terra. No texto tem o sentido genérico de preencher, suprindo alguma falha. (N.T.)

Por que a diabete insulino-dependente? 43

enumeração de fatos aos quais possivelmente não é preciso referir-se novamente. A bem dizer, em todos esses fatos, apenas a escolha do marido lhe parece ser diretamente imputável e é sob esse aspecto, e somente esse, que se poderia falar, a justo título, de neurose de destino. O desconhecimento da organização psicológica do marido, a quem, a despeito do desmentido proporcionado pela realidade, ela persistia em vivenciar como se dela se tratasse, é a esse respeito chocante. Como se o desejo de que ele fosse igual a ela, ou melhor, a denegação de que fosse diferente, atingisse uma verdadeira escotomização da realidade; realidade que, entretanto, vivenciou com ele, pois foi ela quem esteve na origem da ruptura com a primeira mulher e do abandono das três crianças em tenra idade.

Aproximamos facilmente essa escotomização da realidade do que nos parece um movimento análogo: a aparente ausência de ansiedade quanto a seu estado somático atual, decorrência de uma extrema magreza. Diane, sob esse ponto de vista, mostra-se uma grande anoréxica — apesar de dizer que come de maneira absolutamente normal — afetando, a respeito do sintoma, uma indiferença semelhante à bela indiferença dos histéricos, mas que ultrapassa amplamente esse arranjo para atingir a denegação da realidade, como se pode ver em certos anoréxicos, com risco para suas vidas. A sensação de risco de vida é exatamente o que experimentamos perante Diane, sensação tanto mais aguda quanto seu discurso e seu aspecto (desde as nove horas da manhã já com a maquilagem impecável, apesar de hospitalizada) constituem um perpétuo desmentido de que esteja vivendo algo grave ou perigoso para si. Nesse aspecto, percebe-se, talvez mais claramente que no TAT, a intolerância aparentemente quase absoluta à depressão, o que resulta para nós em um sentimento de mal-estar, naturalmente qualificado como prototípico.

Poderíamos falar de clivagem entre o que se passa no plano consciente, em que os eventos traumáticos são identificados e enumerados conforme sua realidade — excetuando-se a existência de uma imprecisão constante nos referenciais relativos ao tempo — mas, aparentemente, sem muita ressonância afetiva; e reações na esfera corporal em que os incidentes somáticos se sucedem, tendo como pano de fundo esse emagrecimento inexplicável, cujo início coincide com a notícia do câncer de colo que atingiu seu pai. É com uma clivagem

44 *O equilíbrio psicossomático*

comparável a essa que por vezes temos a impressão de nos defrontarmos nos anoréxicos que acabamos de descrever, com a diferença que a denegação relativa a seu estado somático — às vezes com uma feição quase delirante — nem por isso é acompanhada pela extinção dos conflitos no cenário mental; muito pelo contrário.

Nesse quadro, o lugar ocupado pela diabete aparentemente não é principal, ainda que tudo o que diga respeito ao campo da nutrição e, pois, ao peso do sujeito, não deva ser posto esquecido. Assinalamos anteriormente que Diane apresenta complicações secundárias à diabete (sob a forma de hemorragia da retina), surgidas na gravidez; coisa freqüente, principalmente com uma diabete cuja evolução tem já vinte e dois anos. Após o tratamento com *laser*, parece que o estado dos olhos se estabilizou. Habitualmente, sua diabete está bem equilibrada e o tratamento médico que executa por sua conta parece claramente satisfatório. De fato, os incidentes somáticos repetidos desde há três anos só secundariamente referem-se à sua diabete, na medida em que qualquer doença, acrescida de febre alta, como no caso da penumonia, só traz um transitório desequilíbrio da doença.

Em suma, as modificações da economia psicossomática em Diane, em período de crise, são feitas pelo aparecimento de novas doenças somáticas, mais do que pelo desequilíbrio ou o agravamento de sua diabete, além da exacerbação bem provável do seu modo de funcionamento psíquico habitual.

Mas muitos outros elementos merecem discussão e suscitam nossas perguntas: existem ligações entre o tipo de organização mental do sujeito e a idade do aparecimento de sua diabete? Que é feito do papel dos traumas no aparecimento da diabete? Como é ela vivenciada nas diversas fases da vida, a saber: a separação da mãe, o conflito edipiano, o período de latência, a adolescência, a entrada na vida adulta, depois a crise da maturidade, a entrada na terceira idade, etc.?

Enfim, e quiçá principalmente — pois o problema diz respeito a todos os indivíduos humanos, diabéticos ou não —, como compreender em cada sujeito as peculiaridades da constituição de seu aparelho psíquico, desde que os aspectos nitidamente manifestos a que chamamos força ou fraqueza do ego vão desempenhar papel consi-

Por que a diabete insulino-dependente?

derável diante de um movimento de desorganização somática, quer para reduzi-lo, superá-lo, integrá-lo, ou até mesmo para a ele sucumbir?

4 Uma doença somática precoce: quais seus vínculos com a noção de trauma?

Como dissemos, a diabete pode ocorrer em todas as idades da vida, incluindo a infância.

1. Os "períodos sensíveis": a idade do conflito edipiano

Em nossa amostra, cinco sujeitos — três meninas e dois meninos — vão manifestar a doença entre dois anos e cinco meses e sete anos, em uma faixa de idade que vai da segunda infância à entrada na fase de latência, isto é, quase na época do conflito edipiano. É pouco provável que a diabete apareça antes dos dois anos, como se fosse preciso um desenvolvimento suficientemente maduro para o aparecimento dessa disfunção.

Dizer que essa faixa de idade corresponde à do conflito edipiano é pôr a ênfase na existência do que chamamos "períodos sensíveis", que aparecem durante o curso da vida, acarretando no sujeito que os atravessa uma certa fragilização, principalmente em relação às diferentes fases conflituais de seu desenvolvimento sexual, e em segui-

48   *O equilíbrio psicossomático*

da na vida sexual adulta. Essa fragilização relacionada com o período sensível por ele vivido o deixaria despreparado para enfrentar um eventual movimento de desorganização somática.

Nessa perspectiva poderíamos formular a hipótese de uma etiologia sexual da diabete, que sobreviria preferencialmente em períodos nos quais os remanejamentos devidos ao desenvolvimento e, depois, ao estabelecimento da vida sexual adulta, estariam em primeiro plano. É uma hipótese que não rejeitamos, mas que nos parece dever ser corrigida e nuançada, em função do que compreendemos de cada indivíduo.

O fato de ser clássico situar o ápice do conflito edipiano na faixa que se estende dos três aos sete anos de idade não permite considerar que seja esse conflito o elemento principal e determinante para todas as crianças que estão transpondo essa etapa da vida. Muitos outros fatores podem intervir, ligados a particularidades do desenvolvimentoe da história da criança que precedeu a fase do conflito edipiano e que, em grande parte, presidirá seu acesso, desenvolvimento e declínio.

Entre eles, citemos a qualidade do intercâmbio relacional com a mãe, de que dependerá a qualidade dos pontos organizadores de Spitz: o sorriso a um rosto humano visto de frente; depois o temor do rosto de um estranho; a capacidade de se separar da mãe (permitindo ou não a entrada na escola); posteriormente, em boas condições, a capacidade de estar só, disso decorrente e que supõe o acesso a um funcionamento mental em que o objeto ausente pode ser conservado de forma fantasmática, etc. As variáveis intervenientes em um indivíduo são numerosíssimas e crescem quase ao infinito, à medida que a vida vai passando. Por isso, pareceu-nos indispensável voltar à realidade clínica de cada um de nossos casos e procurar identificar, em sua singularidade, que fatores — necessariamente múltiplos — intervieram para que sua diabete aparecesse em um preciso instante de suas vidas.

Praticamente todos os autores recentes — já insistimos nisso — concordam em considerar que a imbricação entre os fatores genéticos e ambientais é tal que pode tornar impossível a distinção entre o que seria fisiológico ou psicológico no aparecimento da diabete. É essa a

Uma doença somática precoce 49

tese defendida principalmente por I. A. Mirsky (1948) e retomada por H. Geist (1964).

Nosso interesse pelo que se passa no campo relacional e as conseqüências capitais que isso pode acarretar no que concerne ao desenvolvimento posterior da criança nos conduz a adotar uma posição menos categórica, se bem que não se trate absolutamente de negar a importância do que pode aparecer como fator genético, elemento que reintroduzimos cada vez que descrevemos nosso sujeito "portador" da doença diabética.

É claro que nossos vinte e um sujeitos eram portadores dessa doença e talvez em graus variáveis, pois ela irá eclodir em diferentes idades, conforme o caso. É também evidente que a qualidade de seu desenvolvimento mental não era comparável — não obstante as diferenças individuais, ainda assim consideráveis —, dependendo de terem dois anos e meio ou sessenta anos quando sobreveio sua diabete e, conseqüentemente, suas possibilidades de reagir ao que nossos autores classificam de "fatores ambientais" serão por isso mais variadas.

Tomados em um sentido amplo, esses fatores ambientais podem dizer respeito tanto ao aspecto acidental, que constitui os dados exteriores identificáveis da vida do sujeito, quanto ao impacto produzido por esses mesmos acontecimentos sobre sua economia psicossomática geral, principalmente em função das particularidades de sua relação de objeto nesse preciso momento da existência.

Isso nos leva diretamente aos problemas colocados pelo trauma, com todas as questões que levanta. De fato, o que tem valor para um dado sujeito em um momento preciso de sua vida e, levando em conta suas possibilidades ou impossibilidades de integração mental? Vê-se logo os limites e o aspecto inteiramente arbitrário de posições que se contentam com um único ponto de referência para os acontecimentos externos reputados traumáticos, como as separações, os acidentes, o luto. Esses acontecimetos comportam um valor traumático em si e, conseqüentemente, um impacto provavelmente desorganizador para o sujeito que os vivencia. Mas, a natureza desse impacto e o reflexo que acarretará secundariamente, desencadeando eventualmente ou não um movimento de desorganização, será totalmente diverso conforme o indivíduo. O que dizer, por outro lado, de

50   *O equilíbrio psicossomático*

tudo o que pode ser vivido como traumático em um momento preciso da vida em determinado sujeito às voltas com a reativação de um problema antigo, mal cicatrizado e que não poderá jamais ser identificado como tal por um observador externo, a não ser, talvez, por reconstruções sucessivas possíveis dentro de um processo psicanalítico. P. Marty ressalta a esse respeito (1976) que para tal sujeito neurótico, a percepção, em um dado momento da vida, dos grãos de poeira em um raio de sol reativando toda uma rede de pegadas mnêmicas, lembranças e afetos, pode ter valor de trauma. Vemos, com esse exemplo extremo, a que conjecturas podemos, por vezes nos entregar.

Entretanto, a noção de trauma, trate-se de luto ou, de maneira mais ampla, do que entra no quadro de uma perda de objeto, retorna com grande freqüência na pesquisa do que pode mostrar-se fator desencadeante da doença diabética. Na verdade, é uma noção que volta de forma muito mais geral como origem de grande número ou até mesmo de todas as afecções somáticas, reversíveis ou não. Lembramos aqui a propósito o artigo de B. Soulas (1978) que ressalta o vínculo existente entre o luto e o aparecimento de crises de epilepsia em crianças.

Nos nossos vinte e um sujeitos encontram-se lutos reais advindos antes do aparecimento da diabete: quatro ameaças de luto e seis casos em que seu aparecimento estava ligado à perda de objeto. Constata-se que, na maior parte deles, pode-se efetivamente encontrar um trauma exterior localizável, advindo antes do aparecimento da doença. Mas — já assinalamos — essa localização nos parece por demais genérica para dar conta da complexidade de cada caso individual, cuja compreensão, unicamente, pode nos permitir abandonar uma abordagem fenomenológica descritiva em proveito de uma visão dinâmica que tenta separar os mecanismos realmente atuantes em cada indivíduo.

Uma doença somática precoce 51

2. Observação nº 2: Pascale

Pascale é uma jovem de vinte e quatro anos, de aspecto feminino e atraente mas que pode, por momentos, mostrar-se bem decidida e categórica. No estabelecimento em que se acha hospitalizada no fim da gravidez tem fama de possuir uma personalidade difícil. Quando os conflitos rebentam, tem como pretexto as particularidades de dosagens medicamentosas de seu tratamento: além da sua diabete sofre de uma forma recidivante de colibacilose, desde o começo da gravidez. Pascale considera saber melhor do que ninguém controlar sua diabete, e no que se refere à colibacilose, consegue prever e, em certa medida, prevenir as crises em função de sinais menores a que os médicos não acham útil prestar atenção. Ao chegar ao hospital, assinalou que sofria dos rins e que, na ausência de um tratamento com antibióticos, teria daí a dois dias uma nova manifestação de colibacilose acompanhada de febre, com o conseqüente desequilíbrio de sua diabete e o aparecimento de acetona. A coisa toda levaria uma semana para se normalizar. Apesar disso não lhe foram dados antibióticos até que a febre se manifestasse. As coisas evoluíram como ela tinha previsto, e em conseqüência disso viu-se privada de um fim de semana em casa com o marido, pois não se podia deixá-la sair do hospital com febre e com sua diabete desequilibrada. *A posteriori*, disse que no fundo isso não era tão grave, mas que no momento sua vida era difícil. Em verdade, constata-se que a paciente suporta mal as hospitalizações, como em geral todas as interrupções e contratempos no curso habitual de sua atividades.

Praticamente não fala do bebê que está esperando, contentando-se em dizer que chegou antes do previsto, pois engravidou um mês após o casamento; mas afirma que de modo algum deixará de trabalhar para educá-lo. Justifica essa posição referindo-se à mãe que foi obrigada a parar de trabalhar por ocasião do casamento, fato que sempre lamentou. Repete com força as palavras da mãe: "*nunca pare de trabalhar*", acrescentando que logo preveniu o marido de que não agüentaria ficar em casa: "*faça-me o que quiser, mas não me obrigue nunca a parar de trabalhar*". Pascale é doutora em farmácia, diplomada há cerca de dois anos, estando no trabalho há um ano,

52   *O equilíbrio psicossomático*

depois de um estágio de administração de seis meses. Sempre teve esse gosto pelo trabalho. Foi muito cedo boa aluna, investindo especialmente em matérias científicas, até o ponto de desejar entrar nas classes preparatórias para os concursos das grandes escolas de engenharia, como seu pai, também ele engenheiro. Foi, no entanto, o pai quem a dissuadiu, em razão da tão frágil saúde, afetada pela sua diabete. Pascale deixou-se convencer mas com pesar. Os estudos de farmácia não foram má escolha para ela, não lhe criando nenhuma dificuldade especial. Realizou mesmo a façanha de obter êxito no quarto ano de estudos, considerado o mais difícl, embora tendo faltado dois meses por ocasião da primeira crise de colibacilose, bem grave e recidivante.

A diabete de Pascale manifestou-se muito precocemente aos dois anos e cinco meses — a idade de aparecimento mais precoce de nossa amostra — em condições bem precisas: bruscamente no mês de agosto, pouco depois de seus pais a terem confiado aos avós maternos durante o período de férias, que desejavam gozar sem a filha. O aparecimento dessa doença aguda e incurável os forçou a voltar com toda a urgência e teve como principal efeito fazer com que Pascale praticamente não deixasse mais a mãe, até quase os quinze anos, pois recusou até essa idade se auto-aplicar as injeções de insulina e sua mãe, enfermeira formada, foi quem assumiu inteiramente o tratamento. Ela diz, contudo, que a doença prendeu-a de forma muito profunda à mãe que, parece-lhe, não podia se furtar a isso, por se tratar de uma criança diabética.

Pascale vai procurar manter tanto quanto possível a longa dependência da mãe, dependência que pode ser compreendida como uma tentativa recíproca de reparação relativa à realidade constituída pelo aparecimento da doença sem cura em uma criança tão pequena. De fato será a mãe quem decidirá num belo dia não mais aplicar as injeções e Pascale se verá assim compelida a aplicá-las em si mesma. As tentativas precedentes feitas anteriormente acabaram todas em fracasso e, apesar das duas separações do meio familiar, quando Pascale partiu para o acampamento de férias com a Associação dos Jovens Diabéticos, em que é hábito estabelecido os menores, desde a pré-adolescência, assumirem por si próprios o tratamento: injeções e exames de urina. *"Essa foi uma brusca ruptura"* diz Pascale, *"e era*

Uma doença somática precoce 53

preciso que minha mãe tomasse a decisão". Acrescenta que para ela essa dependência se tornara pesada, pois não podia pensar em afastar-se da mãe, nem por um dia e nem o tempo de passar um fim de semana com uma amiga.

Entretanto, só se pode ficar impressionado com a importância e o número das doenças somáticas que Pascale apresentou a partir da idade de dois anos e cinco meses. Além das doenças infantis banais, apresentou e apresenta ainda numerosas afecções rino-faringíticas, o que a faz dizer brincando: *"Se uma gripe passa por mim eu a agarro."* Teve uma primeira infecção aos cinco anos e meio, apendicite aos doze, uma colibacilose muito grave aos vinte anos; atualmente recidivante, desde o começo da gravidez. Sua diabete foi muito difícil de equilibrar durante a infância. Responsabiliza o professor de Montpellier consultado pelos pais desde o aparecimento da doença, com quem a mãe parece ter tido logo de início uma relação turbulenta. Os conflitos incidiam sobre a dose de insulina a ser injetada e sobre a decisão de só lhe ser ministrada insulina de efeito retardado. Pascale explica que com isso tinha mal-estares devido à hiperglicemia pela manhã e hipoglicemias no fim da noite. A mãe teria exigido repetidas vezes que lhe trocassem a insulina de efeito retardado pela normal, parece que sem sucesso, até que ela decidiu fazê-lo por conta própria. Pascale, contudo, teve inúmeros comas, mormente em classe, onde a instrução de levá-la imediatamente para casa era sempre respeitada à risca.

É em função da importância dos problemas de saúde durante sua tenra infância que ela justifica o fato de a mãe só ter tido mais um filho; uma segunda menina e isso só depois de sete anos. Fala pouco da irmã com quem diz não ter afinidade alguma e muito pouco contato. Apresenta-a como totalmente diferente de si sob todos os aspectos e quando lhe pedimos que dê mais detalhes, diz que a irmã adora sair à noite, ir a bailes, voltar às quatro horas da manhã, coisa que para ela é excepcional. Acrescenta que a irmã não se aplicou aos estudos como ela.

No que tange ao marido, sublinha pontos comuns que os aproximam e que essencialmente dizem respeito — parece — ao interesse na atividade em geral, muito investida num como no outro. Ele ado-

54 *O equilíbrio psicossomático*

ra "*rodar*", diz-nos, e como acha que isso "*não é gastar tempo à toa*" passam o fim de semana circulando de carro. Ele teria aceito melhor que ela a rápida vinda de um bebê.

Interrogada sobre sua vida onírica, diz-nos que certamente deve sonhar, pois ninguém pode viver sem sonhos, mas não guarda nenhuma lembrança deles, tanto dos atuais como dos sonhos ou pesadelos da infância. Insiste na necessidade de um sono prolongado, sendo-lhe necessárias dez horas de sono por noite, e sobre o fato de que, uma vez adormecida, pode-se dar marteladas perto dela sem que isso a acorde.

Como se vê, Pascale está organizada de um modo muito concreto, deixando pouco espaço para emergências fantasmáticas subjacentes. Gosta da atividade intelectual (trabalho), atividade física (equitação, esqui) trabalhos manuais (costura, tricô) mas não de leitura, que a aborrece, a não ser a leitura de obras científicas. Sua maneira completamente estênica* de tratar sua diabete é feita à imagem de sua forma de organizar tanto a vida profissional quanto sentimental, podendo-se compreender, nessa perspectiva, porque a vinda não prevista — por demais rápida — de seu bebê constituiu para ela uma prova difícil de superar. A esse respeito, deixa de novo transparecer pequeninos elementos de reivindicação: como na crítica aos médicos da instituição, por não considerarem as indicações que ela lhes fornece; a propósito do médico generalista que havia, de fato, recusado dar-lhe pílulas por causa de sua diabete. Pode-se considerar que seu modo de relacionar-se que toma facilmente um colorido de desajustamento e até mesmo de tipo perseguidor/perseguido, principalmente diante do corpo médico, é um fator de equilíbrio não desprezível de sua economia geral. Convém sublinhar que as relações turbulentas com os médicos parecem tão somente a retomada de relações igualmente muito tempestuosas que sua mãe tinha estabelecido de imediato com a diabetologia e que continuaram em seguida, depois da grave colibacilose que Pascale teve aos vinte anos, quando de tal forma as relações pioraram na instituição em que estava hos-

---

* Termo pouco habitual para os leigos em Medicina, significando : com todo o vigor físico. O contrário de astênico (N. T.)

Uma doença somática precoce 55

pitalizada que a mãe assinou os documentos e carregou a filha para casa.

Ao componente de inadaptação vem se juntar igualmente tudo quanto diz respeito à atividade: as condutas e o comportamento para tentar manter o equilíbrio psicossomático ao qual, entretanto, nos parece, uma parte importante continua resevada aos incidentes somáticos.

Em Pascale, o vínculo cronológico direto estabelecido entre o aparecimento da doença diabética e a separação da mãe aos dois anos e cinco meses só acentua a necessidade que tinha, ainda nesta idade, de permanecer na proximidade imediata da pessoa física da mãe, necessidade que, vista desse ângulo a diabete acarreta e vai confirmar, levando a uma longa depedência, que só pode terminar quando a paciente assumir seu tratamento. Retomada em termos de para-excitação, poderíamos dizer que o aparecimento da diabete quando da separação da mãe traduz a fraqueza e até a ausência de interiorização da para-excitação materna nessa menininha de dois anos e cinco meses, podendo ser isso conseqüência de um sem número de fatores, entre os quais desejamos sublinhar a possibilidade de uma criação bem restrita, marcada pela atividade, em uma mãe que lamentava vivamente não poder mais trabalhar.

Face a essa falta de interiorização da para-excitação materna, a perda real da mãe, saindo de férias, equivale a uma ruptura do sistema para-excitação e coloca a criança em uma situação traumática geradora de um movimento de desorganização e do aparecimento da doença. Pode-se levantar a hipótese de que se a doença fosse benigna, ou seja, reversível, a retomada do movimento evolutivo, principalmente no plano mental, teria podido ser feita, como é habitual entre as crianças depois de um acidente somático, mas que, no caso de Pascale, o caráter incurável de sua diabete só fez reforçar, no âmbito da realidade externa, a necessidade de permanecer na proximidade física da mãe, freando, ao mesmo tempo, os processos de introjeção e o acesso real aos conflitos intrapsíquicos.

À falta de interiorização do sistema de para-excitação materna, identificável aos dois anos e cinco meses de idade, corresponde a fraqueza dos mecanismos neuróticos mentais que hoje constatamos.

56   *O equilíbrio psicossomático*

Poderíamos dizer que a evolução de Pascale se fez em torno da falta inicial, retomada e firmada no exterior pela falta de insulina, o que, nem por isso, impediu um desenvolvimento intelectual brilhante, mas que permanece clivado do mundo pulsional subjacente que não está representado no cenário mental com a imagem do vazio da vida onírica.

A ruptura violenta com a mãe, descrita por Pascale, quando aos quinze anos aquela se recusa a continuar a aplicação de injeções, corresponde à retomada do rompimento da tenra infância, se faz "forçada" e superficialmente. Pascale retomava por sua conta o papel de mãe enfermeira reservado até aqui à mãe real, sem que isso significasse um verdadeiro movimento de identificação apoiado em sólidas introjeções prévias. É o que torna um tanto rígidas e de feição facilmente desajustadas suas reações diante de vivências sentidas como intrusões ou falhas, obstáculos à sua realização no âmbito da atividade. Vemos que, nessa perspectiva, seu desejo de autonomia é tanto mais necessário e imperioso, quanto mais "postiço" e, portanto, frágil, correspondendo a uma violenta reviravolta no sentido oposto ao da prolongada dependência da mãe, da qual, não obstante as afirmações conscientes, não conseguia realmente se livrar.

Enfim, Pascale se apresenta como uma neurótica de caráter bem pouco mentalizado, cuja proteção se faz essencialmente no plano dos traços de caráter e de conduta, realizando um estado de regressão global. Dada, contudo, a qualidade de seus investimentos intelectuais e de suas possibilidades de realização, basicamente no plano narcísico (mesmo se essas passam pelo domínio relacional e libidinal), o movimento de evolução aparenta ser positivo. As dificuldades atuais, com a colibacilose recidivante e o conseqüente desequilíbrio da diabete, nos parecem diretamente ligados às condições traumáticas devidas à gravidez, à hospitalização e às condições de parto que funcionam como um freio no que diz respeito ao investimento, essencial para ela, da atividade e da autonomia.

Uma doença somática precoce   57

Relatório do TAT [1]

Trata-se de um protocolo falsamente volumoso, na medida em que, antes de mais nada, convém destacar o bloqueio fantasmático, isto é, a impossibilidade de Pascale em se deixar envolver pela imaginação. A defesa se faz principalmente pelo processo de folheamento, que pode atingir à denegação do conflito aflorado por meio da prancha, atingindo uma verdadeira distorção do conteúdo manifesto, 60 como acontece principalmente na prancha 4. Ao folheamento acrescem igualmente referências pessoais (prancha 1) e justificações oriundas de vivências da realidade atual (prancha 9 MF)* assim como alguns mecanismos de coloração histeróide, do tipo: comentários ou alternância entre dois estados emocionais opostos, sendo esses, no mais das vezes, retomados por meio de reações no plano do caráter, exprimindo-se essencialmente sob forma de crítica do material e vindo a provocar a justificativa para a interrupção da história.

O aspecto maciço dessa defesa sublinha ao mesmo tempo sua fragilidade e a possibilidade de ser invadida pelos fantasmas subjacentes, que emergem de forma abrupta no discurso, trazendo denegações e novamente recusa em prosseguir. Vale dizer que se trata do funcionamento "tudo ou nada", revelando o fato de que os afetos subjacentes impedem maciçamente um real trabalho no corpo da narrativa e que as moções agressivas ou ansiosas só podem ser projetadas no exterior, sob a forma de respostas cruas, de caráter bizarro: *"um senhor bigodudo e barbudo, com o todo negro em torno"* (prancha 10) ou de percepções cheias de ambivalência, e em caso extremo, com desagregação verbal; seja ainda sob a forma de críticas muito vivazes ao material de que Pascale *"não gosta"*.

A falência dos mecanismos de defesa neuróticos mostra-se aqui patente, originando a oscilação característica entre, de um lado, a ba-

---

1 Cf. anexo, p. 232.

* Diferentemente da autora, que usa o original inglês, adotamos, na tradução, a nomenclatura brasileira para as siglas do TAT: M meninas; R (rapazes) meninos; F (feminino) mulheres adultas; H homens adultos (N.T.)

58 *O equilíbrio psicossomático*

nalidade postiça, para negar o conflito e a angústia por ele suscitada e, por outro, a projeção no exterior, de tudo o que é percebido como "mau". A intolerância aos conflitos e à angústia resultam na impossibilidade de evocá-los e, *a fortiori*, de poder construir uma história acerca deles.

Talvez possamos acrescentar que o bloqueio, a evitação e a fuga são particularmente importantes diante das pranchas relacionadas com imagens femininas maternas (pranchas 2,5,9, MF).

O conjunto produz a imagem de uma neurose de caráter pouco mentalizada, na qual os elementos mais desenvolvidos de tipo histeróide aparecem esparsos e com pouco valor funcional. As defesas no âmbito do caráter e da conduta constituem os principais fatores de equilíbrio.

Figura de Rey

Os resultados computados são heterogêneos. Nota-se na cópia um tempo de execução muito rápido, devido a uma atitude de fuga da tarefa que se mostra simultaneamente bem travada.

O tipo de construção é de má qualidade, marcada, parece-nos, por um aspecto de oposição de tipo desajustado, à medida em que não corresponde a nenhum dos tipos de construção habituais (aproxima-se de uma justaposição de detalhes, sem seguir uma real sucessão lógica). A figura, estirada longitudinalmente, não apresenta verdadeiras alterações, mas não permitiu a constituição de pontos de referência estáveis, o que é evidente no desenho feito de memória.

Trata-se, de fato, de uma representação alterada, evocando uma imagem narcísica frágil, sem apoio em um invólucro claramente delimitado. O esforço que Pascale realiza, apesar de tudo, para atender às instruções chega à constituição de extravagâncias sob a forma de elementos sobrepostos de caráter simétrico, exteriores à forma global, mas ligados a ela. Assinalemos, em um primeiro momento, que é a uma figura fragmentada que se referia Pascale, pois havia desenhado um primeiro losango completamente isolado do resto no começo de sua tarefa.

Uma doença somática precoce 59

Parece-nos que esses desenhos ligam-se a uma imagem narcísica inconsciente falha, contra a qual se levantam defesas de tipo desajustamento, não excluindo, contudo qualquer aspecto "depressivo essencial". A importância das perturbações pode ser aumentada pelo estado de neurose atual que Pascale está vivendo (mesmo se, diferentemente de Aline, observação nº 4, nada menciona sobre o assunto), em vista de sua hospitalização relacionada ao fim da gravidez.

É, portanto, em razão dessa "deficiência", de qualquer forma constitutiva, que compreendemos sua recusa em *desenhar uma pessoa*, sob o pretexto de que a entrevista já estava muito demorada, mas sobretudo — parece — por causa do caráter "regressivo" em excesso dessa atividade, que a defrontaria inevitavelmente com uma fragilidade narcísica insuportável e, por isso mesmo, perigosa para ela.

A observação de Pascale levanta vários pontos de discussão. Antes de mais nada, quanto à noção de período de crise. No presente, parece-nos tratar-se muito claramente para Pascale de um período de vida difícil, na medida em que — já vimos— a atividade e especialmente a profissional, mostra-se um elemento indispensável a seu equilíbrio econômico geral, e do qual está privada há vários meses por causa da gravidez. Além disso, a hospitalização dos últimos meses é para ela uma prova suplementar, à qual se somam a perspectiva de uma cesariana e eventuais dificuldades de desenvolvimento para o bebê, a respeito de que nada fala. Nesse período de crise, Pascale responde com manifestações somáticas (a colibacilose recidivante que dá origem ao desequilíbrio da diabete), mas também por meio de uma verdadeira exacerbação de suas defesas mentais, perceptíveis sobretudo em seu caso, no plano dos traços de caráter: suas manifestações de oposição são vivamente sentidas na instituição em que está hospitalizada.

Contudo, ao lado desses elementos "atuais", se podemos assim dizer, convém sublinhar tudo o que possa ser atribuído, na sua organização, ao aparecimento extremamente precoce da diabete, principalmente no tocante à importância e à freqüência das doenças somáticas superpostas por ela apresentadas. É difícil saber *a posteriori* se estas sempre acompanharam outros períodos de crise, como aconteceu no caso do aparecimento de sua diabete, conseqüente à separação da

60 *O equilíbrio psicossomático*

mãe. Dentro da perspectiva psicossomática admitimos, sem contestação, que tal hipótese é mais que verossímil e nós insistimos, no curso da observação, nos vínculos precisos e estreitos que podiam existir entre a longa e necessária dependência da pessoa física da mãe, indispensável à manutenção da vida da criança, pois é ela quem garante seu tratamento e, por outro lado, sublinhamos a carência no plano mental de todos os mecanismos centrados ou decorrentes dos muito complexos processos de introjeção que se devem estabelecer progressivamente pelos movimentos sucessivos e contraditórios durante o desenvolvimento da criança, para permitir, no decurso da crise da adolescência, verdadeiros movimentos de identificação.

Considerada essa carência, a economia psicossomática de Pascale regula-se tanto por meio dos incidentes somáticos freqüentes (sua saúde frágil, selada e mantida pela diabete), por seus traços de caráter que se evidenciam em caso de crise, mas como também por seu investimento no domínio da atividade: intelectual, científica, física; constituindo essas últimas dinamismos laterais preciosos e eficazes para a conservação generalizada do tônus vital.

Com o caso de Pascale, contudo, a noção de perda de objeto como motivador do desencadeamento da diabete está no primeiro plano, pois ela manifestou a doença aos dois anos e cinco meses, no começo de agosto, pouco depois de ter sido confiada aos avós maternos durante as férias dos pais. Insistimos já nas particularidades da relação que uniam Pascale à mãe. Esta, enfermeira profissional, lamentava vivamente ter tido que interromper o trabalho por ocasião do casamento, parecendo ser o tipo de mãe que irritava-se por ter de tomar conta da filha, de quem não obstante satisfazia com perfeição as necessidades corporais, tanto que em sua ausência física a menina ficava inteiramente desprotegida. Paradoxalmente, não obstante a diabete de Pascale ter-se declarado quando estava separada da mãe, esta não descobriu outra solução para o bebê que estava esperando, pois não pretendia de modo algum parar seu trabalho, nisso seguindo os conselhos da mãe, cujo pesar a esse respeito a interrupção do trabalho, permanece sempre muito vivo. Parece certo que para uma como para a outra existe um aspecto de rejeição relativo ao próprio filho, mesmo quando este é secundariamente contra-investido por meio de uma educação supercontrolada como aconteceu a Pascale em criança.

Uma doença somática precoce 61

Com Liliane, as circunstâncias do aparecimento da diabete são pouco precisas (tinha dois anos e meio, era a quinta dos oito irmãos e a mãe esperava sua irmã seguinte). Verifica-se, em todo o caso, que as condições de vida e o nível sócio-econômico dessa família antilhana, instalada em Paris desde o casamento dos pais, era muito precária e a chegada sucessiva de numerosos filhos estava longe de ser desejada. Entretanto, Liliane é a única na família a apresentar a doença (assinala, contudo, que o irmão que a precede sofre de um problema mental). Não sabemos nada de seu passado somático antes do aparecimento da diabete, mas sabe-se que a doença acarretou freqüentes hospitalizações a partir dos dois anos e meio, ocorrendo duas internações prolongadas em hospitais de ares saudáveis, aos oito e dez anos. Podemos, sem dúvida, levantar a hipótese de que a mãe de Liliane, avassalada pelas numerosas maternidades, com o quarto filho sofrendo de um distúrbio, teria enfrentado mal sua sexta gravidez e por isso desinvestido, ou pelo menos, protegido pouco Liliane, gerando nela um movimento de desorganização, o que é atestado pelo aparecimento da diabete. Trata-se no caso, evidentemente, de uma construção verossímil mas contestável. Parece-nos, no mínimo, que algo fez falta a Liliane precocemente, e que dessa falta, confirmada pela diabete e por ela agravada, encontramos sempre o rastro em sua organização mental presente, como de resto, em sua economia psicossómática geral.

Em suma, para Liliane como para Pascale, poderíamos pensar na existência de elos sucessivos que iriam desde uma certa rejeição materna passando pela falha narcísica na criança até à desorganização somática, aqui especialmente precoce.

Em Tomás, a ocorrência da diabete apareceu violentamente aos cinco anos, pouco depois do nascimento de sua única irmã e da entrada na escola. Foi um mau começo, porque Tomás não queria deixar os pais nem a casa onde estes trabalhavam como comerciantes. Ele era uma criança superprotegida por ambos os pais que o adoravam e para quem a diabete foi vivenciada como uma catástrofe, levando-os a redobrar a superproteção e os mimos. Se no seu caso podemos mencionar a noção de trauma externo identificável, aqui o trauma seria duplo, constituído pelo nascimento da irmãzinha e logo depois pela separação de seu mundo familiar, com a entrada

62   *O equilíbrio psicossomático*

na escola. Ligados entre si, no contexto do conflito edipiano, esses dois acontecimentos podem, de fato, caracterizar um impacto importante, tanto mais que Tomás, até aí filho único, adulado pelos pais, viu-se de repente projetado em um mundo estranho cheio de rivais, enquanto a irmãzinha reinava em casa. Não é menos verdade, evidentemente, que não são todos os meninos que, passando por circuntâncias análogas, vão manifestar uma diabete. O peso dos "fatores genéticos" pode naturalmente ser invocado aqui, mas parecenos que por si só não bastaria para explicar o aparecimento da diabete em um preciso momento da vida de Tomás, e que à noção de duplo trauma aqui lembrado, representando o peso dos "fatores ambientais", conviria acrescentar a de fragilidade narcísica especial, cujo rastro encontraremos em Tomás adulto, o que o tornaria particularmente vulnerável à separação de seus objetos privilegiados.

3. Observação nº 3: Serge

Serge é um rapaz de dezessete anos, moreno, não muito alto, mas de ombros largos. Fala facilmente por meio de imagens, animando-se muito em alguns momentos. Está hospitalizado há cinco dias, por causa da descompensação de sua diabete que sobreveio depois de ter parado repentinamente de fazer os exames de urina, durante uma semana, coisa que jamais lhe ocorrera anteriormente, estando, pelo contrário, sempre em dia com o caderno em que anota os resultados dos exames feitos.

Começa logo falando do aparecimento de sua diabete sobrevinda aos seis anos. Relaciona-a com um episódio traumático vivido quando estava de férias com os pais em Israel. Eles tinham sido convidados para um casamento, e enquanto ele brincava com as outras crianças, vieram avisar a uma mulher que estava perto dele que seu filho acabara de se matar acidentalmente. A mulher pôs-se a berrar e Serge disse ter ficado com um medo terrível. Pouco depois disso tornou-se enurético, perdeu o apetite e começou a emagrecer. Na volta a Paris a diabete foi diagnosticada.

Uma doença somática precoce 63

Serge é o último de quatro filhos, tendo respectivamente dezesseis e treze anos de diferença com os irmãos mais velhos, dez de diferença com a irmã. Seu meio familiar de origem judia tunisiana é superprotetor, parecendo muito caloroso. Dirá *"ah! se eu dissesse uma só palavra contra meus pais, eu seria o rei dos canalhas!"* Sua diabete parece alimentar a ansiedade e a superproteção maternas. No início tratou-se de uma atividade entre homens, no sentido de serem o pai e o irmão mais velho quem lhe aplicava as injeções, já que nem a mãe nem a irmã faziam isso. Sua diabete está em geral bem equilibrada: em onze anos, teve apenas três ocorrências de mal-estar graves. Uma delas depois de uma lauta refeição, quando toda a família se preparava para tomar banho; outra na escola, e em que a rápida intervenção do mais velho fez as coisas entrarem nos eixos; e a terceira, recente, que deu origem à hospitalização atual.

Não consegue dar outra explicação que a de *"já estar cheio"*, no que se refere à interrupção dos exames durante uma semana. É um gesto que de certo modo espanta a ele próprio: *"É a primeira vez que isso me acontece, fazer nada durante uma semana."*

Constata-se rapidamente que Serge tinha que enfrentar uma situação global especialmente constrangedora. Ele tinha acabado de sair do colégio técnico em que terminara o primeiro ano de contabilidade — matéria que disse detestar — e diante do descontentamento do pai e do irmão, tentara em vão encontrar outro colégio. Por outro lado, desejava sair de férias com seu grupo de amigos, o que lhe foi negado pelos pais, fundamentalmente por causa do perigo representado pela diabete. No momento, não tem projeto de férias, devendo passar o verão em Paris, e mais, sem nenhum amigo. Último dado: a ausência de férias para toda a família está ligada a um problema financeiro ocasionado pelo próximo casamento da irmã de Serge, daí a dois dias.

Progressivamente, durante a investigação, Serge parece estar passando por um período agitado de tipo "crise" da adolescência; revoltado, há cerca de um ano, isto é, depois de ter recebido o diploma do segundo ciclo. Aparentemente oscila entre dois tipos de etapa: momentos de depressão, bem pouco mentalizados, durante os quais diz que trata de não pensar em nada, precisando sair, mexer-se

64 *O equilíbrio psicossomático*

"quando estou trancado, sinto angústia; mesmo ver televisão me irrita"; e de outra parte, os momentos em que dominam as atuações com os companheiros. Assim, houve breves episódios de pequenos furtos em lojas, alguns entreveros com a polícia, por dirigir a moto de um colega sem documentos; incidentes no bairro onde mora, com os freqüentadores de um café que parecem não agüentar o bando de jovens. Atualmente, diz que evita brigar, pois isso é besteira, mesmo tratando-se de colegas. Descreve a propósito disso a possibilidade de um conflito com um senhor de cerca cinqüenta anos, *"que fala alto e quer dar uns socos"*, dizendo ser burrice brigar, *"principalmente porque este podia ser seu pai"*. Ao contrário, com cerca de onze ou doze anos descreve-se como criador de brigas, provocador. Fica bem claro que os pais não gostam do bando de companheiros de Serge, acusados de terem má influência sobre o filho, tornando-o nervoso e agitado. Foi por isso que a mãe os proibiu de visitá-lo no hospital, mas Serge lhes telefonou conseguindo que viessem assim mesmo.

Observa-se, no que Serge diz, umas tantas tentativas para descarregar a agressividade contra personagens vivenciados como perseguidores: por exemplo a orientadora, que não achou nada melhor — já que ele era bom em matemática — do que aconselhar-lhe contabilidade, que ele detesta. Essa decisão foi contudo retomada pelo irmão mais velho que Serge não critica. Outros perseguidores: os fiscais do Monoprix*, que se lançam sobre Serge e os companheiros, tratando-os de ladrões antes mesmo de eles entrarem no recinto do supermercado com as mobiletes e as motos, com as quais também têm o hábito de se encontrar diante do café por cujos clientes são vistos igualmente como perseguidores; assim como os empregados da irmã que a exploram em sua condição de lesionada, após uma meningite ocorrida aos oito anos. Serge parece muito ligado à irmã, que descreve como atraente mas frágil, e indefesa: *"Basta fazer-lhe uma observação que a magoe, e ela não moverá nem mesmo o pé; ficará paralizada"*. São ambivalentes seus sentimentos pelo futuro cunhado, também ele perturbado — teria crises de nervos — e cujo principal defeito é ser louco pelo exército, coisa que Serge não suporta. Em síntese, mostra-se envolvido em conflitos relacionais que induzem a

---

* Rede de supermercados francesa (N.T.)

Uma doença somática precoce 65

atitudes de oposição e revolta, as quais se expressam principalmente por atos e comportamentos. Mas a possibilidade de descarga parece mais ou menos freada quando a relação com os pais entra diretamente em jogo. De fato, fica-se fortemente impressionado pelo aspecto inteiramente idealizado que caracteriza as imagos parentais tanto durante a investigação como no TAT. Diante delas, parece que a agressividade volta-se contra si em um movimento autodestrutivo. Nessa perspectiva, parece-nos que se pode compreender a atuação constituída pela brusca parada dos exames de urina em um momento em que Serge estava como que entalado entre os próprios desejos e os desejos e proibições de seus pais. Um elemento precipitante parece ter sido a venda imediata da mobilete feita por Serge, após o pai, num impulso de raiva, ter-lhe sugerido que assim fizesse, quando manifestamente não imaginava que o filho o escutasse. Privado do seu meio de locomoção, das férias e de amigos, Serge só poderia "estar cheio" e aparentemente não encontrou outro meio de expressar isso senão por meio do recurso perigoso que passava pelo seu corpo.

Quando lhe sugerimos essa explicação, Serge começou por negar que pudesse haver qualquer ligação entre seus aborrecimentos com a vida e os exames. Depois disse: *"É possível, pois eu sabia que meus companheiros iam embora"*. Perguntamos então o que ainda lhe restava de agradável e ele respondeu *"o casamento de minha irmã"*; mas para acrescentar logo em seguida que não tolerava o cunhado e que a vida da irmã ia se tornar ainda mais difícil. Mostra que se sente totalmente bloqueado com os diversos membros da família, que não sabem outra coisa que fazer-lhe admoestações, ao que nada pode responder, sendo sua única saída escapar para encontrar os colegas. Serge revela assim até que ponto o investimento nos companheiros é para ele vital no presente. Assim sendo, sua visita é o que mais deseja, mais do que a dos pais ou do irmão.

Em última instância, Serge mostra-nos muito bem seu próprio conflito interior, pelo duplo apego, contraditório, a seus pais (*"Se eu dissesse uma só palavra contra meus pais eu seria o rei dos canalhas"*) e a seus amigos revoltados, que cometem pequenos delitos. Efetivamente está preso entre as exigências superegóicas, especialmente quanto ao trabalho — descreve o pai como um escravo do trabalho, que efetua ainda, passados sessenta anos, tarefas duríssimas —

66 *O equilíbrio psicossomático*

e o desejo muitas vezes intenso de se desprender dessas exigências, até mesmo caçoar delas. O que a nosso ver torna seu conflito especialmente agudo, é o fato de seu modo de funcionamento ser do tipo "tudo ou nada", evidente no TAT, em que oscila entre posições de sucesso megalômano e erros catastróficos, levando ao suicídio e à morte. Em suma, as possibilidades de tratamento por meio da mentalização parecem limitadas.

Sua vida onírica é pouco investida. Lembra-se apenas do fragmento de um sonho situado em Israel: toda a família está num carro para ir comer em algum lugar. O ambiente é agradável. Ele viajou três vezes para Israel, sempre com os pais e se voltasse lá gostaria de ir com os amigos para *"se virar"* por si mesmo. É de resto nesta direção, *"se virar por conta própria"*, que nos parece estar a melhor saída para Serge. Parece-nos de fato que assumindo financeiramente a si mesmo, ainda que parcialmente, é que reduzirá o peso das exigências superegóicas, bem como do que chamaríamos de culpa em relação aos desejos de seus pais, que não consegue satisfazer. Ele já sentiu isso, pois tendo sido aprendiz de prótese dentária durante um mês, no verão passado, deseja fazer disso sua profissão, começando logo o aprendizado, sem ter que voltar para o colégio. É um ofício que acha bonito, limpo e minucioso.

Em síntese, trata-se de uma neurose de caráter pouco mentalizada, com "escapadas" no plano do comportamento. O melhor nível de funcionamento mental estaria situado no registro perseguidor/perseguido, sem contudo excluir as possibilidades de passagem ao ato, e isso não só no mundo externo mas igualmente consigo mesmo. Acaso podemos falar aqui de uma tendência persistente em responder por meio de uma desordem somática a uma situação conflitual, equivalente a um trauma como teria acontecido aos seis anos, quando a diabete se manifestou? É um ponto ao qual nos parece ser possível responder só quando Serge tiver atingido o fim de seu desenvolvimento, isto é, no decurso de sua crise de adolescência.

Uma doença somática precoce 67

Relatório do TAT [1]

Trata-se de um protocolo medianamente volumoso, no qual logo chama a atenção a fuga diante da interpretação e a defesa por meio da ironia. O modo de funcionamento, bem rapidamente se revela ser do tipo "tudo ou nada", pondo em jogo alternativas extremas, como no caso dessa interpretação para a prancha 8 RH: "*ser açougueiro ou cirurgião*". Na verdade trata-se claramente de uma alternância entre a evocação dos desejos de sucesso megalômanos — ou tingidos de megalomania — e os de fracassos catastróficos, que chegam à morte, como na prancha 3 RH: "*Um diabético que tomou a injeção e cai em coma; um tipo desanimado que sobe à torre Eiffel e se suicida; um corcunda, Quasimodo*", etc., tudo perpassado de reflexões do tipo "*acho que está bem assim.*"

Nota-se a insuficiência do tratamento dado pela secundarização que se traduz por flash e não pela construção de uma verdadeira história relacionada com a imagem. Os mecanismos da série labilidade: tendência às referências pessoais, comentários, narrações em diálogo, alternância entre estados emocionais opostos, tendências à dramatização, parecem muito mais ligados a elementos que caminham no sentido do escape da interpretação e da hipomania, do que de mecanismos realmente histéricos.

Existem, além disso, ao lado de defesas por meio da ironia, algumas emergências do processo de tipo primário: tendência ao falso reconhecimento e projeção do objeto mau (pesquisa sobre a intencionalidade da imagem).

Diante das imagens parentais, nota-se uma clara atitude de idealização — em especial do pai — e a agressividade maciçamente voltada contra a imagem do filho que é visto, prancha 7 HM, com um "*ar malvado, uma cabeça estreita; uma cabeça de assassino*".

Em síntese, parece tratar-se de uma organização que se defende pela hipomania contra a depressão, sendo esta pouco mentalizada. A tendência a agir no plano do comportamento parece evidente.

---

1 Cf. anexo, p. 236.

68 O equilíbrio psicossomático

Figura de Rey

Os resultados computados são heterogêneos. O tempo de execução é muito rápido, se bem que a precisão seja medíocre, nas duas provas. O tipo de construção pouco evoluído na cópia melhorou na prova de memória. O aspecto de escapada se encontra de novo no traço descuidado, retocado e impreciso, com a procura de um ponto fixo sob a forma de um grande ponto na junção das diagonais.

O desenho de memória impressiona por seu aspecto lacunar e pela falta de respeito das proporções da figura. Diagonais e ponta fixa são omitidas e o retângulo central está reduzido à dimensão de um quadrado. A organização narcísica aí se revela pouco consistente, facilmente abocanhada pelo vazio, a despeito de uma tentativa de agarrar-se aos limites, e mesmo no plano consciente, a pontos de referência, na verdade, insuficientemente sólidos (à semelhança da realidade dos pais, impotentes para protegê-lo da doença somática).

Desenho da pessoa

O traçado descreve sempre o movimento de escapar. Trata-se de uma espécie de caricatura denominada de *"estudante feliz"*, por Serge, que inscreve-a no desenho e que representa um perfil com uma cabeça grande e quadrada, de nariz pontiagudo, e parecendo estar saindo a correr. Encontramos no âmbito dessa representação a problemática de Serge centrada em torno de fugir e/ou lutar, quer dizer, de ter êxito ou de renunciar; e a tentativa de resolução do conflito que busca conseguir através da ironia, o ridículo e a projeção da agressividade no exterior.

Com a observação de Serge temos um bom exemplo da utilização possível de se fazer com a diabete, em um período de crise, aqui uma crise típica da adolescência. O aspecto de passagem ao ato tomado pela violenta interrupção dos exames de urina durante uma semana, isto é, até Serge ser hospitalizado por início de coma, é aqui tanto mais manifesto quanto parece bem claro que Serge não estabe-

Uma doença somática precoce 69

leceu nenhuma ligação entre esse comportamento — entretanto completamente inusual em seu caso, pois seu caderno de exames sempre esteve perfeitamente em ordem — e a série de contrariedades e de obrigações com que se defrontava na realidade. Ele menciona apenas um sentimento genérico de "estar cheio", que levado ao extremo, poderia fazer evocar, através dessa atuação, um equivalente de tentativa de suicídio. Este apareceria no contexto de uma crise como a possibilidade de sair de uma situação vivenciada como insuportável, mas também como um meio de pressão — e até de agressão — para com seus pais, conscientemente intocáveis, mas cujas exigências pareciam a Serge impossíveis de satisfazer.

Notemos a esse respeito que o esquecimento de fazer injeções de insulina, cujas conseqüências envolvem o prognóstico vital, é absolutamente excepcional nos diabéticos. Só vimos isso uma vez em Aline, na manhã do dia em que a mãe foi operada de um tumor cerebral, isto é, em condições especialmente traumáticas e quando a evolução da sua diabete começara havia apenas um ano. O esquecimento das análises de urina é, em troca, relativamente freqüente. Falaremos do assunto mais adiante.

No que respeita a Serge, à série de aborrecimentos exteriores que teve de enfrentar (a saída do colégio, a incapacidade de ser admitido em outra escola, a recusa dos pais em deixá-lo sair de férias com o bando de amigos, enfim, a venda da mobilete) podia se acrescentar a mais uma fonte de angústia mais interiorizada em relação com o bem próximo casamento da irmã. Tratava-se, de fato, de um importante acontecimento familiar, já que os custos da festa acarretavam a impossibilidade de sair de férias para toda a família. Mas para Serge havia nisso algo mais. Foi em uma festa de casamento em Israel que ele situou o trauma responsável pelo aparecimento de sua diabete aos seis anos. Não podemos, naturalmente, pronunciarmo-nos com certeza sobre a veracidade dessa origem, mas o caráter traumático da cena que Serge relata parece inegável, na medida em que condensa em um breve instante toda uma rede de significantes: as alegrias que envolvem uma manifestação de caráter sexual, o casamento, e a dor insustentável de uma mãe que repentinamente se põe a berrar (como uma criança) quando a avisam de que seu filho morreu acidentalmente. A vereda que liga sexualidade e morte — morte de

70   *O equilíbrio psicossomático*

uma criança ainda por cima — parece poder veicular uma quantidade de energia tal que haja sobrecarga econômica e destruição dos limites do ego em uma criança de seis anos. Nessa perspectiva, Serge parece ter boas razões inconscientes, e mesmo pré-conscientes, para temer festas de casamento, especialmente quando se trata de sua única irmã, a quem parece estar muito ligado. Tanto que sua hospitalização a uma semana da festa não parece fortuita, mas ao contrário superdeterminada, protegendo-o de antemão. Notemos que conscientemente Serge não nos informa de nada nesse sentido, a não ser da manifestação de agressividade sem disfarce para com o cunhado — diferentemente dos demais membros da família, que se abstém de criticar — censura-o "a torto e a direito": o gosto pelo exército, os pés grandes demais, e o fato de achar que não será capaz de tornar a irmã feliz, sem justificar sua afirmação.

Se tentamos mostrar a Serge que seu ato — interromper as análises da urina por uma semana — tinha sentido no desenvolvimento atual de sua vida, sendo extremamente importante reconhecer e levar isso em conta para o futuro, é natural, por outra parte, que não tenhamos abordado de modo algum o material muito mais profundo que podia possivelmente ser ligado a essa cena traumática da infância, bem como sua eventual reativação quando do iminente casamento da irmã. Isso só podia ser feito proveitosamente durante um longo trabalho psicoterápico, o que não era o caso de Serge.

De qualquer maneira, e de novo, a noção de trauma externo identificável, aqui uma cena traumática, pode ser invocada na gênese do aparecimento de sua diabete, quando Serge tinha seis anos. E como Thomas, se bem que de forma muito diferente da dele, Serge parece ter sido uma criança superprotegida pelos pais: era o caçula de quatro irmãos; temporão, pois nasceu dez anos após sua irmã, e, assim como com Thomas, o aparecimento de sua diabete foi vivenciado como um drama por seu ambiente, reforçou a superproteção e a falta de autonomia, tornando sua passagem à vida adulta particularmente difícil.

Nenhum trauma, enfim, foi identificado no que concerne ao aparecimento da diabete em Diane (supra), que constitui o último sujeito desse grupo de crianças nos quais a diabete apareceu precocemente.

Uma doença somática precoce 71

Para, ela não encontramos mais que a noção de um período de fadiga intensa, o que teria levado os pais a uma consulta e à descoberta da diabete. Esta, segundo Diane, não deu ocasião a nenhuma superproteção por parte dos genitores, contrariamente ao que é tantas vezes descrito no meio familiar de crianças diabéticas. Seus pais, pelo contrário, teriam esforçado-se por tratá-la como uma criança normal, contentando-se em garantir as injeções e exames de urina até ela atingir os treze ou catorze anos. A despeito do aspecto "normalizante", assumido pelos pais de Diane, com relação à sua diabete e a despeito da ausência aparente de trauma localizável na tenra infância, podemos afirmar que também para ela algo faltou no início do desenvolvimento, coisa de que há rastro não só nas peculiaridades de sua organização mental na idade adulta, mas também nos "signos" indicativos de perturbações precoces no estabelecimento dos primeiros marcos espaciais e temporais, evidentes principalmente na figura de Rey, apontando para distúrbios profundos na organização do espaço, seja este interno (a constituição do próprio corpo), seja externo (percebido globalmente como o exterior).

É a partir dessas perturbações primitivas — ao que nos parece — que se teria constituído a tendência repetitiva de responder por meio de distúrbios corporais tidos como conflitos relativos a uma problemática de perda do objeto, tendência que vai se afirmar na idade adulta, tanto mais que Diane estará às voltas com uma seqüência de sucessos particularmente catastróficos. O primeiro incidente somático referido é esse período de fadiga intensa — ou de depressão não mentalizável ? — que lhe sobreveio aos sete anos e no decurso do qual a diabete foi diagnosticada, inaugurando uma longa lista de incidentes somáticos.

4. A questão do trauma e o peso
dos elementos da realidade

Em suma, para esses cinco sujeitos, cuja diabete apareceu entre dois e sete anos de idade, convém acrescentar ao peso dos fatores genéticos — incontestáveis, mas difíceis de delimitar — outro, o dos fatores ambientais, com o conceito de traumas externos identificáveis em, pelo menos, três deles. Mas, convém além do mais assinalar a

O equilíbrio psicossomático

existência do que pudemos chamar uma falha narcísica nessas crianças, seja relacionada a certo tipo de rejeição por parte da mãe ou em conseqüência de um hiperinvestimento superprotetor, podendo os dois investimentos estarem ligados. São dois pontos aos quais retornaremos (capítulo 8) quando discutirmos as modalidades de construção do ego. Observemos, contudo, que os cinco sujeitos se apresentam na idade adulta — Serge tendo só dezessete anos quando o atendemos — como organizações do tipo neurose de caráter, bem pouco, e até mesmo medianamente mentalizadas, e que é incontestavelmente Diane, cuja diabete apareceu mais tarde, quem apresentaria a cobertura neurótica com o melhor valor funcional. Pode-se pensar que uma doença incurável como a diabete, sobrevinda tão cedo no decurso da vida de uma criança, vai constituir para ela e para seu meio familiar um elemento de realidade irredutível que selará de algum modo a fragilidade narcísica inicial, freando, na maior parte dos casos, o acesso a um desenvolvimento mental flexível e variado, indicativo de uma boa permeabilidade entre as instâncias psíquicas. Modificações individuais importantes, ligadas simultaneamente aos dados constitucionais da criança e às particularidades das relações familiares podem, contudo, vir a modificar o esquema geral. Tomaremos como exemplo disso o caso de Thomas, em quem, por causa da própria superproteção extrema de que foi objeto após o aparecimento de sua diabete, pôde-se assistir a todo um quadro de "neurotização secundária", que se desdobrou em torno da impossibilidade de separar-se fisicamente dos pais, até a entrada na vida adulta.

Se retomarmos presentemente esse primeiro "período sensível" revelado por nossa curva das idades do aparecimento da diabete, período que cobre de modo amplo a idade do conflito edipiano, podemos admitir que, dadas as particularidades constitutivas fragilizantes apresentadas por nossos sujeitos, eles vão mostrar-se menos resistentes diante da crise inerente ao desenvolvimento mental humano e que a sobrecarga para eles representada pela confrontação com a problemática do conflito edipiano, em particular na dimensão que põe em jogo o desempenho das moções agressivas diante das imagens parentais, vai revelar-se não-elaborável no plano mental, deixando aberto o caminho para a desorganização somática. É o que poderíamos em especial verificar no caso de Thomas. No que se refere a

Uma doença somática precoce 73

Serge, de fato, é mais a condensação traumática que liga, em um breve e instantâneo percurso, sexualidade e morte — morte de uma criança noticiada, ainda mais, à própria mãe — e que nos pareceu impossível de ser assumida. O impacto ligado ao surgimento dos desejos sexuais edipianos viria representar uma espécie de sobrecarga econômica passível de adquirir um caráter desorganizador ao se encontrarem violenta conjunção com um terreno frágil e uma situação externa traumatizante, relacionada com a noção de perda objetal. Se essa conjunção explosiva, poderíamos dizer, não se produzir — fundamentalmente por razões conjunturais — o aparecimento da doença poderá ser retardado. Seria o caso de Jacques, cuja diabete sobreveio aos doze anos, isto é, entre os dois períodos sensíveis revelados por nossa curva. Paradoxalmente, foi quando encontrou os pais em Paris, depois de uma separação de quatro anos, que sua diabete declarou-se violentamente. É verdade, Jacques estava deixando a região em que nascera e à qual se mostrara muito ligado, para lá voltando quando possível, evitando a região de Paris à qual nunca se habituou. Esse investimento geográfico do ambiente externo nos pareceu de certo modo mais intenso nele que o investimento das pessoas, incluindo sua própria pessoa, que expõe perigosamente, de forma iterativa e incompreensível para o médico que o tratava, ao deixar de fazer os exames de urina. A organização mental de Jacques que se revela na idade adulta gravissimamente carente, evidenciando-se a vida operatória de longe como predominante, não lhe permitia, possivelmente, aos doze anos poder afrontar os conflitos relacionais inerentes à retomada da vida comum com o casal de pais, tanto menos que sua mãe apresentava uma organização depressiva grave, precisando de várias internações em hospital psiquiátrico.

Sejam quais forem as modalidades do aparecimento da doença, quando sobrevém, a diabete insulino-dependente constitui um enclave na realidade com o qual irão medir forças a criança e seus pais, através de vicissitudes diversas. De fato, e já o assinalamos, é comum constatar nos pais de crianças diabéticas, e em particular na mãe, uma intensificação das condutas de superproteção, reduzindo consideravelmente a autonomia da criança, com uma valorização muito importante dos elementos de realidade externa que constituem o tratamento diário, como os eventuais sintomas objetivos perceptí-

74   *O equilíbrio psicossomático*

veis apresentados pela criança. Existe, é claro, uma estreita ligação entre angústia e culpa materna e a intensidade das atitudes de superproteção que ela pode desenvolver, garantindo assim um contra-investimento mais ou menos eficaz em relação às moções agressivas em maior ou menor grau inconscientes que nela suscita, ao mesmo tempo, a existência dessa criança "estragada".

Bertrand Cramer, num artigo recente, que já no título sublinha o peso sobre a psique, constituído por essa doença: "*A diabete juvenil, doença de viver e de pensar*" (1979) insiste na atitude freqüente dos pais em quem se assiste a uma verdadeira reificação por meio da doença, de vicissitudes psíquicas, traduzindo-se finalmente por um deslocamento do tratamento: os pais crêem ter que "tratar" a diabete com atitudes pedagógicas ou francamente psicoterápicas. A autora pensa que a questão diz respeito a um problema de psicologia médica, donde sua proposta de instauração sistemática de tratamentos do tipo "psicopedagogia de apoio" em todos os casos de diabete infantil. Essa asserção repousa na constatação das dificuldades espantosas encontradas pela apreensão de informações ligadas à realidade da doença nos pais de diabéticos jovens. A distorção introduzida na transmissão do que pode apresentar-se como um saber médico dado pelo profissional aos pais por ocasião das consultas, de certo modo, só tem paralelo (é nossa sensação ao ler este artigo bem documentado) com a extravagância das teorias explicativas que os pais podem trazer a propósito da etiologia da doença de seu filho.

Olhando-as de perto essas teorias podem tomar uma feição que lembra as teorias sexuais infantis regidas pelas fantasias inconscientes e o pensamento mágico. Contrariamente a B. Cramer, que desejaria de todo o jeito reduzir esse aspecto irracional do funcionamento dos pais por meio de medidas preventivas que se inscreveriam no quadro de uma psicologia médica, pensamos que se trata, no caso, da tentativa de retomada, no plano da psique, de um elemento de realidade muito difícil de circunscrever e, por isso mesmo, de pensar, por tratar-se de uma afecção somática real que ataca de fato a criança, e não uma fantasia de ataque. Essa alteração da mensagem científica transmitida, contudo de maneira absolutamente clara, e eventualmente sucessivas vezes, é algo que encontramos não apenas nos pais de crianças atingidas por outras doenças graves — e até em crianças

Uma doença somática precoce

indenes, mas em quem os pais crêem existir uma verdadeira lesão orgânica, o que se vê com certa freqüência, principalmente nos serviços especializados de cardiologia infantil[1] — mas igualmente em adultos atingidos por exemplo, de câncer da rinofaringe, nos quais teremos a surpresa de constatar que nada ou quase nada das explicações circunstanciadas que lhes foram fornecidas referentes às peculiaridades de sua lesão ou das modalidades de tratamento escolhido foi realmente registrado[2].

Poder-se-á acaso dizer que aí se expressa um retorno da realidade psíquica com maior força, enquanto designativa de um desejo inconsciente e da fantasia a ela ligada, o que atestaria seu vigor, confirmado pelo fato de que não arrefeceria com do uso de informações científicas, por mais solidamente apoiadas na realidade objetiva que fossem essas últimas?

Em todo o caso, esses exemplos mostram que parece haver luta entre aquilo que provém do peso dos desejos e fantasias inconscientes, confrontados com o peso da realidade dita objetiva, difícil de integrar tal como é. Pode-se pensar que a saída desse confronto será decorrência da organização psíquica singular de cada pessoa, de quem refletirá os arranjos habituais, bem como arranjos mais específicos que ela será levada a realizar em função do impacto invasivo que a emergência dessa nova realidade objetiva poderá revestir. Sem dúvida, ser presa de demasiadas idéias irracionais para conduzir o tratamento de um filho diabético, para alguns pais, seria inconveniente, compreendendo-se que a mira do pedo-psiquiatra e do pediatra responsável pelo caso visem reduzi-las. Mas, pode-se também considerar que se a diabete da criança não dá o que pensar àqueles pais, talvez e principalmente a "torto e a direito", seu estado permanecerá pela mesma razão, inteiramente impensável para a própria criança, para quem de certo modo tudo parecerá natural, pois, por ter aparecido precocemente, sempre teve que conviver com a doença. É nesse momento que a realidade concreta passa à frente da realidade psí-

---

1. Informação fornecida por Mme. Colette Pericchi, hôpital des Enfants Malades.
2. Constatação feita pelo Dr. Yves Cachin por ocasião de uma conferência no Instituto de Psicologia de Paris V, março de 1978.

76 — O equilíbrio psicossomático

quica que sufoca e corrói, e isso tanto mais quanto o próprio tratamento da diabete tiver tomado um aspecto inteiramente mecânico "operatório", visando ao ajustamento mais preciso possível, passando a abranger todos os setores da vida: atividades, horários, alimentação.

Nessa perspectiva, e no que diz respeito ao desenvolvimento da psique, são as crianças diabéticas sem problemas, isto é, aquelas para quem não existem aparentemente conflitos ligados à doença e a seu tratamento — e mesmo poucos conflitos relacionais com o ambiente — são essas as que parecem causar maior preocupação. É provável, porém, que elas, se é que existem, não passem a infância toda continuamente sob o signo dessa ausência de conflitos e cerceadas pela própria dificuldade representada pelo tratamento, O que se passa via de regra é o que B. Cramer assinala: a reificação da doença e de seu tratamento por intermédio da qual se encarnará e se explicará toda modificação do comportamento ou do humor da criança. De resto, essa atitude pode muito bem acarretar um desgaste semelhante da vida psíquica da criança, na medida em que toda expressão das moções pulsionais: desejos, defesas, angústia, poderá ser imediatamente relacionada, isto é, colmatada, extinta, tendo por referência uma desordem orgânica ligada à má regulagem do açúcar; o que impede seu desenvolvimento e elaboração por meio de um trabalho no plano do pensamento. Serão talvez os pais demasiado protetores, por serem muito ansiosos ou muito embrenhados em pensamentos irracionais que, não se deixando reduzir ao papel de máquina auxiliar destinada a colmatar com toda rapidez as possíveis desordens da criança, nela evitarão, quanto puderem, essa constituição mental.

Dadas as imposições do tratamento, é habitual dizer que as crianças diabéticas vivem em uma relação estreita de dependência dos pais, de quem não podem se separar enquanto estes lhes garantam suas injeções e dosagens de urina. É para remediar esse estado de fato que o Prof. H. Lestradet (1968) organizou, há cerca de trinta anos, colônias de férias para jovens diabéticos (AJD) em que as crianças podem não somente aprender a se separar dos pais, mas também progressivamente a assegurar elas próprias seus cuidados: injeções e dosagens, em um contexto em que todos têm que se medir com a mesma doença. É provável que, em muitos casos, o treina-

Uma doença somática precoce 77

mento antes da puberdade possa moderar as reações de rejeição das doenças e de seu tratamento, habitualmente constatados na adolescência.

Trata-se de uma reação que não parece específica à diabete e que encontramos praticamente em todos os adolescentes que tiveram uma doença crônica na infância: nos que fizeram diálises renais, por exemplo, como nas crianças afetadas por mucovicidose (A. M. F. Illiozat, A. Hennequet, 1976). Pode-se tentar fazer a relação entre a tendência, tão freqüente nos pais de crianças com doenças incuráveis, de tudo atribuir à existência dessa afecção somática, excluindo qualquer tentativa de explicação (atitude que encontramos, de modo análogo, quando existe para a criança um trauma externo identificável, inclusive no seu "antes" e "depois") e o uso que o sujeito, ao tornar-se jovem adolescente, poderá fazer da doença e de seu tratamento, como forma de reação de oposição, ou até de recusa, em um momento preciso de sua evolução, retomando de algum modo por si mesmo as posições anteriores dos pais, mesmo em sentido inverso.

Nos diabéticos jovens, esse momento parece coincidir ou acompanhar de perto aquele em que se vêem entregues inteiramente à responsabilidade de seu tratamento, isto é, no momento em que vão garantir com exclusividade suas injeções e dosagens de urina. Pode-se compreender isso, num primeiro passo, como um protesto diante da carga material e da nova responsabilidade que os incumbe e é, provavelmente assim, que, via de regra, lhes será formulado ou que eles irão formular para si próprios. Mas, de fato, parece-nos que uma reação tão unânime deriva da reativação de moções pulsionais muito mais complexas, ligadas, principalmente se isso não for dito e pensado claramente, a emergências agressivas inaceitáveis perante os pais, que os fizeram nascer com uma doença incurável. A agressividade, cuja expressão direta está bloqueada, toma de empréstimo a via traçada pelos pais, retomando suas preocupações a respeito da doença e de seu tratamento, mas, poderíamos dizer, em sentido inverso, pois se trata de mostrar que não se dá importância à doença, ou ao menos não como o fizeram os pais. É de fato para admirar constatarmos que não é ao aspecto estritamente vital do tratamento que o adolescente vai se opor. Assim, só excepcionalmente

78 *O equilíbrio psicossomático*

esquecerá a injeção de insulina ou não se recusará a submeter-se à diálise, mas aos aspectos acessórios ou àqueles que considerar como tais: os exames de urina, as proibições alimentares.

O caso de Serge que chega quase em coma ao hospital, quando pela primeira vez deixou de fazer os exames de urina durante uma semana, ilustra bem até que ponto esse comportamento constituiu para ele uma saída frente ao conflito aparentemente sem possibilidade de elaboração, que involuntariamente o opunha, segundo pensamos, a seus pais, nessa fase da vida.

Em suma, é talvez no uso que esses jovens adolescentes fazem dos elementos da realidade externa, representados pelos imperativos de seu tratamento, que podemos melhor perceber os vínculos especiais estabelecidos por eles entre o que pode constituir sua realidade psíquica confrontada com os dados objetivos da realidade objetiva da doença e de seu tratamento. Ao atacar os aspectos do tratamento que julgam secundários, vê-se de fato que se abstêm de pôr em questão a própria existência da doença que os afeta, sem que esta de certo modo não deixe dúvidas; mas, vê-se igualmente que por essas condutas exprimem suas reações de oposição, assim como aquilo que é comumente descrito como "gosto pelo risco", coisa tão freqüente na adolescência, utilizando as peculiaridades da sintomatologia, no caso, somática, como veículo de seus conflitos do momento, bem como de seu desconforto interior.

Sobre tais comportamentos virá, porém, enxertar-se tudo o que se desenrola em torno da noção de mal-estar (hipo ou hiperglicemia, podendo muitas vezes ser associado ao que descrevemos como crises paroxísticas: principalmente a epiléptica, bem como certos estados de sonambulismo) dos quais o sujeito não conservará uma consciência clara. Se por um lado o mal-estar ou a crise reveste certa intensidade, por outro introduz uma descontinuidade do funcionamento psíquico e o que disto lhe for devolvido num segundo tempo passará pelo relato que lhe farão. É o mesmo que dizer que, no caso do mal-estar ou da crise, trata-se de um "mostrar-se para o outro" que só secundariamente e de forma incompleta poderá ser recuperado por aquele que a atravessa, "mostrar-se" que pode tomar uma feição evidente de descarga, em particular da agressividade, mas num

Uma doença somática precoce 79

contexto de desconhecimento e de fuga relativos ao pensamento, pois dele o sujeito não guardará nenhuma lembrança.

De um ponto de vista econômico, vê-se quão grande facilitação tal sintomatologia pode favorecer, diante de uma sobrecarga de excitações a qual pode permitir a descarga de forma quase mecânica, pondo em curto-circuito os longos processos que presidem à elaboração mental dos conflitos. Mas, ao mesmo tempo, aparece e pode instalar-se um processo marcado pela compulsão à repetição, ferido assim, por um processo mortífero, pois repetindo-se a descarga (não sem perigo para o sujeito às voltas com suas crises), não se pode instaurar nenhum processo favorável a qualquer movimento de elaboração.

Mas, essa patologia de crise, quando adquire um aspecto invasor, não é encontrada exatamente dessa forma nos sujeitos que apresentaram diabete na infância, e isso devido a um estado muito diferente, originário da realidade de sua doença. Se podemos identificar neles essa etapa, quase geral, de oposição ao tratamento no período da adolescência, é porque se trata, no caso, de um instante de remanejamento ligado ao fato de que devem retomar por sua conta o encargo total do tratamento, com as reativações que isso acarreta, especialmente quanto às moções agressivas inconscientes perante seus pais. Mas, a despeito do fato do comportamento de recusa poder conduzi-los a uma intensificação dos mal-estares tanto hipo como hiperglicêmicos, e até comas, não é por isso que esses estudos haverão de tornar-se seu modo privilegiado de expressar-se; ao contrário, podendo-se ver eventualmente surgir, em certos momentos críticos, uma sintomatologia diferente superposta, como no caso de Liliane, que sofria de cefaléias. Será que podemos considerar então, que, na medida em que a doença diabética sempre fez parte de sua realidade, os mal-estares em geral não vão aparecer exageradamente superinvestidos, levando a esse funcionamento clivado que acabamos de descrever, ao mesmo tempo que sua diabete será habitualmente bem equilibrada, pelo menos enquanto complicações secundárias relativamente severas não tiverem feito seu aparecimento?

5 DIABÉTICOS NA ADOLESCÊNCIA, COM QUE FUTURO?

1. Os "períodos sensíveis": a adolescência

Com esse outro "período sensível" que constitui a adolescência, a teoria que se liga a uma etiologia sexual da diabete poderá ver-se singularmente reforçada. De fato, não podemos deixar de nos impressionar com essas cinco jovens de nossa população que manifestam sua doença entre quinze e dezenove anos, através do vínculo cronológico que existe entre o aparecimento das regras e a ocorrência da diabete, ou, ao contrário, da amenorréia e a ocorrência da diabete, e até o uso de pílulas e o aparecimento da diabete. Sabemos bem que, numa ótica organicista, pode-se imputar às modificações hormonais que presidem à ocorrência das regras ou à sua ausência — eventualmente mesmo ao início do uso de pílulas — um papel tão importante que ele acaba sendo considerado fator desencadeante da doença. Não se trata, evidentemente, de negarmos o papel desse fator, mas não se trata também de nos limitarmos exclusivamente à sua intervenção, ignorando as demais. De resto, o período da vida entre os quinze e os dezenove anos é para todas as jovens a época que acompanha de perto o surgimento das regras e que presencia sua entrada no mundo das realizações sexuais adultas.

As cinco moças que manifestam sua diabete nessa faixa etária, o

O equilíbrio psicossomático

fazem em condições completamente diferentes, não obstante a relação cronológica com o aparecimento de diversas manifestações ginecológicas.

No caso de Gisèle, se a diabete ocorre violentamente aos quinze anos, poucos meses depois da vinda das primeiras regras, consideradas muito tardias por seu meio, o fato aparentemente revestiu-se de um caráter traumático, na medida em que assinalava, no âmbito corporal, o fim da infância, reativando, ao mesmo tempo, a separação particularmente dramática com que se defrontou aos nove anos, devido à violenta doença de ambos os pais.

Foi bem claramente devido ao fato de esse primeiro trauma ter ficado escondido, eclipsado, evocando a existência de uma cripta (Abraham N., Torok M.,1978) — pois, não tendo aparentemente sido objeto de uma verdadeira elaboração mental em vista do próprio montante de afetos por ele veiculado, Gisèle foi brutalmente confrontada com a ameaça da morte da mãe, contaminada pelo pai de quem era a filha preferida — foi por isso, dizíamos, que a reativação de uma problemática relacionada com a separação de seus objetos privilegiados pôde tomar para ela uma feição desorganizadora, abrindo caminho para a somatização. Assim sendo, foi preciso um longo período, quase dez anos, para que ela pudesse reconstituir um estrato de reorganização relativamente estável, chegando enfim a equilibrar sua diabete sem a associação de outros distúrbios.

Em Aline, cuja diabete apareceu aos dezesseis anos, dois meses antes do exame de diplomação do segundo ciclo, existe uma coincidência perturbadora entre o movimento de desorganização somática que a acomete e o que atinge sua mãe praticamente ao mesmo tempo — ou anteriormente? — pois esta irá morrer de um tumor cerebral vinte meses após a ocorrência da diabete na filha. A pouca comunicação verbal exitente entre Aline, filha única, e seus pais, (de um modo geral, mas principalmente a respeito de todo assunto relativo ao domínio da sexualidade) é um elemento que nos parece de suma importância. Nesse contexto o papel da ocorrência das regras em Aline, assinalando na realidade o acesso ao modo de funcionamento adulto, pode aparecer como condensador de múltiplos significados contraditórios, não ditos explicitamente, e possivelmente pouco elaborados pela

Diabéticos na adolescência, com que futuro?   83

atividade mental, tanto na filha como na mãe.

Quando a atendemos (ela está então com trinta anos), Aline evoca ainda a reação de sua mãe na época: se ela tivesse "*a infelicidade de dizer qualquer coisa alusiva a rapazes*", exclamava aquela: "*cuide de seus livros e não pense nisso*". Podemos nos perguntar se essa proibição, recaindo sobre o interesse por rapazes, proibição claramente formulada pela mãe, teria podido influir no desenvolvimento sexual de Aline, cujas regras, como aconteceu com Gisèle, vão se atrasar, só ocorrendo aos quinze anos, desaparecendo posteriormente e só reaparecendo com regularidade após o reconhecimento da diabete e a instauração do tratamento com insulina?

Seja como for, só podemos ressaltar a configuração que tomam esses diversos elementos, tanto mais que a mãe que proíbe e manda a filha ficar ocupada com os livros de estudo, seria ela também proibida de aproveitar a vida, tendo que trabalhar duramente e morrer cedo, quando Aline tinha dezessete anos.

Em Denise, cuja diabete apareceu aos dezesseis anos, não foi possível encontrar elementos anamnésicos sobre essa época da vida, em vista do seu estado de deterioração psicossomática por ocasião da investigação, o que acarretava a concentração de suas forças vitais restantes sobre as condições de sobrevivência atual e um completo desinteresse pelo passado, excetuando-se a enumeração de uma série impressionante de perdas de objeto, todas, contudo, ocorridas depois dos dezesseis anos.

Em contrapartida, com Pauline e Valérie, nas quais a diabete foi descoberta respectivamente aos dezoito e dezenove anos, é que a teoria com base em uma etiologia sexual da doença parece encontrar melhor fundamento.

Pauline insiste, de fato, na seqüência temporal muito particular que une os diversos sintomas apresentados na infância e, em seguida, na adolescência; "resolvendo-se", de certo modo, com a descoberta de sua diabete aos dezoito anos. Ela teria sido uma criança anoréxica e enurética até os onze anos, precisamente no momento em que as primeiras regras apareceram, ocasionando a interrupção da enurese e a inversão de seu comportamento alimentar, que de anoréxico tornou-se bulímico, causando rapidamente um aumento de

84   *O equilíbrio psicossomático*

peso e amenorréia, o que motivou a consulta ginecológica a partir da qual a diabete será diagnosticada e tratada.

Na reconstrução que Pauline faz desses elementos do passado, é a diabete não-diagnosticada, mas já presente, que ela responsabiliza pela mudança violenta em seu comportamento alimentar, o mesmo sucedendo com a interrupção das regras logo depois que apareceram. Trata-se de uma explicação cujo caráter "econômico" para Pauline é completamente evidente, mas que não poderia explicar, aos nossos olhos, a complexidade do que está em jogo nesse período crucial de sua vida. Como compreender, de fato, que tenham desaparecido repentinamente, por ocasião das primeiras regras, sintomas como a anorexia e a enurese? São esses distúrbios banais do desenvolvimento, e que no caso de Pauline, caçula envolvida por um grupo de quatro irmãos nascidos de mãe rígida e severa, esses sintomas teriam podido testemunhar os conflitos internos que a agitavam, assoberbada entre desejos regressivos e desejos sexuais mais autônomos). As regras teriam tido valor de trauma, pondo um fim abrupto ao período da infância e aos conflitos cuja não-resolução era atestada por seus sintomas? E isso tanto mais que Pauline descreve a satisfação sentida por lhe virem as regras — satisfação de que se verá privada em seguida, durante longos anos — redobrada, ou melhor, reduplicada? — pela satisfação de sua mãe, cujas palavras refere: *"Eis aí uma outra mulherzinha em casa"*. Tudo isso podia constituir um "demais" impossível de assumir, levando-se em consideração as possibilidades de integração de uma menininha de onze anos.

Mas pode-se também considerar que a tendência a expressar seus conflitos internos por meio de uma tradução que envolvesse o corpo estaria ali desde o começo — o que afinal de contas é comum —, mas com uma persistência em Paulina, já não é tão banal e que seria responsável não somente pela presença, durante toda a infância, dos sintomas de anorexia e enurese, mas igualmente pelo aparecimento precoce das primeiras regras aos onze anos. Nessa ótica, esta primeira manifestação ginecológica teria também ela o valor de sintoma, traduzindo na realidade a força ou, em todo o caso, a presença dos desejos sexuais, com a possibilidade de realização respectiva, e isso por meio de um atalho traumático em que se mistura à realidade do sangue — indo apagar a da urina — a reativação de toda a pro-

Diabéticos na adolescência, com que futuro? 85

blemática oral que atingirá a inversão do comportamento alimentar de Pauline. É de se notar que o aspecto proibido, acarretando a necessidade de ocultar-se especialmente, de se esconder da mãe, apresentada como tão estrita, vai deslocar-se do domínio sexual, de certo modo apagado pela amenorréia, para o domínio alimentar, pois é às escondidas que Paulina come — principalmente doces — e bebe, até descobrirem a existência de sua diabete. O sangue das regras logo depois de aparecer desapareceu de novo, substituído pelos doces e o aumento de peso. Esse último elemento tenderia a provar que, no começo desse processo pelo menos, Pauline não era ainda diabética, já que o aparecimento da diabete insulino-dependente, com uma sede insaciável, é acompanhada de um emagrecimento, com freqüência impressionante.

Acrescentemos ainda uma palavra sobre o que nos diz Pauline na prancha branca do TAT, quando se entrega a uma fantasia — a mais livre de todas de seu protocolo — descrevendo uma menina numa pradaria americana que escolhe um belo alazão selvagem para domar; tratando-se aí, conforme pensamos, no plano da escolha da palavra e da representação que a acompanha, de uma reminiscência inconsciente remontando a esse instante chave de sua vida, quando pôde dizer a si mesma *"Ah! o sangue!"*? *

2. Observação nº 4: Valérie

Valérie é uma moça de vinte e dois anos, casada há dois. Tem um aspecto juvenil realçado pela maneira de vestir-se: uma roupa indiana de algodão. Foi a única na pesquisa a pedir um encontro com um psicólogo no contexto do serviço de diabetologia no qual está sendo atendida. O pedido é confirmado pelo fato de ter preparado uma lista de pontos que deseja discutir e a que nos submeteu por extenso. Podemos nos interrogar se esse pedido — incomum en-

---

* Em francês a homofonia é quase perfeita: "alezan" (alasão) e "Ah! le sang" (Ah! o sangue) (N.T.)

86 · *O equilíbrio psicossomático*

tre nossos sujeitos — não estará ligado à sua orientação profissional, já que é assistente social e, paralelamente, estuda psicologia. Essa atitude estênica insere-se no âmbito do tratamento pessoal de sua diabete. De resto, é considerada por seu médico um caso excelente. De fato, mostra-se um tanto perfeccionista no que concerne aos exames e à dosagem de insulina, permitindo-se, contudo, certas quebras de regime, principalmente quando convidada a refeições em casa de amigos. Culpa-se moderadamente, ao que parece, por essas faltas, ressaltando que o médico as reprova e que em caso de necessidade — por exemplo, engravidar-se poderia ser bem mais estrita.

Sua diabete apareceu bruscamente há três anos, em junho, após um ano escolar particularmente cansativo. Tratava-se do seu segundo ano de estudos de assistente social, efetuados numa escola em Paris, mas com idas freqüentes (se possível) à casa dos pais em Orleans, onde também morava seu noivo. Se de um lado Valérie sublinha o aspecto cansativo de sua vida àquela época, relaciona o aparecimento da sua diabete com o fato de que tomava pílulas desde os dezessete anos — dois anos antes do começo da doença —, e que a pílula a deixava enferma. Descreve-se vomitando bílis durante um dia inteiro, todos os meses, quando tomava novamente as pílulas após a interrupção de uma semana. Como se queixasse a seu médico de seus mal-estares, ele pediu uma série de exames de sangue, incluindo glicemia, que julgara completamente normal, tendo a diabete se declarado apenas seis meses mais tarde, por uma sede intensa e de uma rápida perda de onze quilos.

Apesar de não haver nenhum antecedente de diabete na família de Valérie, ela diz ter o pressentimento de que a doença poderia atingila no mês de outubro precedente ao efetivo aparecimento de sua diabete, quando seus cursos justamente tratavam dessa doença e de suas complicações. Ela vivenciou como um choque extremamente doloroso — fala de verdadeira *"ferida"* — a notícia de que era diabética e depois de ter sido hospitalizada durante um mês para encetar o tratamento, descreve um sintoma que a intranqüilizou enormemente no momento, constituído pela queda de cabelos, que o médico teria relacionado com o choque decorrente da notícia da doença. Entretanto, no mês de outubro seguinte, casa-se com o amigo que conhecia e a quem estava ligada desde os quinze anos.

Diabéticos na adolescência, com que futuro? 87

Valérie é a mais velha de uma família de seis filhos. A mãe, casada aos vinte e um anos (como Valérie) fez estudos secundários extremamente brilhantes, tendo recebido o diploma com a menção de "muito bom". Mas as numerosas maternidades — seis crianças em dez anos, os três mais velhos em dois anos — não lhe permitiram realizar suas ambições intelectuais. Contentou-se em educar as crianças arrumando várias casas sucessivamente, em geral muito isoladas, o que complicava a vida dos filhos que sempre estavam longe de suas escolas.

O pai de Valérie pôde, por sua vez, realizar plenamente suas ambições intelectuais, na medida em que, sendo estudante de matemática, foi recentemente nomeado como assistente de eletrônica. Valérie o descreve como bem pouco presente, por estar absorvido em contínuos estudos.

Trata-se de um casal que há muito tempo pratica o naturismo e Valérie descreve férias freqüentes, quando era criança, em campos de naturistas. Essa liberdade na esfera corporal era acompanhada de uma grande liberdade para abordar *"os problemas da formação sexual da pessoa"* segundo a expressão de Valérie, mas seus pais estavam bem menos à vontade quando se tratava de falar das relações sexuais propriamente ditas. Ela descreve suas reticências quando, aos dezessete anos, pediu para tomar essa pílula que depois responsabilizou pelo aparecimento da sua diabete.

Sua irmã menor, nascida onze meses depois dela, não teve que enfrentar essas dificuldades, já que Valérie de algum modo tinha rompido a barreira. Parece, de fato, que ela realizou essa abertura, a mais de um título. Refere-se com emoção a confidências que sua mãe lhe teria feito recentemente, relativas ao fato de que, na época de seu nascimento, recomendava-se às jovens mães que deixassem os bebês inteiramente sós durante horas, evitando pegá-los quando chorassem. Ela acha isso pavoroso, acrescentando que a mãe jamais teria feito isso com ela se não houvesse uma recomendação e, que, no mais, a mãe foi muito mais flexível com os outros filhos.

Para Valérie, a rivalidade fraterna teria sido particularmente evidente com o irmão mais velho, dois anos mais novo, descrito como o preferido da mãe. É um rapaz de temperamento difícil, que explo-

88   *O equilíbrio psicossomático*

dia em acessos de cólera terríveis. Valéria diz também suspeitar de que a mãe o defendia invariavelmente. O menino foi logo posto num internato, para ele um alívio, pois não agüentava mais as amolações das irmãs mais velhas, permanentemente aliadas contra o rapaz. Ela própria, contudo, descreve-se como uma menina selvagem e fechada, com poucos contatos, a não ser com os membros da família, devido ao isolamento da casa dos pais.

Quando soubemos que Valérie ficou menstruada precocemente, aos dez anos e meio — enquanto que sua irmã seguinte só teve as primeiras regras após completar quinze anos — nos perguntamos sobre as condições particulares em que se desenvolveu sua evolução psicossexual. De fato, o que ela indica diferenciá-la da mãe, casada também aos vinte anos, é que ela, Valérie, dispõe da contracepção (a pílula) responsável, segundo sua opinião, pelo aparecimento de sua diabete. Para nós, há em torno dessa possibilidade de relações sexuais sem risco "algo mais" — isto é, na verdade, "em demasia" — que não foi objeto da retomada de uma mentalização por parte de Valérie, na problemática que a liga à mãe. Seria apenas, de fato, a seqüência de um processo muito mais precoce que não teria se instalado. Que dizer então do aspecto provocativo que pode ser a prática do naturismo, permitindo à criança ver os órgãos sexuais a serviço da realização do coito em um contexto aparentemente dessexualizado? Como se o "demais para ver" gerasse ao mesmo tempo, com a necessidade de nada ver, outra necessidade: a de nada poder pensar sobre o assunto. Pode-se cogitar, no caso de Valérie, de uma falha na para-excitação materna, que a deixou desprovida diante de uma realidade sexual adulta, tanto menos possível de controle porque a mãe se achava constantemente grávida. Esse acréscimo de excitação teria dado origem a uma puberdade precoce, permitindo, por sua vez, o acesso igualmente precoce a realizações sexuais adultas; tudo isso envolvendo primordialmente o corpo — e mesmo o comportamento — mas, nem por isso, sendo acompanhado no cenário mental pela possibilidade de elaborar progressivamente um conflito centrado na rivalidade feminina com a mãe. A ausência da possibilidade de evocar temas de rivalidade e também de conflitos de qualquer natureza está, quanto ao mais, patente no TAT.

Diabéticos na adolescência, com que futuro? 89

Pelo contrário, o investimento ativo do corpo foi não apenas precoce, mas durável: Valérie começou a fazer dança clássica aos cinco anos e meio, querendo num primeiro momento fazer dela sua profissão. E embora tenha em seguida renunciado a esse projeto, nunca parou de dançar e ainda hoje consagra de três a cinco horas semanais a essa atividade. No inverno esquia, no verão pratica natação e veleja. Independentemente da prática de esportes, de um modo geral a atividade é muito investida por Valérie que, apesar de um trabalho em tempo integral como assistente social em uma grande organização do estado, prossegue em seus estudos de psicologia e recebe amigos ou sai várias vezes por semana. Vivencia-se, no entanto, como menos ativa que sua mãe, que nunca parava e que sai logo que termina a arrumação da casa. Essa hiperatividade explica porque Valérie tolera tão mal a hospitalização, bem como qualquer limitação a seu impulso de "fazer". Se a primeira hospitalização, quando a diabete apareceu, afigurou-se indispensável para ela — tinha perdido onze quilos e estava à "beira do coma" —, as outras semanas no hospital a cada ano impostas por seu médico para bem "escorar" seu tratamento, representam para ela uma dura provação. Ela tenta reduzir a hospitalização ao mínimo e gostaria de poder ir dormir em casa. Valérie reconhece que a diabete constitui um real dano, mas não admite por isso ser considerada doente, tanto que nessas hospitalizações forçadas veste-se com roupas normais durante o dia, enfatizando desse modo sua não-pertinência ao grupo de doentes, o que é, via de regra, mal aceito pelo pessoal que a trata.

Paralelamente ao investimento do registro da atividade, deve-se ressaltar que Valérie, exatamente como a mãe, foi ótima aluna, aparentemente bem melhor dotada que sua irmã menor. Apenas em matemática tinha dificuldades, o que ela salienta rindo, acrescentando que não era para admirar, já que era a única coisa de que seu pai gostava. Ficou surpresa mas gratificada quando durante o curso de psicologia teve que passar por testes de lógica baseados em raciocínio matemático e, que, contrariamente às suas espectativas, saiu-se muito bem. Por outro lado, quando se trata de contas, diz ser incapaz. Estas são domínio do marido, que é contador, se bem que ele não tenha nenhuma aparência disso, diz Valérie, que o descreve como um garotão barbudo, vestido de jeans, esportivo, e de cuja

90   *O equilíbrio psicossomático*

paixão atual — a espeleologia — ela não participa. O relacionamento dela com o marido parece ter ambigüidades, assunto em que mal toca. De um lado, realmente, ele parece desempenhar para ela o papel de "boa mãe", no sentido de que é o primeiro a se aperceber de suas necessidades alimentares; procura que se cuide ou que não se sobrecarregue demais, mas, por outro lado, parece lamentar ter-se casado tão cedo, tentando, por isso, dissuadir a irmã menor de fazer o mesmo com o amigo com quem vive. De algum modo, racionaliza sua visão, alardeando que quando se é casado existe a necessidade de ter atividades distintas, dando ênfase especial ao que separa ou afasta e não ao que aproxima.

Compreenderemos melhor essas ambigüidades se retomarmos a hipótese segundo a qual Valérie quando criança e depois adolescente não teria podido elaborar o conflito centrado na rivalidade com a mãe; escamoteando, de certo modo, referências edipianas sólidas, exatamente por causa da destruição do sistema de para-excitação por meio do confronto, por demais precoce, com a realidade sexual adulta. A adaptação só poderia fazer, a partir de um modo mimético de identificação — incorporação à mãe, proibindo efetivamente a expressão, mas sobretudo a elaboração progressiva das posições ambivalentes: amor e ódio. Poderia-se dizer, esquematicamente, que sua adaptação como jovem adulta visava a possibilidade de tornar-se mãe e seu marido, pai. Isso explicaria o papel desorganizador desse "demasiado" que constituia o uso da contracepção antes do casamento e, inquestionavelmente, depois dele; liberdade recusada a sua mãe e da qual era ela própria a conseqüência.

Não é menos exato que existe em Valérie uma franja neurótica de coloração hístero-fóbica, cujas pegadas encontramos não só no TAT, mas também no plano do que nos relata de sua vida onírica. Embora diga sonhar muito atualmente, não consegue lembrar-se dos sonhos; mas, em contrapartida descreve vários pesadelos da infância. Assim, vê-se andando sozinha com os pais por um caminho e é bruscamente pregada ali, não podendo avançar nem gritar, enquanto eles vão se distanciando. Vê-se também procurando alguém no nevoeiro, ou ainda, percorrendo uma casa deserta e muito escura, com uma escada amedrontadora, que desce ao interior da terra e onde finalmente divisa algo apavorante. O último pesadelo, o mais medonho de todos:

Diabéticos na adolescência, com que futuro? 91

tentava voar, e tendo conseguido levantar-se a um metro do chão era puxada para trás, porque a agarravam pelo pé. Não faz nenhuma associação com os sonhos, limitando-se a dizer que um amigo psicólogo decretou que esses eram sonhos clássicos. Pensamos que esses pesadelos de criança traduzem a tentativa de dar forma a um estado de intensa excitação, que só chega a se descarregar na angústia ligada à impotência de realizar seus desejos.

De fato, a organização mental de Valérie apresenta-se como uma neurose de caráter bem mentalizada. Além da franja hístero-fóbica, constituindo seu melhor nível de funcionamento, existem pequenos mecanismos projetivos de tipo reivindicatório ou, mais simplesmente, crítico, que permitiriam uma limitada descarga de agressividade e que se apóiam na sua inteligência e em uma real compreensão das situações. É nesse plano que se colocam os diferentes pontos da lista à qual ela desejaria submeter-nos constituídos essencialmente de críticas, muitas vezes pertinentes, a respeito do tratamento dado aos diabéticos. Parece que, depois do choque ligado ao reconhecimento da doença, não apenas acompanhado senão também seguido do sintoma da queda dos cabelos, Valérie tenha conquistado um novo equilíbrio psicossomático em que pôde integrar a realidade constituída pela doença diabética, cujo controle pretende adquirir. Esse trato estênico de sua diabete, fortalecendo-a no sentimento de que enfrenta eficazmente uma sobrecarga pesada, garante-lhe certo número de benefícios secundários — entre eles a admiração de seu médico responsável e de seu meio — dando-lhe, ao mesmo tempo, a liberdade de interessar-se pelos problemas levantados pela diabete no conjunto dos diabéticos; numa atitude passível de adquirir caráter sublimatório. Contudo, presentemente, não mais do que durante a situação de equilíbrio anterior à doença, parece não poder elaborar os conflitos interpessoais em função mesmo da fragilidade das referências ao conflito edipiano, o que a deixa desprovida para enfrentar, no cenário mental, os inevitáveis conflitos próprios da existência humana. O uso que faz, provavelmente *a posteriori*, de certos acontecimentos a que atribui valor premonitório, segue essa direção. Assim, desistiu do curso preparatório para ingressar no curso de letras em que se inscrevera, temendo que lhe sucedesse o mesmo que à irmã de uma de suas amigas que teve uma depressão nervosa quando freqüentou o

92 *O equilíbrio psicossomático*

curso. Pressentiu igualmente que ia tornar-se diabética quando a doença foi tema abordado em seus cursos.

Seja como for, o movimento evolutivo atual se apresenta completamente positivo.

Relatório do TAT [1]

Trata-se de um protocolo relativamentente volumoso, mas em que os elementos indicadores de "normalização" (minimização, banalização, recurso aos clichês da vida quotidiana) predominam amplamente.

Significa que a intolerância aos conflitos (principalmente interpessoais, mas também intrapsíquicos, e em especial quanto à posição depressiva) é patente e pode mesmo atingir a uma verdadeira denegação; o que se verifica pelo material apresentado (prancha 3 RH* em que o objeto indeterminado é interpretado como caneta). O recurso à ação, isto é, fazer qualquer coisa no plano da realidade externa, apresenta-se nesse contexto como um modo de adaptação privilegiado, que aqui coexiste com a restrição e o apego aos elementos do conteúdo manifesto.

Existem igualmente mecanismos de tipo hístero-fóbico que aparecem uma vez no contexto de uma aproximação heterossexual: desejo e temor de se aproximar do homem na prancha 6 MF, mas que se expressa bem melhor nas pranchas pouco estruturadas: 11 e 19, sob a forma de elementos fobogênicos relacionados com o ambiente e suscitados pelo material, mas que são objeto de uma elaboração progressiva de colorido mais claramente histérico na prancha 11, ao

---

1 Cf. em anexo p. 240.

* O leitor mais atento e não familiarizado com o teste poderá eventualmente se surpreender com o fato de que uma prancha destinada a meninos e homens (RH) tenha sido aplicada a uma mulher. Essa liberdade de mudança das pranchas está prevista no teste e depende do critério do psicólogo, em vista dos temas e da problemática que deseja investigar. (N.T.)

Diabéticos na adolescência, com que futuro? 93

passo que a mesma tendência na prancha 19 irá resolver-se em uma retomada no âmbito do comportamento, recorrendo à ironia e a uma referência pessoal.

Em geral, chama a atenção a evitação dos conflitos, paralelamente a um certo anonimato dos personagens; o distanciamento sendo aparentemente mais importante face a uma imagem feminina materna. Do ponto de vista relacional, o melhor nível de adaptação situa-se na prancha 16, em que Valérie descreve um grupo de amigos aparentemente intercambiáveis, que se encontram à noite para uma atividade comum: fazer música, o que pode bem ser a transposição da retomada dos ideais naturistas dos pais, praticados exatamente em grupo.

Trata-se, portanto, de um protocolo "normal", próprio de uma neurose de caráter, que no entanto se pode considerar bem mentalizada, à medida em que existe uma franja neurótica identificável, não obstante o recurso ao registro da atividade e a defesa por meio da realidade (no caso a realidade do material).

Figura de Rey

Foi uma prova que Valérie efetuou recentemente, no contexto de seus estudos de psicologia. O que chama a atenção em seu desempenho, além da rapidez de execução, tanto na cópia como na prova de memória, é o aspecto impreciso do traçado, bem como mudanças nas proporções respectivas dos diversos elementos, enquanto é excelente a exatidão da transposição.

A despeito do lado estênico e competitivo do comportamento, o conjunto pode dar a idéia de uma ansiedade subjacente, ligada a uma estruturação narcísica provavelmente frágil, não obstante o esteio bem realizado no esquema central da figura complexa.

Desenho da pessoa

Esse aspecto é confirmado pelo desenho da pessoa, que chama a

94   *O equilíbrio psicossomático*

atenção por seu caráter inacabado e vago. Trata-se de um perfil de aspecto andrógino, na medida em que aparecem largas espáduas quadradas, contrastando com a representação de seios nus. O rosto só aparece sob a forma de um oval vazio; as mãos estão apenas esboçadas, desproporcionais, providas de dedos embaralhados; as pernas inacabadas se mantêm no ar. A tentativa de estabelecer limites externos firmes (perceptíveis na figura de Rey) está aqui de algum modo destruída pela precariedade, e mesmo pela inconsistência do que estaria dentro desse envólucro, aberto nas suas bases, podendo os seios nus representarem uma tentativa de atingir (ou pelo menos de não renunciar) a uma representação (frágil) do "seio bom".

Valérie manifesta sua diabete aos dezenove anos, em um período de estafa, enquanto estava longe da família durante parte da semana, e prestes a se casar.

Já insistimos em destacar os vínculos para nós existentes entre essa brusca descompensação somática e as dificuldades de integração no plano mental, de toda uma problemática de rivalidade e de identificação com a mãe, no contexto de realizações heterossexuais adultas. Não foi o acesso ao prazer sexual sem riscos — isto é, ao abrigo do uso de contraceptivos, inexistentes para sua mãe —, o que nos parece ter constituído um elemento traumático em si, mas o fato de que esse acesso reativasse um agudo conflito da infância, não elaborado, mas apenas escondido, mascarado sob uma imitação quase mimética da pessoa da mãe. Parece-nos que a impossibilidade de elaborar as posições conflituais de amor e de ódio/inveja para com os pais, mas principalmente para com a mãe (quer dizer, posições cujo caráter pré-genital é dominante), durante seu desenvolvimento, foi chancelado pelo trauma constituído pela prática do naturismo em grupo: a criança foi confrontada com a realidade dos órgãos genitais adultos em um contexto aparentemente dessexualizado. Isso teria originado, por razões quantitativas de sobrecarga de excitação, vinculadas principalmente às gestações repetidas da mãe, bem como ao caráter arcaico da problemática em questão, um "demais" impossível de elaborar no cenário mental, responsável pela puberdade precoce e cuja reativação mediante o acesso às relações sexuais adultas acarretou o movimento de desorganização que acabou no aparecimento da diabete.

Diabéticos na adolescência, com que futuro? 95

Em troca, pode-se dizer que a instauração da doença depois de uma fase de tumulto bem compreensível, acompanhada do acréscimo de um sintoma psicossomático, a queda dos cabelos, parece ter constituído um estrato de organização que interrompeu o movimento de desorganização precedente, permitindo o remanejamento da economia psicossomática, tanto quanto a retomada de um movimento de evolução positivo, no qual a doença diabética se apresenta como enclave bem circunscrito, realizando atualmente uma regressão parcial. A qualidade do tônus vital que anima Valérie é atestada pela variedade de seus investimentos presentes, constituindo iguais dinamismos identificáveis: a dança, praticada várias vezes por semana, os estudos de psicologia muito investidos, não obstante seu trabalho em tempo integral como assitente social, suas preocupções "altruístas" relativas ao tratamento psicológico de diabéticos, etc. Talvez pudéssemos dizer que a diabete instaurou nela uma falta irreversível e objetivamente discernível na realidade do corpo, distinguindo-a radicalmente da pessoa da mãe e apagando ao mesmo tempo qualquer retomada mental, em profundidade, da problemática e dos conflitos da infância não resolvidos, mas permitindo o acesso a um novo equilíbrio psicossomático no qual a diabete vem se integrar sem gerar problemas secundários.

Foi aí, em suma, na conjunção traumática para Valérie, entre esse "demais" — a pílula de que dispunha, contrariamente a sua mãe — e esse "de menos" — sua fragilidade narcísica e a angústia de abondono, diretamente ligada à relação com a mãe — que pôde nascer o movimento de desorganização de que a diabete será o atestado, quanto ao mais, permitindo, num segundo tempo, um remanejamento econômico de boa qualidade.

De novo, como para as cinco crianças cuja diabete apareceu muito precocemente, encontramos nessas cinco moças, que manifestaram a doença entre quinze e dezenove anos, essa noção de falha ou de fragilidade narcísica que vem combinar-se nelas, por razões diversas, com sua problemática sexual reativada pela puberdade e pelo acesso às relações sexuais adultas, trazendo uma sobrecarga econômica de tal ordem que vai nascer um movimento de desorganização, deixando o lugar, então, para o que chamamos de "peso dos fatores genéticos".

96 *O equilíbrio psicossomático*

Convém notar, entretanto, que se excetuando Denise, examinada com bastante mais idade — tem cinqüenta anos — mas que de qualquer modo parece ter apresentado mais claramente uma neurose de caráter pouco mentalizada, nossas outras quatro jovens apresentam organizações mentais pertencentes ao grupo de neuroses de caráter com uma sobre-capa neurótica identificável e, no caso de três delas, com a existência de dinamismos laterais vivíssimos, garantindo um equilíbrio econômico de boa qualidade. De resto, trata-se, em todas as quatro, de diabetes bem equilibradas na maior parte do tempo, sendo apresentadas pelo médico que as trata como bons casos, de evolução favorável.

Quatro sujeitos do sexo masculino vão manifestar sua diabete aos vinte e sete anos.

Com François, se a noção de luto e, portanto, de trauma externo identificável está no primeiro plano (perdeu a mãe), convém, contu-do, sublinhar que esse luto sucedeu quando ele tinha doze anos e que somente cinco anos depois, com dezessete de idade, mas, no mês do aniversário de morte da mãe, por coincidência, foi que a doença se manifestou. Se nos permitirmos, a despeito dessa demora de cinco anos, fazer uma ligação entre a desorganização somática que o acometeu então e a morte da mãe, ocorrida antes da puberda-de, é porque não encontramos no âmbito de sua organização mental adulta (François estava com trinta anos quando da investigação) possibilidades que permitam efetuar um verdadeiro trabalho de luto, e isso tanto mais quanto acaba de ser de novo confrontado com se-melhante problemática, pois perdeu recentemente seu primeiro fi-lho, portador de uma malformação cardíaca não operável. De fato, não podemos de modo algum afirmar que François tornou-se diabé-tico porque perdeu a mãe aos doze anos. Bem ao contrário, porque não pôde efetuar um verdadeiro trabalho de luto logo depois da morte da mãe é que foi tomado por um movimento de desorganiza-ção, que deu margem ao aparecimento da diabete, por ocasião dos remanejamentos da adolescência, reativando de algum modo o trau-ma não elaborado. É dizer, em conclusão, que o trauma externo localizável, quando existe, funciona como fator precipitante, e até agra-vante, em uma dada organização, mas que, em última instância, são as particularidades constitutivas desta — isto é, o ego do sujeito — que se-rão o elemento decisivo quanto a haver ou não repercussões.

Diabéticos na adolescência, com que futuro?   97

3. Observação nº 5: Gilles

Gilles é um rapaz avantajado, moreno, de vinte e cinco anos, e cujo aspecto tímido e mesmo inibido é acentuado pelas dificuldades de expressão verbal. Expressa-se muito lentamente, procurando as palavras, repetindo-se, hesitando nos termos, tanto que nos perguntamos se com isso não estará disfarçando uma velha gagueira. Seu discurso é cortado por longos silêncios, durante os quais parece refletir ou procurar algo que nunca consegue nunca de forma natural. Em contrapartida, chama a atenção seu sorriso ocasional espontâneo, cheio de encanto.

Ele vem ao centro de consultas e de tratamentos psicossomáticos orientado por uma irmã mais velha, psicóloga. Refere-se de imediato à sua diabete, que apareceu há nove anos, quando tinha a idade de dezessete. Mas, sem se estender sobre as circustâncias do aparecimento da doença, assinala que há três meses mudou de médico responsável pelo tratamento, ao pensar ser preferível um procedimento bem mais restrito, tanto no que concerne à dosagem de insulina quanto ao regime alimentar, atualmente draconiano. Com o aumento dessas imposições, insiste na dependência em que está desde o aparecimento de sua diabete, *"em relação a uma terceira pessoa"*, pois diz estar sempre obrigado a ter um acompanhante, em vista de um eventual mal-estar. Independentemente da curiosa expressão de terceira pessoa (de fato, onde está a segunda?), chama a atenção a ansiedade (incomum nos nossos sujeitos diabéticos bem equilibrados) de que Gilles dá provas, parecendo procurar organizar-se com sua diabete mediante arranjos de tipo contra-fóbicos — donde provavelmente a intervenção do terceiro. Verificaremos ser durante a noite que ele não suporta ficar só — tendo tido até o presente apenas dois comas hipoglicêmicos noturnos — e em conseqüência disso morar atualmente com uma moça que, em troca de alimentação e alojamento, está encarregada de verificar se ele acorda de manhã.

Apesar do anteriormente mencionado, Gilles conta que aceitou sua diabete como aceita qualquer outra coisa. Sua vida se desenrola desde há muito *"sem grandes alegrias, mas também sem grandes infortúnios"*. Apresenta-se como alguém que está "sempre fluindo",

98   *O equilíbrio psicossomático*

deixando-se viver, tendendo a tímido e preguiçoso em seu procedimento. É difícil avaliar se Gilles sofre com esse estado de coisas, tanto mais por sublinhar que provavelmente utiliza sua diabete como refúgio, uma desculpa para não empreender coisas que lhe parecem muito difíceis, principalmente estabelecer uma relação duradoura com uma garota. Segundo as aparências, é, portanto, essencialmente a inibição sexual com as mulheres o motivo de sua vinda para consultas ao Centro; inibição acompanhada de um ligeiro estado depressivo, que ele não designa assim, mas que expressa muito claramente, ao dizer que o futuro lhe parece vazio e inconsistente e não perceber absolutamente para onde caminha. Secundariamente — parece — o temor do futuro é racionalizado em função da diabete: imagina-se aos sessenta anos inválido e provavelmente cego.

Gilles é o terceiro filho de quatro irmãos; único homem. As irmãs mais velhas têm respectivamente cinco e dois anos mais do que ele, e a caçula, três anos menos. Descreve-se como uma criança com certo retardo intelectual, tendo sido prejudicado durante bom tempo por uma dislexia, mas sem ser por isso disortográfico. A escola não lhe interessava e foi em função de seu mau rendimento escolar que teria sido posto em um internato dos doze aos dezesseis anos, indo para casa apenas de quinze em quinze dias. Diz ter tido muita dificuldade de se *"separar da célula familiar"*, principalmente no primeiro ano, sendo isso bem mais fácil posteriormente. Depois do curso de segundo grau preparou-se durante um ano para entrar em uma escola de veterinária, mas desistiu em vista de seus medíocres resultados, e encaminhou-se para cirurgia dentária. Atualmente está para acabar os estudos que se desenvolvem naturalmente. Sem apaixoná-lo — nada o apaixona — sua profissão lhe agrada. Aprecia o contato humano com os pacientes, o lado material, manual, que para ele *"envolve"*, como também o aspecto médico, diagnóstico e cirúrgico. Gilles fica animado e ri ao descrever seu gosto pela cirurgia, dizendo não saber porque isso lhe agrada tanto. Solicitado a explicar melhor o assunto, refere os dissabores que as cirurgias, de início, provocavam-lhe: duas ou três vezes foi obrigado a deixar o local em que se faziam, sendo que, numa das vezes — lembra-se perfeitamente — era feita num coração aberto, uma operação (apresentada em preto e branco) na televisão. Depois que passou a praticar a cirurgia dentária deixou de sentir

Diabéticos na adolescência, com que futuro? 99

mal-estares, e, bem ao contrário, muito prazer.

Vemos aqui, retomada no âmbito de uma prática que envolve o manejo da agressividade, desenhar-se toda uma problemática centrada na atividade/passividade, cuja importância o modo de ser de Gilles, tanto como seu discurso haviam já sublinhado. O que nos disse a respeito do conflito que o colocou em oposição aos pais e, em particular, à mãe na adolescência, só confirma esse ponto de vista. De fato, ele descreve um fim de semana passado em casa enquanto era interno, quando se discutiram *"as relações físicas possíveis entre dois seres"*. Do que relata, sua mãe teria qualificado de *"pecado mortal"* as relações sexuais entre homens, devendo a masturbação ser igualmente banida. No que concerne à relação entre moças e rapazes antes do casamento, também havia pecado *"mas não tão mortal como os outros"*. De modo algum pomos em questão o possível aspecto de reconstrução, e mesmo de defesa, dessa lembrança, parecendo-nos que o elemento importante é o uso dele feito por Gilles que, condenando a atitude materna, refere ter, na época, aderido a ela. Isso sublinha seu mal-estar, pois estava ele, exatamente nessa idade, *"em começo de masturbação"* — e, com certeza, igualmente às voltas com solicitações homossexuais, tão freqüentes em internatos. Ele faz retroagir a esse momento o início do *"bloqueio"* que disse ainda experimentar com os pais. Estes, diversamente do que se passava quando criança, procuravam comunicar-se com ele, ao passo que ele próprio pensa ser desagradável discutir com eles, não querendo, custe o que custar, ouvir seus conselhos morais. Apresenta-os como muito ávidos de encontrar a jovem capaz de interessá-lo, o que só contribui para aumentar suas reticências. Foi nesse contexto, quando tinha acabado de sair do internato e se reintegrado na casa dos pais que sua diabete se iniciou, de forma violenta, no fim de julho, mês que passara em casa de uma família na Inglaterra, onde seu correspondente inglês era um rapaz mais jovem que ele, obeso e linfático com quem não se entendia. Sua mãe, durante as férias passadas em comum no mês de agosto, percebendo sua sede anormal, o fez vir à consulta. Não há indicação de antecedente diabético familiar.

Gilles apresenta-se como muito isolado na família, a partir da adolescência até tornar-se universitário. De fato, foi só nessa época em que começou a ter reais contatos com as irmãs mais velhas, que ele

100   *O equilíbrio psicossomático*

atualmente freqüenta bastante. Discutem juntos as atitudes dos pais e ele pode dizer que, como elas, habituou-se a fazer escondido o que lhe parecia em desacordo com os desejos paternos. Nossa entrevista devia encerrar-se com o desenho de uma pessoa que, em vista de uma crise hipoglicêmica, Gilles não executou. Comendo biscoitos, insiste no fato de que seus pais, mormente a mãe, *"são muito hostis a tudo o que é psicologia"*, fazendo sua vinda ao Centro parecer uma verdadeira transgressão em relação a eles.

Devemos nos interrogar, à luz desses elementos, sobre a qualidade da organização mental de Gilles. De fato, ele se mostra, mais do que os outros sujeitos de nossa pesquisa, presa de um conflito neurótico centrado em dificuldades atuais de relacionamento e de sexo, ligadas a conflitos infantis ainda atuantes. Por conflito neurótico entendemos o fato de o próprio Gilles dar ênfase a suas dificuldades psíquicas, insistindo em um sentimento de incompletude quando descreve o futuro, que lhe parece vazio e inconsistente. Não subestimamos, contudo, o que pode ser atribuído, nessa apresentação, à influência da irmã mais velha, psicóloga, que o encaminhou ao Centro e com quem discutiu seus problemas.

Para nós, o importante é avaliar o peso e a qualidade dos arranjos neuróticos identificáveis no seu cenário mental, para tentar verificar se permitiram a constituição de uma verdadeira neurose.

Os elementos de que dispomos, tanto no TAT como na investigação parecem nos suficientes para formular uma resposta. Se, de fato, identificamos em Gilles mecanismos neuróticos de coloração relativamente variada — devendo-se ressaltar a predominância de mecanismos de tipo hístero-fóbicos —, o conjunto mostra-se contudo organizado de forma insuficiente; em suma, insatisfatoriamente defendido para permitir a constituição de uma sintomatologia mental positiva, realmente sólida. O grande peso da inibição — que é, ainda hoje, mais que patente — pode ser incriminado enquanto fator inibitório da atividade, seja no domínio intelectual (inibição de pensar), seja do domínio afetivo (com o estado de pseudo-indiferença descrito em relação ao curso de sua vida).

Vê-se que se poderia articular aqui uma discussão a propósito do valor funcional dessa inibição. Tratar-se-á, acaso, de um sintoma

Diabéticos na adolescência, com que futuro? 101

neurótico ligado a uma "depressão essencial" como aquela descrita por P. Marty e que traduziria a falência dos arranjos mentais, quer dizer, a incapacidade de manter o conflito no cenário mental?

Em suma, tudo poderia desenrolar-se em torno de nossa possibilidade de avaliar a qualidade e a força do recalcamento de que Gilles dispõe. Insistimos de imediato no caráter aparentemente "neurótico" de sua expressão verbal: ele procura as palavras, hesita, volta atrás, como se estivesse realmente lidando com um mecanismo ligado ao recalcamento. Mas, o assinalamento de suas hesitações pelo pesquisador não gera nenhuma associação nova e nenhuma modificação no desenvolvimento de seu pensamento posterior, que continua a expressar-se com as mesmas dificuldades. E é, pelo contrário, o aspecto de defesa insuficiente de seu discurso que chama nossa atenção quando descreve sua vida onírica. Gilles menciona em primeiro lugar um sonho ocorrido muitas vezes, desde a adolescência até quase aos vinte anos: montando a cavalo com grande prazer, tinha ejaculação noturna. Pouco antes do relato desse sonho, tinha evocado a lembrança, quando era interno, das longas marchas a cavalo com seu pai durante os fins de semana em que ia para casa. Após o sonho de cavalgada descreve um outro sonho típico (morte de um parente querido). De fato, sonha que a mãe estava morta ou morrendo e ele não experimentava nenhum tipo de sofrimento. Não se trata realmente do sonho típico nº 2 descrito por Freud[1], pois, para ele, se se tratar sempre da morte do rival edipiano, o sonho deve se acompanhar de sentimentos de tristeza, o que não é o caso aqui.

Gilles relata, enfim, outros sonhos de criança de tipo persecutório, insistindo que neles sempre encontrava todo o tipo de recurso para retardar a aproximação do perseguidor.

Mais que o conteúdo desses sonhos — afinal corriqueiro — o que nos parece importante destacar é a subseqüente ausência de associações, e a pouca reserva ou perplexidade diante desse material, como se existisse em Gilles uma certa ausência da capacidade de retomada mental, dentro de uma rede de pensamentos ligados às defesas e aos desejos. Em outros termos, esses sonhos, aparentemen-

---

1 S. Freud (1900), p. 216.

102   *O equilíbrio psicossomático*

te, não lhe dão o que pensar.

Em troca, convém destacar o que nos parece o reflexo inegável dos conflitos relacionais de Gilles com os pais, especialmente com sua mãe, sobre seu equilíbrio psicossomático e, por conseguinte, sobre sua diabete. Como dissemos antes, Gilles tem uma crise de hipoglicemia no fim de nossa entrevista, no instante em que exprimia as reticências da mãe — suporte das suas próprias? — em relação a tudo o que é "psicologia". E, por outro lado, quando descreve esse passado "vazio e inconsistente", queixa-se de não ter mais um ideal, parecendo-nos que perdeu o ideal da infância; de fato o ideal religioso da mãe, por ele rejeitado (mas cuja perda ao mesmo tempo lamenta), sentindo-se incapaz de substituí-lo, pois diz: *"tenho a impressão de que para mim é muito duro pensar em um problema abstrato, jamais pude encarar de frente a análise completa de um assunto(...) isso coincide com o que eu disse, referindo-me ao fato de eu sempre ter estado no 'mundo da lua', sempre deixando a vida escoar-se".*

Em síntese, Gilles pode se mostrar portador de uma neurose de caráter bem mentalizada, na medida em que existe nele todo um setor neurótico de certo valor funcional, apesar de insuficiente para permitir a constituição de um organização abertamente neurótica. É evidente que qualquer tratamento terapêutico deverá apoiar-se em elementos neuróticos para reforçar e ajudar um melhor equilíbrio econômico geral: em nível relacional, sexual e, por conseguinte, somático.

Relatório do TAT.[1]

Protocolo relativamente volumoso, não obstante o peso da inibição aparente, em especial nos longos intervalos de latência, contrastando, às vezes com bruscas escapadas da interpretação, e numerosos silêncios dentro da narrativa.

Se os mecanismos de defesa são relativamente variados (proveni-

---

1 Cf. anexo p. 244.

Diabéticos na adolescência, com que futuro? 103

entes tanto da linha da labilidade como da de controle), convém sublinhar que se mostram constantemente insuficientes para manter o compromisso defensivo na esfera mental e que o refúgio deve ser feito essencialmente com os fatores da série de inibição, assim como com as defesas no plano do comportamento. Vale afirmar que os mecanismos de defesa da série neurótica não são suficientes para constituir um compromisso defensivo estável.

Realmente, se considerarmos sua problemática, vemos que as referências edipianas não têm verdadeiro vigor em função da massa dos afetos subjacentes reativados por representações decorrentes da agressividade ou da sexualidade. Diante dessa problemática, é sempre a inibição (ter a cabeça vazia) e, pois, a incapacidade que aparecem, mas esse arranjo pode ser retomado em um segundo tempo com o aparecimento de defesas que fazem uso do concreto e do investimento do registro do "agir".

Importa sublinhar que a fuga e o bloqueio dominantes diante das pranchas derivam de conflitos interpessoais, deixando aparecer elementos hístero-fóbicos frente às pranchas pouco estruturadas, em que se expressa certa liberdade fantasmática. O compromisso na prancha 16 mostra o arranjo pessoal presente de Gilles: logo no início há uma longa latência (1'30") em que se queixa de ter a cabeça vazia; depois a descrição do prazer de sair sozinho à deriva por um mar revolto e através da ventania. Pode-se ver aí, quando a inibição cede, a tentativa de acabar "domando" os elementos provenientes de seu mundo pulsional arcaico. Estes seriam eventualmente exteriorizados, isto é, objetivados no conflito aparentemente "bloqueado" que o opõe à mãe e que, dessa forma, o impede de sentir um real prazer de viver, bem como de conseguir relações interpessoais com certa qualidade libidinal.

Figura de Rey

Os resultados computados são heterogêneos. O tipo de construção, idêntico, tanto na cópia quanto na prova de memória, é pouco habitual, na medida em que dois elementos se juntam: o quadrado

104   *O equilíbrio psicossomático*

inferior e o triângulo da direita. É satisfatória a exatidão da cópia, onde o grafismo revela, contudo, sinais de ansiedade.

O desenho de memória evidencia numerosas omissões, elementos deslocados, assim como certa busca de simetria. Podemos ver aí, aparentemente, o esteio que Gilles compõe sobre elementos "sólidos": as diagonais, o invólucro externo (aumentado pelo acréscimo de dois elementos) e a tentativa de preencher o vazio interior com um duplo recheio simétrico. Vale dizer que encontramos aqui, de certo modo, representados espacialmente, os elementos de sua organização narcísica, tal como pôde se revelar ao longo da investigação e do TAT, com a coexistência de um setor bem desenvolvido de coloração neurótica dominante mas que não represa inteiramente todo um aspecto de vazio (propício à desorganização) e que a inibição procura conter ou, pelo menos, mascarar.

Poderíamos ver a confirmação, vivida sob nosso olhar, dessa interpretação, no fato de Gilles queixar-se ao término do desenho feito de memória, de um mal-estar hipoglicêmico, o que o impede de realizar o *desenho da pessoa*.

Na observação de Gilles, o que nos parece importante discutir é o lugar da diabete em sua economia física, em razão de, sem ter constituído uma verdadeira neurose mental, ser ele quem apresentou as defesas neuróticas mais claramente identificáveis. Dissemos de fato que se poderia discutir a seu respeito o valor funcional de toda a sintomatologia marcada pela inibição por ele apresentada, sintomatologia em que vem se integrar o sintoma de inibição sexual com as mulheres. Se podemos descrever a seu respeito toda uma problemática centrada na castração, com as referências que sublinhamos nas posições contrastantes de atividade/passividade, trataria-se aqui de uma dupla castração, na medida em que à castração neurótica realizada por meio da inibição sexual, viria juntar-se uma segunda castração objetivada, esta no plano da diabete e da falta localizável — quantificável mesmo — por ela realizada.

Efetivamente, Gilles insiste no aspecto de refúgio, de escusa que sua diabete representa em relação a atitudes de empreendimento e realização, principalmente no domínio relacional, em particular com as garotas. A diabete e suas imposições tomaria então, nessa perspectiva

Diabéticos na adolescência, com que futuro?   105

particular, um valor de sintoma, reforçando e justificando a não resolução do conflito psíquico subjacente. Vemos que sua escolha médica recente, preferindo abandonar o tratamento relativamente flexível feito até então em detrimento de outro muito mais pesado, escolhido há três meses, quando trocou de médico responsável pelo tratamento, independentemente das implicações racionais que a justificam, poderiam ter um duplo e contraditório sentido. De um lado, reforçar o peso das imposições ligadas à doença e por aí reduzir ainda mais a energia livre restante, para realizar investimentos relacionais, mas de um outro lado, contra-investir mais eficazmente a falta inscrita no âmbito do corpo, isto é, reduzir o peso da castração objetiva, constituído pela diabete. Seja como for, essa modificação do tratamento terapêutico três meses antes de Gilles vir à consulta no centro psicossomático mostra seu estado de insatisfação, bem como seu desejo de mudança, objetivando o fato de o jovem permanecer presa de um conflito intrapsíquico que a diabete não consegue extinguir.

Poderíamos dizer que, se atualmente o conflito intrapsíquico subsiste, a despeito da doença diabética, o inverso teria ocorrido na adolescência, quando a doença teria aparecido, a despeito de uma sintomatologia mental insuficiente para contra-investir o peso sucessivo de fatos vividos, não facilmente identificáveis, mas tendo valor de trauma e gerando um movimento de desorganização.

Com a instauração da diabete, Gilles pôde constituir um estrato de reorganização relativamente estável no que concerne ao equilíbrio somático: é notável que tenha tido poucos comas e que seus mal-estares atuais estão diretamente ligados às características de seu tratamento médico, sem que isso impeça a expressão de seu conflito intrapsíquico. Um tratamento feito por psicoterapia especializada parece inteiramente indicado, correspondendo à sua demanda. Seu processo de evolução atual mostra-se positivo.

Assim como Gilles, que manifesta sua diabete aos dezessete anos, também em François não encontraremos traumatismo externo localizável, mas um estado quase contínuo durante a infância, que persiste ainda agora quando o atendemos, e no qual domina a inibição de pensar e falar; num quadro que poderíamos qualificar de

106 *O equilíbrio psicossomático*

"melancolia suave", ou mesmo de indiferença, com tonalidade depressiva. De todos os nossos sujeitos é ele quem apresenta a organização mental mais próxima de uma organização neurótica aberta.

Para Paul e Simon, cuja diabete apareceu aos vinte anos, tratava-se de um período de vida semelhante, pois ambos faziam o serviço militar quando a doença se declarou. Era um serviço militar bem especial, na medida em que se desenvolveu durante a guerra da Argélia, com uma duração prolongada, de vinte e sete meses.

Quanto a Paul, os vínculos com eventuais perigos da guerra se afiguraram pouco evidentes, à medida em que as peculiaridades de sua relação com o pai, caracterizada pelo aspecto de ligação com um objeto anaclítico, pareceram-nos — estas sim — determinantes, e a separação prolongada desse objeto indispensável à sua economia psicossomática geral pareceu-nos estar na origem do movimento de desorganização somática que o atigiu ao fim de dezesseis meses de exército, começando por uma afecção renal severa, no decurso da qual será diagnosticada a diabete. O que confirma de certo modo essa hipótese é o fato de que, retornando para junto do pai, Paul pôde reconstituir um estrato de adaptação relativamente estável, ficando sua diabete, durante dezoito meses, contra-investida com uma única medicação oral. Foi com o falecimento deste, inaceitável para ele, que a diabete se agravou, acarretando a introdução da insulina e a instauração de comas catastróficos, que em poucos meses irão conduzi-lo à hospitalização em neurocirurgia, por causa de um trauma craniano, decorrente de uma de suas quedas.

4. Observação nº 6: Simon

Simon é um homem de trinta e nove anos, bem moreno, de tipo mediterrâneo, que veste-se com certo apuro, e que, à primeira vista, parece tenso, nervoso. Apresenta tiques faciais e de ombros, os quais, ao serem assinalados pelo pesquisador durante a consulta, Simon dirá terem aparecido quando tinha vinte e cinco anos, mas sem precisar em especial em que contexto. Ele vem ao centro de

Diabéticos na adolescência, com que futuro? 107

consultas e tratamento psicossomático encaminhado por um psiocoterapeuta médico que o acompanha com consultas espaçadas, faz um ano, em razão do que chama de estado depressivo, sobrevindo possivelmente "em cima" de sua diabete. Não precisa claramente a que época remonta o início desse estado depressivo, contentando-se em dizer que, quando decidiu fazer a consulta, seguindo o conselho de um diabetólogo, as coisas tinham chegado a um ponto insustentável. Ele não podia mais, não conseguia mais pensar normalmente, isto é, logicamente. Repisava continuamente as mesmas idéias, principalmente a respeito de discussões contra sua amiga, sem poder avançar em nada, a ponto de ver no suicídio a única saída para seu estado. Descreve a possibilidade do suicídio acrescentando logo em seguida: *"Enfim, entre pensar e fazer tem mesmo uma distância"*. Faz menção também a distúrbios do estado de vigilância, coisa que muito o preocupou, consistindo estes no que chama de *"perda da realidade"*, podendo ir de cinco minutos a um quarto de hora, quando não mais se lembrava do que fazia no momento anterior. Assim, descreve um dia em que se achava na rua, não sabendo mais para onde ia ou o que devia fazer, nem mesmo quem era ele. Pelo contrário, lembravase de ser diabético e que naquele dia ia comer alguma coisa. Outras vezes tirava um objeto do lugar e não se lembrava mais dele, ou, ainda, entrava num bar e saía com a sensação de estar completamente perdido. Ele não relaciona esses distúrbios, como é aventado pelo pesquisador, com o aumento de sua diabete, mas, pelo contrário, correlaciona-o com seu estado depressivo. E esclarece: *"ser diabético não é a depressão, mas se a senhora quiser, digamos assim, que eu era mais sensível, pois estava deprimido há muitos anos"*.

De fato frisa que se considera *"tendo uma base nervosa"* e que já pelos dezoito anos ou mesmo antes passava por períodos em que saía-se bem nas aulas, seguidos de outros em que não conseguia fazer nada. Mais tarde, aos vinte anos, com o aparecimento da diabete, explicou essa alternância pela fadiga que teria precedido à eclosão da doença. Esta apareceu em condições extremamente especiais, conquanto Simon não se detenha nelas. Foi no começo da guerra da Argélia e ele tinha sido incorporado pelo serviço militar em um campo de treinamento no Saara, onde os soldados ficavam habitualmente um curto período, não superior a dois meses. Simon ficou mais tem-

108   *O equilíbrio psicossomático*

po, pois tinha-se aperfeiçoado em telegrafia, e no momento em que devia sair do campo, após uma temporada de sete meses, por estar designado para uma unidade saariana de combate, sua diabete manifestou-se bruscamente (começando de forma violenta por uma intensa sede), levando-o ao repatriamento e depois à reforma. Diz que, diversamente de seus pais, muito preocupados com ele, não se importava nem um pouco com a guerra, estando, aliás, em um setor bem calmo. O que lhe parece mais notável são as condições de vida no campo de treinamento onde havia apenas dois parisienses, ele e um outro, e somente uma centena de soldados brancos em todo um regimento de atiradores argelinos. Não faz nenhuma ligação entre sua indicação para uma unidade combatente e o repentino aparecimento de sua diabete.

Voltando a Paris é reformado e fica seis meses sem trabalhar. Para ele, parece ser um período ótimo: tem carro, dinheiro. Trabalha depois com seguros, começando a fazê-lo de porta em porta, antes de se instalar em uma agência de auto-escola, que administra com sucesso durante treze anos. De repente, contudo, desinveste neste trabalho e passa para atividades imobiliárias em que atua há três anos como "*negociante de apartamentos*". Paralelamente a essa conversão, suas relações com a amiga com quem vivia há cinco anos irão deteriorar-se chegando a um quase rompimento. É igualmente durante esse período que Simon perde o pai, com quem sempre manteve relações muito conflituosas, e foi também quando começou a apresentar complicações secundárias da diabete: uma retinopatia que evolui faz quatro anos; e impotência sexual progressiva há dois anos. O estado depressivo, considerado insustentável, sobreveio nesse contexto há um ano.

Não se pode deixar de ficar impressionado, no decurso da investigação, pelo aspecto impreciso, fragmentado e lacunar das afirmações de Simon, mesmo quando se trata de repetir fatos. Da mesma forma, toda a primeira parte da consulta se desenvolve em um clima relacional tendo pouca tonalidade afetiva, ao passo que ele se mostrará sensivelmente animado pelo contato no fim da consulta.

Em síntese, levanta-se a hipótese de um quadro de desorganização progressiva que vai ser descrita; desorganização que teria evolu-

Diabéticos na adolescência, com que futuro? 109

ído desde a adolescência, acarretando diversos avatares, talvez mais facilmente identificáveis no plano somático do que no cenário mental. Estes teriam constituído tentativas seguidas de remanejamentos econômicos que não chegaram a um estrato de equilíbrio realmente durável. O remanejamento econômico conseqüente ao aparecimento da diabete e que começou por esse período de seis meses, considerado muito agradável por Simon (estava reformado, não trabalhava, tinha carro e dinheiro) não constituiu provavelmente um substituto de regressão suficientemente sólido para permitir a interrupção do movimento contra-evolutivo e a instalação de um novo equilíbrio psicossomático estável. É, com efeito, por volta dos vinte e cinco anos que aparecem os tiques faciais e dos ombros e que também se instala progressivamente aquilo que Simon chama de estado depressivo. Pode-se, de fato, discutir o valor funcional desse estado depressivo que ele distingue do que deva ser atribuído ao fato de ser diabético. O que caracterizaria esse estado depressivo — e isso está absolutamente claro no TAT — é um sentimento de falta: falta de memória, falta de imaginação, falta de possibilidades de pensar. Sentimento de falta que se acompanha, ao mesmo tempo, de exibição — poderia-se dizer — objetiva, da realidade dessa falta. Isso valeria para o que diz respeito ao cenário mental.

Mas, no plano corporal, pode-se dizer que o mesmo estado de falta se instala com o aparecimento da diabete, sinalizando a falta de insulina; agravando-se o processo com as complicações retinianas e sexuais.

Em suma, o melhor nível funcional que, ao mesmo tempo constituiria o mais alto nível evolutivo, teria sido atingido por ocasião dos conflitos relacionais que opuseram Simon ao seu ambiente, e mais especificamente, a seu pai e a sua namorada, permitindo-lhe desenvolver uma sintomatologia positiva no plano da personalidade, garantindo certa descarga pulsional. Nessa perspectiva, é importante constatar que a diabete explode num momento em que Simon é separado do pai, e, mais ainda, em uma situação em que todo conflito com ele é anulado, pois o pai está inteiramente aflito pela vida do filho, devido à guerra. Observemos, quanto ao mais, que a preocupação dos pais por sua vida permite a Simon, no plano consciente, não se preocupar consigo, como se seus instintos de conservação estives-

110   *O equilíbrio psicossomático*

sem, de alguma forma, delegados ao pai e à mãe, mas que, assim fazendo, é numa situação de perigo real tão temida pela família, que ele desenvolverá uma doença, que, desse ponto de vista, vai lhe salvar a vida.

Pode-se compreender também que o estado psicossomático de Simon tenha-se agravado progressivamente com a morte do pai e o rompimento com a namorada, suprimindo-lhe essas perdas reais de objeto na realidade as descargas temperamentais, deixando-o inteiramente desprovido para efetuar todo trabalho de luto. No máximo, consegue exprimir de forma repetitiva seu pesar, no que diz respeito à intolerância diante das posições do pai *"pois ele pertencia a outra época"*.

Simon apresentaria, pois, uma neurose de caráter pouco mentalizada. A evolução se faria a partir da adolescência, provavelmente na direção de um quadro de desorganização progressiva. Essa apreciação da economia psicossomática de um indivíduo exige, com urgência, evidentemente um tratamento psicoterápico especializado.

Relatório do TAT[1]

Protocolo muito pobre, expressando um bloqueio fantasmático importante. Dado o sentimento de falta (falta de imaginação) e as críticas que o sujeito exprime a respeito de si mesmo: *"afirmo que sou muito primário, etc."* podemos nos perguntar sobre a existência atual de um estado depressivo, não sendo este somente do tipo de depressão essencial pois o sujeito tem consciência dele, e queixa-se de tal estado.

As possibilidades de elaboração no plano mental parecem no TAT muito reduzidas, sugerindo uma invasão dos fatores inibitórios. A própria verbalização está alterada; as frases são incompletas, mal construídas; o recurso a expressões repetitivas e estereotipadas fragmentam o discurso; é o caso do *"naturalmente"* que volta inúmeras

---

1 Cf. anexo p. 249.

Diabéticos na adolescência, com que futuro? 111

vezes. Assim também parece tratar-se de um mecanismo de condensação atuante bem especial o uso do pronome *se* e que traduziria na prancha 3 RH uma espécie de confusão entre o que sente o sujeito que fala e a personagem representada no quadro. De fato diz Simon: *"tem-se a impressão de dormir ou sofrer".* O que poderia parecer uma confusão entre o interno e o externo cederia por instantes, em detrimento de breves colorações paranóicas, como a ocorrida na prancha 4, em que, após ter descrito problemas do casal, Simon dirá: *"Essa deve ser uma questão de armadilha, pois falei de dissensão no seio do casal na última vez",* aludindo à investigação que precedeu à aplicação do TAT.

As referências pessoais teriam o mesmo poder de pôr as coisas no lugar, reintroduzindo situações que são, na verdade, passadas, como a referência que termina o discurso da prancha 7 RH, em que Simon descreve seu pai *"falecido agora... às vezes penso nisso, poderia ter-me esforçado, mas nem sempre fiz isso, deveria ter reagido de outro modo pois ele era de outra época... não gosto de compromissos".*

A massa de afetos subjacente, no mais das vezes contida, ao que nos parece, pela inibição, revela-se principalmente na prancha 8 RH, em que Simon dá de imediato uma interpretação crua: *"verdadeiros açougueiros",* interpretação retomada pela adesão ao detalhe do conteúdo manifesto. A luta defensiva que se segue revela-se por meio de tentativas de interpretação diferentes, de fato apenas esboçadas e que acabam por centrar Simon em um dos personagens agressores do segundo plano, expressando sua perplexidade quanto ao fato de não poder saber se se trata *"de um verdadeiro doutor ou outro sujeito".* Vê-se que a defesa essencial se faz pela tentativa de agarrar-se à realidade objetiva, passível de tomar uma feição desesperada, geradora de confusão, quando se mostra ineficaz, já que não permite a tomada de decisões, como no presente caso, dadas as característica do conteúdo manifesto.

Esse protocolo é, portanto, bem a imagem de uma organização mental falha, não permitindo o tratamento, nem, *a fortiori,* a elaboração dos elementos depressivos e agressivos subjacentes e açambarcadores.

Figura de Rey

Os resultados da computação mostram-se medíocres, especialmente na cópia, em que a execução é ruim (traços tremidos, rasurados) e a construção pouco evoluída, feita por avanços graduais.

O desenho de memória é comparativamente mais rico, não obstante o aspecto lacunar, que contrasta com os elementos acrescentados, predominando o tipo perseverativo sobre o tipo de sobrecarga fantasmática.

Vale dizer que o controle por meio da realidade, se existe, não se faz sem notáveis alterações, e a imagem de si mesmo, embora conserve uma certa coerência, não é isenta de falhas, as quais o sujeito procura colmatar por meio de um preenchimento iterativo.

Desenho da pessoa

O desenho da pessoa é de fatura infantil e desajeitada. Trata-se de um homem desagradável, visto de frente, com bracinhos desproporcionais e mãos apenas esboçadas, estando ausente a esquerda. A cabeça redonda apresenta, como únicos elementos detalhados, olhos muito assimétricos. O traçado irregular e pouco firme mostra uma larga abertura entre as pernas; o tronco está marcado por um cinto e os pés afastados se apóiam numa linha de chão pouco firme. Há uma impressão de mal-estar e irrealidade, isto é, de inconsistência, irradiada por esse desenho evocativo de um investimento narcísico falho.

Em Simon, parece que o problema por ele próprio chamado de *"estado depressivo"* sobrevindo *"em cima"* da sua diabete é o que merece ser discutido. O mal-estar que reconhece em si levou-o à consulta psiquiátrica, depois ao centro de psicossomática, onde será tratado. Evidencia-se nitidamente um estado de mal-estar, até mesmo um estado de tensão ou supertensão, bem mais do que uma verdadeira depressão, acompanhada de sintomatologia mental facilmente

Diabéticos na adolescência, com que futuro? 113

identificável. O que pode dizer disso verbalmente resume-se à expressão de seu sentimento de falha, seja no âmbito do pensamento (incapacidade de pensar normalmente) ou na esfera corporal, com as complicações de sua diabete (retinopatia e distúrbios da potência sexual). O ápice desse sentimento de falta seria atingido por ocasião das crises "de perda da realidade", em que sua identidade, como a das coisas concretas que o envolvem, vacila, deixando-o à mercê de uma confusão insuportável, o que faz pensar numa crise de despersonalização. O fato de estar vinculada, em Simon, como é provável, a uma glicemia, não parece constituir explicação suficiente, isto é, exaustiva, dos fenômenos em questão.

Por motivos difíceis de precisar durante a investigação, mas que se irão esclarecer progressivamente ao longo do tratamento psicoterápico, parece que Simon, a partir da adolescência, evoluiu no sentido de uma desorganização progressiva, que foi instalando-se em estratos seguidos, cada um deles não chegando a constituir, num segundo momento, um ponto de reorganização realmente estável. Foi assim que se pôde identificar, antes mesmo do aparecimento da diabete, uma alternância entre momentos de atividade, principalmente no plano escolar, e repentinos desinvestimentos, quando Simon não fará mais nada; alternância continuada depois do aparecimento da diabete com períodos de êxito muito satisfatórios no plano profissional, primeiro os seguros, depois, durante treze anos, o desenvolvimento da auto-escola; seguidos de súbitos abandonos, aparentemente imotivados. A embricação entre o que se passa no plano do comportamento e no plano somático, de fato, parece constante, como se a tentativa de descarregar o que se afigura uma tensão insuportável — perfeitamente perceptível no seu discurso, interrompido por seqüências de tensão-bloqueio-interrupção — se fizesse conjuntamente por intermédio de ações que envolvem o comportamento em suas relações com a realidade externa por meio de modificações corporais, geradoras de alterções somáticas graves.

O conjunto culmina nessas crises de perda da realidade em que seu sentimento de descontinuidade psíquica é identificável frente aos objetos externos, principalmente para si, quando constata com horror que dado objeto por ele manipulado desapareceu repentinamente do campo da consciência. Vê-se que a defesa por meio da realidade na

114   *O equilíbrio psicossomático*

qual se apóia um frágil sentimento de coesão interna do sujeito é novamente posta em questão, deixando-o em um estado de perturbação, de tal forma intensa, que a vida mesma deixa de ser digna de ser vivida. Daí Simon pensar em suicídio.

No seu caso, o vínculo entre o aparecimento da diabete e a guerra, com os perigos aos quais se expunha, pareceram-nos evidentes, não obstante o fato de conscientemente negar qualquer relação dessa natureza. Foi no momento em que ia deixar, depois de sete meses, o campo de treinamento situado no Saara, para ser designado para uma unidade de combate, que sobreveio sua diabete de forma repentina, acarretando seu repatriamento seguido de reforma. Em seu caso, já insistimos — e posteriormente voltaremos a isso (cap. 10) — nas peculiaridades das relações de objeto, principalmente com as figuras parentais, parecendo-nos muito significativo que o serviço militar revista para ele um duplo aspecto: ao mesmo tempo a liberação da tutela arrasadora do pai, de quem nunca se afastou, mas também a projeção em um mundo desconhecido e perigoso — mesmo que negue conscientemente esse aspecto. Em todo o caso, no que diz respeito ao perigo decorrente da guerra, insiste nas particularidades relacionais existentes em seu campo de treinamento: um único parisiense como ele e apenas uma centena de soldados brancos para um regimento inteiro de atiradores argelinos. Fica evidente que, nesse período de sua vida, o que decorre dos chamados instintos de conservação é masciçamente delegado a seus pais, escancaradamente preocupados com seu destino; sendo sua própria angústia evacuada no plano consciente, mas de algum modo retornando por meio da desorganização somática violenta que o ataca no momento exato em que se deve deparar com uma unidade combatente.

5. Uma etiologia sexual para uma doença somática?

Para os nove sujeitos cuja diabete manifestou-se durante esse segundo período sensível, a adolescência, isto é, entre quinze e vinte anos, o que aconteceu com a hipótese de uma etiologia sexual da doença?

Diabéticos na adolescência, com que futuro? 115

Nossa resposta obviamente é nuançada, podendo ser mantida a hipótese sexual em numerosos casos como fator causal, integrando-se entre as causalidades que reconhecemos como multifatoriais em todos os indivíduos. Não é menos verdade que, quando a etiologia sexual (ligada ao trauma possível, constituído pelo remanejamento pubertário, principalmente, para as moças, com o começo das regras) se manifesta em primeiro plano, possivelmente se integra em organizações mentais passíveis de revelarem-se de boa qualidade na idade adulta: neuroses de caráter bem mentalizadas, por exemplo, com a presença de dinamismos laterais vivos, mesmo levando-se em conta que a existência de uma fragilidade narcísica particular reconhecida e responsabilizada em grande parte pela sobrecarga econômica, ligada aos remanejamentos sexuais da adolescência, tenha tomado um caráter traumático, gerador de um movimento de desorganização atestado pela diabete. O "demais" traumático eventualmente constituído pelo aparecimento das regras, como elemento de realidade, irrompendo na vida psíquica e reativando os conflitos mal elaborados da infância, projetando o sujeito no mundo da sexualdade dos adultos, é tanto melhor compreendido por se tratar de uma manifestação do corpo curiosamente muito precoce, ou ao contrário, tardia, nas jovens de nossa pesquisa — tornando objetivo o fim da infância e resultando necessariamente nos remanejamentos da adolescência.

Sem dúvida, é bem mais comum responder às modificações do corpo com distúrbios de caráter, sintomas psiconeuróticos, manifestações diversas que envolvem o comportamento, coisas que habitualmente entram no que chamamos de crise da adolescência, do que com uma diabete, apesar de uma coisa não excluir a outra. Não é menos verdade que a resposta numa dada configuração pode também fazer-se por meio do aparecimento dessa doença. Se esse for o caso, isto é, se for realmente o "demais" de caráter sexual que chega à desorganização somática neste preciso momento fragilizante da vida, constituído pelo período pubertário, a organização mental do sujeito apresentará um certo vigor funcional, que se traduzirá, entre outras coisas, pela qualidade do tratamento feito depois de uma fase de remanejamento econômico mais ou menos longo. Diferentemente dos sujeitos cuja diabete se declarou na tenra infância e para os quais a doença constituiu um enclave da realidade, que vem como

116 *O equilíbrio psicossomático*

que desempenhar a função de freio no livre desenvolvimento dos processos mentais, aqui o enclave de realidade ocorre mais tarde, chegando a ser circunscrito de maneira mais eficaz, isto é, menos custosa, na perspectiva do funcionamento da psique.

Não são todas as diabetes surgidas na adolescência que por isso mesmo entram no quadro em que o fator sexual, tomado em sentido amplo, vindo combinar-se com uma fragilidade narcísica especial, seria responsável pelo aparecimento da doença, ligada aos fatores genéticos e ambientais do momento. De fato, podemos considerar que, para certo número de sujeitos cuja diabete irá aparecer nesse mesmo período da vida, o que será determinante, na sobrevinda do movimento de desorganização atestado pela doença, estará muito mais a relacionada com a reativação traumática de uma possível falha narcísica, do que com um fator sexual acrescentado. Entrarão nesse quadro sujeitos em que existe um trauma não-elaborado, cuja reativação naquele momento da vida constituirá uma sobrecarga econômica tal que ultrapassará suas possibilidades de integração mental. É o que irá suceder com certos lutos precoces (relativos a objetos privilegiados), que tendo ocorrido na infância, não teriam sido acompanhados de nenhum movimento de desorganização claramente identificável, este só ocorrendo bem mais tarde, no mais adiante do remanejamento pubertário. O mesmo acontece com os sujeitos cuja fragilidade narcísica extrema foi colmatada ativamente pela proximidade física constante dos pais durante a infância e mesmo na adolescência e cujo movimento de desorganização, ligado ao afastamento real de objetos privilegiados, não vai aparecer senão na idade adulta por ocasião de uma primeira separação longa, ou ainda, na vigência dessa separação, mas num contexto ambiental perigoso, o que aconteceu, por exemplo, no caso de Simon, que fazia o serviço militar no Saara em plena guerra da Argélia.

Para aqueles sujeitos, as particularidades da organização mental, tais como podem apresentar-se na idade adulta, levarão a marca dessa fragilidade primitiva, por infinitas variações que fazem a especificidade individual, da qual vestígios encontramos, principalmente no âmbito das características do tratamento efetivo — ou de sua ausência — a ser feito com sua diabete. Sem dúvida, pode-se adiantar presentemente, com certa firmeza, que existe uma relação

Diabéticos na adolescência, com que futuro? 117

bem direta entre as caracteríasticas do funcionamento mental de tal sujeito, em particular, as de seu ego, sobretudo no tocante à sua organização narcísica, e a maneira com que chegará a organizar-se ou não com sua diabete, independentemente das informações ou racionalizações a lhe serem fornecidas ou que ele fornecerá a si próprio no plano consciente. Quanto menos as bases narcísicas se mostrarem sólidas, mais o equilíbrio homeostático do sujeito, em função das eventualidades de sua vida, irá regular-se através e pelos vieses das variações da sua sintomatologia somática, no caso, diabética.

6 A doença somática irreversível no jovem adulto

1. Os "períodos sensíveis": o nascimento dos filhos

Em três casos da nossa população, a diabete vai aparecer respectivamente, aos vinte e cinco, vinte e seis e vinte e sete anos, em ligação direta com o nascimento de um filho, ou ao longo da gravidez. Se, de novo, o peso dos fatores orgânicos que presidem ao remanejamento da gravidez pode ser invocado como fator desencadeante da doença nas duas jovens mulheres (Danièle e Luce), que vão manifestar sua diabete nessa ocasião, essa hipótese não pode nunca ser sustentada no caso de Antoine, cuja diabete sobreveio na própria semana do nascimento de seu segundo filho, que diz não ter desejado.

2. Observação nº 7: Antoine

Antoine é um homem de trinta e quatro anos, esguio, moreno, de aspecto juvenil. Foi encaminhado ao centro de consultas e tratamento psicossomático pelo médico do dispensário de higiene mental em

120 *O equilíbrio psicossomático*

que sua filha de nove anos é atendida para educação ortofônica. Segundo Antoine, o médico pensava que sua filha era perturbada por presenciar os freqüentes desajustes hipoglicêmicos do pai. De imediato associa sua filha à diabete, pois assinala que a descoberta da doença coincidiu com o nascimento dela, nascida no momento exato de sua primeira hiperglicemia provocada. Tratar-se-ia no caso de uma simples coincidência de data, tanto que Antoine sublinha não ter desejado nada do que consitui hoje seu ambiente familiar. Casou-se sem desejar, apenas porque a mulher estava grávida de um filho seu, atualmente com doze anos, e teve a filha porque a mulher fazia questão de ter dois filhos; quando ele, filho único teria muito bem se contentado com um único filho. Descrevendo o aparecimento de sua diabete e a busca de uma eventual causa desencadeante, Antoine diz: *"Digamos que para mim, enfim o choque maior que eu pude ter, enfim, digamos, é talvez ter-me casado, enfim isso faz sorrir"*. Perguntado sobre o que faz sorrir, Antoine descreve sua vida aos vinte e dois, vinte e três anos com seus pais, e o fato de não ter nenhuma idéia de se casar, apesar de o fazer sem dificuldade, quando a jovem com quem saía engravidou.

O discurso de Antoine é muito difícil de acompanhar: trata-se de um mar de palavras contendo uma sucessão de frases inacabadas, interrompidas por precauções verbais, tomadas e retomadas de palavras, de expressões repetitivas entre as quais voltam constantemente: *"digamos"* e *"enfim"*. Nota-se uma abreviação constante da expressão, a que se juntam confusões na identidade dos personagens que descreve; lapsos, condensações e substituições de todos os tipos. Trata-se de um discurso que leva a marca do processo primário, que aflora continuamente por meio de uma secundarização falha. O que é marcante para seu interlocutor é que Antoine não parece nem um pouco preocupado com o fato, por não estar de modo algum consciente, ao que parece, das dificuldade que suscita para o outro em acompanhar o curso do que pretende dizer. Mas, se a forma está tão alterada no que toca ao conteúdo, a ênfase recai em primeiro plano sobre tudo o que é fatual e atual. Assim, descrevendo sua personalidade *"detalhista, parcimoniosa e chata"*, Antoine falará do conflito que o indispôs contra a mulher a respeito da recente renovação do papel de parede de seu quarto. Ele achava que o velho papel podia

A doença somática irreversível no jovem adulto 121

durar dez anos — tinha oito — enquanto a mulher desejava que fosse trocado por um pintor a fim de evitar cansaço para Antoine, bem como a demora do trabalho, ao que parece, dada sua meticulosidade. Para terminar, foi ela quem teve ganho de causa e que conseguiu que o pintor fizesse o trabalho. Antoine, porém, insitiu em dizer que a execução fora de má qualidade, muito inferior ao que ele próprio teria feito, obrigando a mulher a concordar com seu parecer. Descreve-se como *"chato"* e não como *"chateador"*, principalmente com os filhos; insistindo na diferença, pois não procura incomodar os outros, mas afinal acaba incomodando, por ater-se ferrenhamente a que as coisas sejam bem feitas.

As relações com sua mulher parecem estabelecidas sobre o mesmo modelo que mantém com a mãe, marcadas, assim, por um aspecto reduplicativo. De resto, diz que a esposa soube aproveitar os conselhos da sogra para prendê-lo. Os conselhos não duraram muito porque Antoine perdeu a mãe, que morreu de câncer cerca de dois anos depois do aparecimento da diabete. A propósito das mulheres, (a avó, a mãe, a esposa), descreve toda uma teoria baseada no fato de elas serem no fundo mais fortes que os homens, porque muito mais resistentes e que *"ao atacarem por trás"* ou *"por baixo"* chegam sempre a seus objetivos. Descreve-se atualmente como praticamente estando sempre de acordo com a mulher, procurando dar-lhe prazer. Por causa disso é que está usando barba pois ela gosta de barbudos. Pela mesma razão teve o segundo filho, porque ela queria. Podemos acrescentar que, se a esposa teve esse segundo filho que desejava, teve ao mesmo tempo um marido diabético que logo se encontrou numa relação de dependência estreita com ela. De fato, Antoine nos informa que no começo da doença a mulher lhe dava as três injeções diárias de insulina pois ele se mostrava incapaz de introduzir a agulha. Conta como a agulha parava no momento em que tocava sua pele; como seu braço ficava bloqueado, sem capacidade de dar a injeção. Ao cabo de algum tempo conseguiu aplicar injeções em si mesmo, mas foi aí que os comas hipoglicêmicos fizeram sua aparição, precisando que a mulher interviesse, injetanto Glucagon para reanimá-lo. Em nove anos de diabete teve mais de vinte comas, vários deles levando-o a hospitalizar-se.

Desde o primeiro coma, Antoine diz não sentir a vinda dos mal-

122 *O equilíbrio psicossomático*

estares: a mulher ou a filha, principalmente esta, no momento exato da iminência de sua chegada, apercebem-se antecipadamente, obrigando-o a ingerir açúcar. É neste preciso momento da investigação que Antoine assinala poder estar hipoglicêmico, precisando ingerir aquele elemento estabilizador. Para nossa grande surpresa verifica-se que ele não o traz consigo, sendo necessário que nós o providenciemos. Dada a freqüência e a intensidade de seus mal-estares, Antoine tem muito medo de afastar-se da mulher, por exemplo, durante as férias escolares dos filhos. Esclarece, contudo, que os comas sobrevêm preferencialmente nos finais de semana ou em suas férias, sendo ele parcialmente responsável por isso, pois não diminui suficientemente a insulina em função dos esforços físicos então desenvolvidos. Realmente, ele passa de uma atividade completamente sedentária em Paris, onde é empregado num escritório de sinalização da S.N.C.F.*, para uma atividade física muito mais intensa nos fins de semana, quando constrói e arruma sua residência secundária. A incapacidade de regular a dosagem de insulina em função das atividades físicas parece à primeira vista difícil de compreender num homem superorganizado, que planeja de antemão e com todo detalhe a sucessão de trabalhos a serem efetuados.

Quando de novo atendemos Antoine, a seu pedido, alguns meses depois da investigação, ficará claramente demonstrado que essa incapacidade acompanha paralelamente a supervalorização de suas possibilidades de trabalho. O fim de semana termina sem que tenha conseguido levar a cabo o que programara. Tanto que, à conduta paradoxal — proporcionar-se trabalho demasiado sem diminuir suficientemente a dose de insulina — acrescenta-se a decepção de se revelar inferior ao que esperava de si mesmo; tudo se resolvendo num coma diabético.

Essa superestimação de suas forças pode ter ainda outras conseqüências igualmente catastróficas: foi assim que, no verão passado, quebrou quatro costelas arrastando sozinho uma trave de sua carpintaria, o que gerou desequilíbrio da diabete, devendo ele ser levado urgentemente ao hospital em estado crítico.

---

* Société Nacionale des Chemins de Fer (N .T.)

A doença somática irreversível no jovem adulto

Alguma coisa falta a Antoine, no âmbito dos instintos de conservação, que se esfumam, ao que parece, diante do ideal da tarefa a ser cumprida, como se houvesse nele uma falha, uma falta de interiorização de para-excitação materna, falha que se encontraria de novo em um investimento narcísico se não insuficiente, pelo menos alterado. Talvez possamos evocar a seu respeito uma imagem de "simesmo grandioso" a ser traduzido pelo fato de nenhum empreendimento material lhe parecer superior às suas forças, o que o leva a colocar seu corpo em risco, a despeito da vigilância que deveria impor o reconhecimento da diabete. De fato, é bem provável que nesse sujeito haja apenas um reconhecimento de fachada, como atesta o esquecimento de colocar tabletes no *"bolso do açúcar"*, que nos mostra vazio.

É difícil perceber como se passou a infância de Antoine. Diz não ter dela lembrança alguma, contentando-se em falar da ausência do pai, que, empregado da S.N.C.F., saía de casa na segunda-feira e voltava na sexta à noite, reclamando em seu retorno da calma ambiental. Durante a semana estava com mãe e a avó, que vivia com eles. É por meio da descrição de lembranças atuais de vizinhos — ele mora hoje no antigo apartamento dos pais, onde passou a infância — que Antoine traça o clima relacional daquele período. Aqueles ainda exclamam, lembrando-lhe: *"Que calamidade Antoine! O que custava aos pais e à avó esse menino! Corria ao redor da mesa quando desejavam impor-lhe algo que não queria"*. Antoine esclarece que fazia isso para evitar as surras de sua mãe e que essas muitas vezes eram devidas a seu mau comportamento com a avó, de cuja superproteção e sinais de carinho ele não gostava.

Diz, ademais, nunca ter gostado de *"beijoqueirices"*, tanto hoje com os filhos e a mulher, como no passado, descrevendo seu gosto extremamente comedido pelas relações sexuais, as quais lhe davam pouco prazer: *"Deitar com alguém, como eu digo, é para dar prazer ao outro, só isso. Eu dou prazer à mulher quando deitei com ela"*. O que buscava na adolescência, e até no casamento, é *"ter contato com os outros"*, com moças ou rapazes, em colônias de férias ou no exército, *"o que é indispensável quando se é filho único"*.

Se acrescentarmos que às poucas lembranças da infância corres-

124 *O equilíbrio psicossomático*

ponde uma aparente ausência de projeções quanto ao futuro e um vazio declarado no que concerne à vida onírica — diferentemente de sua mulher, Antoine nunca se lembra dos sonhos —, parece claro que a organização mental desse sujeito centraliza-se essencialmente em agarrar-se à realidade concreta, material, palpável; e a atualidade e a pontualidade ocupam continuamente o campo de sua consciência. Vale dizer que existe pouca permeabilidade entre as diferentes intâncias psíquicas, em particular na esfera do sistema pré-consciente, cujo funcionamento não aparece nem um pouco. Ficamos por isso admirados com as irrupções do processo primário que interrompem o discurso de Antoine, sem que ele fique nem um pouco preocupado, aparentemente não o incomodando de modo algum o retorno incessante das *"palavras-carretéis"*: *"digamos"*; *"enfim"*. Dizemos *"palavras-carretéis"* e não *"palavras-valises"**, na medida em que nos parece tratar-se bem mais de um conteúdo iterativo que vem preencher um vazio (vazio do discurso; vazio do pensamento, como a bobina do brinquedo vinha preencher o vazio da ausência da mãe) do que de um continente recolhendo uma somatória de significações marcadas pela condensação, como no caso das "palavras-valises" descrito em certos sujeitos psicóticos.

Descrevemos um sistema relacional de tipo reduplicativo que se teria instaurado com a esposa, à imagem do que existia com sua mãe, e mesmo com a avó, o que era de certo modo explicitado conscientemente pela teoria desenvolvida por Antoine acerca das mulheres: mais resistentes que os homens, e que, *"atacando por trás"*, sempre atingem seus fins (estaria isso relacionado com este "enfim" repetitivo?). Uma modificação notável parece, entretanto, ter-se introduzido em Antoine com o "choque" decorrente da passagem da vida de jovem junto dos pais para a vida de homem casado e pai de família; modificação relacionada com o manejo da agressividade. Parece, de fato, que à oposição e à revolta que atingem "às voltas de pista" em torno da mesa, quando sua mãe queria lhe bater, Antoine tenha substituído, por uma atitude de aceitação em que procura dar prazer à sua mulher, ainda quando os desejos dela estivessem em

---

* Palavra-valise — expressão introduzida por J. Ajuriaguerra e D. Marcelli. V. Manual de Psicopatologia Infantil, Artes Médicas, 1991, p.243. (N.T.)

A doença somática irreversível no jovem adulto

contradição com os seus próprios, principalmente acerca do nascimento do segundo filho. No entanto, é exatamente o sistema reduplicativo que é posto em questão com esse segundo nascimento, fazendo oscilar o ambiente de Antoine da família conhecida, a sua: pai-mãe-filho, para a família desconhecida, a da mulher, que comporta dois filhos. A adaptação frágil, essencialmente baseada no investimento da realidade concreta e a repetição do mesmo, de que vemos as pegadas na organização atual de Antoine, não pôde resistir a isso, originando um movimento de desorganização e o aparecimento da diabete.

Esta, ao que parece, não permitiu a constituição de um real estrato de organização, na medida em que não foi reconhecida como tal. Foi um reconhecimento de fachada, como dissemos, correspondendo a um conhecimento aprendido mas de certo modo postiço, coexistindo, sem mudar de forma alguma, com esta imagem grandiosa de si mesmo, levando Antoine a expor-se ao realizar tarefas que seriam esmagadoras para qualquer pessoa, e com mais razão para um indivíduo diabético. É assim que a sucessão de acidentes hipoglicêmicos conducentes ao coma não o levam em absoluto a modificar sua maneira de ser; mesmo reconhecendo conscientemente, podemos dizer que ele não se incomoda com isso, e por isso não modifica e suficientemente a dosagem de insulina. A repetição do fato aqui toma a dianteira, como em outras situações, de uma possibilidade de arranjo que traduza uma melhor interpretação da nova realidade somática que é a sua, desde o aparecimento da diabete.

Podemos nos perguntar sobre o que faltou no âmbito da relação materna precoce, para existir nele essa falha relativa à interiorização dos processos do pensamento. Com certeza sua mãe não era do tipo que "faz pensar". Poderíamos mesmo aventar a hipótese de que seu funcionamento mental fosse pouco diferente do de seu filho, tanto mais que existe uma seqüência temporal próxima entre o aparecimento da diabete de Antoine e o falecimento de sua mãe, de câncer, cerca de dois anos depois (Antoine é inteiramente vago a respeito de datas). Parece impossível saber se os movimentos de desorganização que os afetaram foram simultâneos, ou em caso contrário, qual precedeu o outro. Levando em conta a fragilidade das possibilidades de interiorização e de retenção, não é de admirar a constatação do pou-

126   *O equilíbrio psicossomático*

co valor defensivo dos elementos de nível edipiano, o que o TAT confirma com toda a evidência. O pai se apresenta mais como um *alter ego* igualmente desprovido, do que como um rival diante dessas imagens de mulheres que "atacam por trás" e às quais não há como resistir — será que nem mesmo quando se trata de relações sexuais destinadas a proporcionar-lhes prazer, e até de aplacá-las?

Antoine se apresenta como portador de uma neurose de caráter pouco mentalizada, na qual o recurso à vida operatória é freqüente, assim como o recurso ao comportamento: agir, fazer. A doença diabética, testemunha de um movimento de desorganização, não permitiu que se constituísse um estrato de reorganização estável e por isso ela permanece constantemente desequilibrada, isto é, submetida às eventualidades da existência, quer venham do mundo exterior, quer dos próprios impulsos do indivíduo. Não parece que de modo algum dever ser afastado o risco de uma evolução em direção a uma desorganização progressiva.

Relatório do TAT[1]

É um protocolo falsamente volumoso, na medida em que em prancha alguma não aparece em uma verdadeira história contada, relacionada com a figura, como pedem as instruções, mas muito mais uma seqüência de associações ou de comentários, nos quais pode-se encontrar elementos do tema vulgar sufocados pelo apego aos detalhes factuais cujo superinvestimento dá um caráter bizarro ao que é dito. Vale dizer que chama logo a atenção a má qualidade da secundarização: frases inacabadas, alinhavadas, associações por contigüidade, fazendo fronteira com "o de pato a ganso". O processo primário transparece numerosas vezes por meio de condensações, substituições, perseverações, percepções sensoriais, bem como através de detalhes factuais superinvestidos ou de referências pessoais claríssimas.

---

1 Cf. anexo p. 253.

A doença somática irreversível no jovem adulto 127

É notável — e absolutamente diverso do que observamos no sujeito psicótico — o fato de Antoine não estar nem um pouco preocupado com o que diz, como se não tivesse consciência alguma de que sua produção pudesse não corresponder às nossas expectativas.

Diante dessas particularidades "constitutivas", pode-se dizer, não podemos identificar a problemática do sujeito, pois, além de não haver praticamente história alguma, assistimos a uma oscilação permanente entre defesas provenientes da realidade do material (isto é, do factual e do atual) e a brusca irrupção, por uma condensação, de um aspecto da problemática com que se relaciona o material da prancha (sexualidade, agressividade, depressão, etc.).

Podemos falar de bloqueio fantasmático, principalmente na prancha 16, em que Antoine se aferra de forma inteiramente operatória à "organização dos testes", mas entabula um movimento de pôr-se em meu lugar, perguntando-me o que vou fazer de sua produção. Ao que nos parece, porém, trata-se bem mais do que disso: põe em evidência o defeito do aparato mental para realizar uma síntese entre os dados da realidade: a percepção das imagens e a reativação dos movimentos pulsionais inconscientes que estas suscitam, isto é, em última instância, trata-se da deficiência do sistema pré-consciente.

Mais do que de um bloqueio, tratar-se-ia aqui da carência das possibilidades de elaboração fantasmática.

Figura de Rey

Os resultados computados são bons tanto na cópia como no desenho de memória, no que concerne ao tipo de reprodução e mesmo quanto à exatidão, que é, no entanto, comparativamente inferior na cópia do que no desenho de memória, embora não exista alteração da realidade, ainda que se note aqui um elemento mal colocado, mas depois corrigido na cópia, alguns elementos omitidos e um deles sobrando, acrescentado simetricamente ao desenho de memória. Pode-se notar variações nítidas na qualidade e intensidade do traçado. Este é melhor controlado na cópia, conservando a representação maior

128   *O equilíbrio psicossomático*

coerência quando é conservada a referência à realidade, se bem que as linhas de força no interior da figura sejam muito pouco firmes e não coincidam entre elas.

Estando ausente a referência à imagem real, nota-se que apesar de permanecer o invólucro geral, há um estiramento da figura e um traçado muito mais impulsivo e mal acabado, imagem de um investimento narcísico, do que há no interior de si mesmo, de fraca intensidade.

Desenho da pessoa

Trata-se de uma representação bastante desproporcionada de um homem com o tronco nu, com ombros impressionantemente largos e uma cabeça minúscula, bem próxima, ao que parece, da imagem ideal que Antoine parece ter de si mesmo, por causa dos trabalhos materiais consideráveis que empreende sozinho. É de se notar que se "os peitos" e o umbigo estão indicados no tronco nu, este é interrompido por um cinto de onde sai uma calça flutuante, terminando com uma espécie de chinelos. Os braços têm um movimento muito rígido, estando a mão direita ridiculamente acrescida de um dedo suplementar, enquanto o braço esquerdo possui um risco à altura do cotovelo. No conjunto, o grafismo é bem pouco firme, exceto nos detalhes da cabeça; mostrando o conjunto o que essa representação tem de ambigüidade no plano da diferenciação sexual — põe um cinto — como no da afirmação de uma força física que se revela totalmente ilusória.

Com a observação de Antoine, diversos aspectos merecem ser destacados. Em primeiro lugar, o fato de tratar-se de uma diabete surgida tardiamente (Antoine tinha vinte e seis anos) e que nunca pôde ser douradouramente equilibrada de forma satisfatória. A explicação desse estado de coisas pela insuficiência das possibilidades intelectuais não deve ser levada em conta, tanto quanto a decorrente de uma atitude de oposição ao tratamento, ainda que tal hipótese procure explicar superficialmente fenômenos profundos que, como

A doença somática irreversível no jovem adulto   129

vimos, mostram-se bem mais complexos. Poderíamos dizer que a falha nele existente, no plano das possibilidades de interiorização, de retenção, e portanto de manipulação dos objetos internos, o deixa a decoberto quando se trata de enfrentar mudanças acerca de objetos externos privilegiados, fazendo-se seu arranjo habitual, de forma reduplicativa, com a repetição desse arranjo.

Que tais mudanças possam introduzir nele um movimento de desorganização e depois uma doença somática, nada tem de surpreendente. Em troca, o fato de tratar-se da diabete, doença incurável, que necessita de ajustes terapêuticos variados, principalmente em função da atividade física, constitui para Antoine uma sobrecarga econômica a que seu modo de funcionamento mental presente não permite fazer face. Não parece que explicações, mesmo bastante pertinentes, a propósito da técnica de encetar seu tratamento, possam modificar de algum modo esse estado de fato. Para que tal modificação se produzisse, seria necessário que se operasse progressivamente uma espécie de interiorização daquilo que constitui o ego, desprendendo-se este do tipo de indiferenciação em que se encontra relativamente aos objetos percebidos essencialmente como objetos externos. É a esse preço, isto é, reconhecendo-se como um ser distinto, com características pessoais e definidas, variáveis no tempo e de acordo com as modificações no ambiente, que Antoine poderá levar em conta as necessidades de seu corpo e diminuir a freqüência de seus mal-estares. A questão de saber se pode existir nele o desejo de empreender um trabalho psicoterapêutico dessa natureza é difícil de avaliar, à medida em que se trata aí de um terreno de cuja existência ele não está consciente, coisa de que nos dá inúmeras provas tanto na investigação como no TAT.

Devemos, contudo, notar que ele aceita a consulta no centro de psicossomática sugerida pelo psiquiatra que o havia convocado a propósito de dificuldades de sua filha; e que aceita, igualmente, nossa investigação. Ao longo desta lhe será proposto um tratamento psicoterápico especializado, ao qual dá seu assentimento, numa atitude em que somos tentados a ver a submissão manifestada em relação aos desejos do ambiente (WINNICOTT, 1971) que, pensamos, têm a precedência sobre qualquer coisa que provenha dele pessoalmente.

130   *O equilíbrio psicossomático*

Em Antoine, portanto, a diabete sobrevirá simultaneamente com o nascimento do segundo filho, não desejado por ele. São as particularidades de sua organização, fundadas na reduplicação, que nos pareceram responsáveis por esse movimento de desorganização no momento em que, aquilo que constituia seus referênciais permanentes — a referência à estrutura familiar (pai, mãe, filho) que era a sua — foi posta em questão com a chegada do segundo filho. A quase impossibilidade em que parece se encontrar para conter em si os elementos de um conflito psíquico, tornando-o, ao mesmo tempo, inteiramente dependente da configuração, e, pois, das modificações de seus objetos externos, é objetivada pela incapacidade de equilibrar sua diabete levando em conta as variações de sua atividade física para dosar a insulina. Porque, a despeito do que reconhece conscientemente, a saber: que não reduz suficientemente a insulina nos fins de semana, quando se entrega a trabalhos hercúleos para arrumar sua casa de campo, afunda em comas hipoglicêmicos repetidos, traduzindo assim — diante do conflito engendrado pelos imperativos de seu "*self* grandioso" confrontado com sua realidade humana — o desconhecimento dos limites de suas forças.

3. Observação nº 8: Danièle

Danièle é uma mulher ainda jovem, de quarenta e dois anos, comovedora e muito fina, não obstante apresente durante a investigação uma linguagem empobrecida, freqüentemente muito alterada, na construção gramatical das frases. Sua necessidade de exprimir-se manifestamente intensa será explicitada no fim da entrevista, ao dizer que lhe fez bem poder falar a uma pessoa livremente. Ela está hospitalizada há cerca de uma semana por causa do desequilíbrio da sua diabete e de um estado de fadiga intenso, praticamente crônico, faz seis anos.

De começo, parece ligar o surgimento da diabete a seu casamento, isto é, em parte, à sua vida sexual: "*Eu me casei, eu não era diabética.*" Depois, enuncia certa quantidade de fatos com precisão

A doença somática irreversível no jovem adulto 131

numérica repetitiva (três, depois oito), todos ligados à vida sexual, pois refere um primeiro aborto três meses depois do casamento, um parto aos oito meses, de uma menina natimorta; um acidente de bicicleta por ocasião do qual se descobriu nova gravidez; e o parto de seu filho aos oito meses acompanhado de *"confusões"* durante os três ou quatro primeiros dias em que os médicos não podiam se pronunciar quanto à vida da criança. *"Eu tive confusões no meu parto, eu tive(...) enfim(...) isso, isso era o açúcar".* De fato, esse episódio confusional ligado aos perigos de perda libidinal parece anunciar as crises hipoglicêmicas subseqüentes e que podem ser compreendidas como protesto frente a uma falta libidinal insuportável.

Ao mesmo tempo que enuncia esses fatos, Danièle deixa transparecer elementos de crítica para com os médicos e o pessoal hospitalar que, malgrado as quantidades incríveis de água que ela absorvia, não fizeram o diagnóstico de diabete, somente efetuado um mês depois do parto da filha natimorta. Sua diabete era fácil de ser equilibrada num primeiro momento, apesar dos incidentes pós-parto, e até seu filho completar três anos, momento em que o marido de Danièle faleceu de câncer do fígado, após uma terrível agonia, na casa dos sogros.

Os elementos de crítica que podem ter um colorido persecutório serão retomados inúmeras vezes:

— com respeito ao patrão do marido, que o obrigou a refazer sua oficina de funilaria e pintura depois da morte de um operário, pois havia-se falado de envenenamento com a pintura; pelo que o médico-conselheiro preconizava um processo. O que foi desaconselhado pelo especialista de Nantes. Danièle renunciou a isso por falta de dinheiro (ou por masoquismo?);

— com respeito à seguridade social do departamento, que pôs dificuldades para que ela fosse tratada fora de seu departamento e, conseqüentemente, no Serviço de Paris, onde ficou hospitalizada praticamente durante o ano todo;

— com respeito ao diretor da casa de repouso em que trabalha, que a colocou num posto muito cansativo, não obstante sua saúde precária.

A partir da morte do marido há onze anos, Danièle entra num

132   *O equilíbrio psicossomático*

estado depressivo mais ou menos intenso conforme a época, mas, ao que parece, pouco mentalizado, com desequilíbrio razoavelmente constante da sua diabete e diversos outros distúrbios somáticos, gerando dores na coluna, dores ciáticas (seqüelas, conforme sua versão, de seu acidente de bicicleta) e crises de hipoglicemia (verdadeiras crises confuso-oníricas, sobrevindas em seu ponto mais alto faz seis anos, podendo tomar, segundo ela, uma feição agressiva dominante: quebra a louça, atira o copo de água com açúcar que tentam lhe dar, esbofeteia o pai, cospe no rosto da irmã mais velha com quem sustenta um velho conflito de infância, que, no entanto, nega no plano consciente. Pode também mostrar uma atitude equivalente de suicídio, quando sai de carro, com ou sem o filho, ou quando faz *"besteiras"*, com as doses de insulina).

As crises de hipoglicemia sobrevêm principalmente durante a noite e por todo um período impediram seu filho de dormir, já que ele tinha que ficar vigiando-a. Essa necessidade de ser vigiada impede seus pais de dormirem quando ela se hospeda com eles, ou obriga sua irmã caçula a deitar junto dela, separando-a do marido, quando Danièle volta para casa. Parece que durante as crises, no mais das vezes a intervenção de seu filho não é suficiente, e o que ela precisa é de um homem; o que se realiza com o aparecimento do médico, vindo por intermédio do filho. Tanto é assim que o conjunto do quadro evoca bastante *bem* um protesto diante de uma falta libidinal insustentável, principalmente à noite. Tanto mais que as crises acentuaram-se faz seis anos, data em que indo à Tunísia, a convite de seu irmão caçula, professor no C.E.G.*, Danièle encontrou um professor tunisiano divorciado, pai de um menino, que desejava escrever-lhe e tornar a vê-la; o que ela, depois de muito hesitar, recusou: *"Me deu medo e eu não continuei, digamos que eu tive medo"*. Foi, contudo, uma renúncia insuportável, possivelmente desembocando no sintoma "crises", o que parece impossível de ser assimilado a uma crise histérica. Seria bem mais uma derrapada da crise histérica.

É, aliás, ao que nos parece, o problema essencial que Danièle coloca, pois é a via somática que parece assegurar descargas e, ao mes-

---

* Colégio de Ensino Geral (N. T.)

A doença somática irreversível no jovem adulto 133

mo tempo, permitir de certa forma sobreviver numa experiência singularmente traumática e frustrante. É de se notar que quando a situação exterior real melhora — como aconteceu, num momento em que tendo havido troca de diretor, ela pôde ter um trabalho menos cansativo —, a situação interna, isto é, somática, piora: as crises de hipoglicemia se acentuam. Da mesma forma, graças a oitenta sessões de massagem e de reeducação, a cada ano, sofre menos das costas, tendo, contudo, presentemente, artrite dos membros inferiores, complicação secundária da diabete.

Parece que, no seu caso, podemos falar de um "equilíbrio no desequilíbrio" muito precário, não obstante os protestos conscientes: *"Se fosse um pouco equilibrada (minha diabete) não aconteceria tudo isso (crises e conseqüências desastrosas para seu filho, que parece muito traumatizado), creio que as coisas iriam bem melhor, com certeza mesmo".*

Sua vida onírica, pelo que diz, parece refletir um estado de neurose traumática incapaz de ser ultrapassada. Sonha que o filho grita; ou com o marido, durante o ano de sua doença: *"Ele pede que lhe dêem injeções para poder acabar com elas".* E não podemos deixar de ficar impressionados pelo aspecto de multideterminação de um elemento como a injeção: objeto mau, veículo de morte e, ao mesmo tempo, para ela indispensável à sobrevivência. Como conseguir elaborar em torno desse elemento e por que não fazer todo pensamento passar em curto-circuito pela crise confuso-onírica de que ela diz não conservar nenhuma lembrança consciente e durante as quais faz "besteiras" com suas doses de insulina, duplicando, às vezes, ao que parece, sua injeção e muitas vezes se enganando de dose, o que obriga seu filho a vigiar a subida do líquido na seringa? Como espantar-se, além do mais, de que o líquido seja mal absorvido, que ela sofra cada vez mais de lipodistrofias e que as diversas medicações tentadas no hospital (mudança de insulina e produto especial para facilitar a reabsorção) resultem com freqüência em fracasso? Danièle diz, ao falar da insulina: *"Isso come a carne".*

Ela apresenta amnésia infantil completa, bem tardia, restando apenas uma vívida recordação de infância: aos seis anos a professora, depois de lhe dar uma punição que ela não aceitou, chamou a dire-

134   *O equilíbrio psicossomático*

tora que estava grávida, a qual procurou impedi-la, assim como a outras crianças, de sair da escola. Danièle passou entre suas pernas e fugiu para casa. Mas a irmã sete anos mais velha refere aos pais o incidente, e a punição — só beber água e ficar sozinha no quarto na volta da escola — será mantida durante dez dias.

Danièle hoje aprova bastante as posições educativas firmes dos pais. Era uma família de agricultores na qual se falava pouco e a vida era dura. Danièle é a segunda filha de quatro irmãos, tendo a mais velha sete anos de diferença com ela; a caçula três anos menos e o irmãozinho *"que era o mais esperado"*, doze anos menos; e apenas onze meses de diferença com seu sobrinho, filho da irmã mais velha. Uma só coisa faltava em casa: dinheiro. O peso desse elemento objetivo, ausente na realidade, bloqueou e continua bloqueando — a falta de dinheiro permanece para ela um problema crucial — toda possibilidade de providências materiais. A esse bloqueio responde como num eco ao bloqueio no plano da fantasia: a ausência de associações é quase total e a expressão pulsional se faz por comportamentos que passam pelo corpo.

Que dizer dessa lembrança, provavelmente, um anteparo, em que tantos elementos parecem condensados: essa menininha que passa entre as pernas da diretora grávida e a punição relativa a essa realização sexual proibida, ligada à irmã mais velha ciumenta e indo até o extremo de só beber água, quando se sabe que a diabete começou com uma intensa sede durante meses a fio?

No conjunto, o melhor nível de adaptação mental parece expressar-se com os elementos de crítica de colorido persecutório — na aparência, muitas vezes justificados — e que mesmo assim não deram origem a uma real organização paranóica. É o peso do masoquismo que deve ser levado em conta ou, principalmente, como pensamos, a falência das capacidades de elaboração mental? Tudo se passa como se a problemática do conflito edipiano e da castração estivesse, de algum modo, encoberta, disfarçada, até mesmo escotomizada por uma problemática muito mais maciça, ligada à falta e dando lugar a transtornos somáticos: crises de hipoglicemia por meio das quais se expressam tanto seu protesto diante da falta libidinal insuportável (poderíamos falar de um equivalente de orgasmo de tipo con-

A doença somática irreversível no jovem adulto   135

fuso-onírico?) como, ao mesmo tempo, uma descarga agressiva intensa, sempre relacionada com a falha; tudo isso se fazendo sob as asas desse estado secundário do qual não guarda nenhuma lembrança.

Impressiona na investigação feita com Danièle a aparente ausência de culpa no que diz respeito às crises e o fato de que isso proporcione possibilidades de viver a seu filho e a sua família. Ela não pode fazer nada quanto a isso e, no máximo, se as coisas se passam dessa maneira, a responsabilidade caberá inteiramente aos médicos que são incapazes de equilibrar a diabete. *"Os médicos dizem: um diabético pode ter uma vida normal, então eu digo: não é verdade!"* É a resposta que ela dá pouco depois de lhe termos sugerido que tinha boas razões para bater nas pessoas durante suas crises.

Se encontramos alguns traços de culpa, referem-se ao dinheiro que lhe emprestam ou lhe dão seu irmão e suas irmãs quando ela está em aperto, e que em seguida recusam que ela lhes *"reponha"*; o que a coloca em contradição com seu ideal de ego, segundo o qual deve-se ser autônomo e assumir-se financeiramente sozinho.

Em última análise, não obstante o aspecto sexualizado e edipificado dessa única lembrança-anteparo conservada por Danièle, parece-nos que, longe de remeter a um material que signifique qualquer elaboração em torno do édipo e da castração, ela manifesta, ao contrário, a confusão que existe entre as imagens parentais misturadas no fantasma da todo poderosa diretora grávida por entre cujas pernas deve-se introduzir. Alguma coisa não passível de elaborção passou-se aí, em torno da confusão que decorre do exercício da sexualidade e o fato de estar grávida, podendo sua primeira gravidez constituir uma reativação também impossível de ser elaborada no plano mental, o que abriu caminho à desorganização somática e ao aparecimento da diabete. A vivência dramática que se seguiu poderia apresentar-se como a repetição, com o caráter de renovação, da proibição da possibilidade de ter uma vida sexual. Depois do nascimento do filho e das "confusões" dos três primeiros dias ela conta: *"Disseram-me: de qualquer modo terminou, você terá este, mas não outros"*. Nem outro filho, nem outro marido.

Destaquemos, enfim, o aspecto de clivagem apresentado por Danièle em sua dupla personalidade: uma delas doce, sensível,

136   *O equilíbrio psicossomático*

depressiva, arrasada por um destino especialmente cruel, em que, a diabete parece ser vivenciada como um fato exterior persecutório incontrolável, tanto quanto o falecimento do marido; e a outra personalidade, a das crises hipoglicêmicas, que aterrorizam as pessoas a seu redor, começando pelo filho, indomável e revoltado; como a menininha da lembrança-anteparo, que não se submete frente a um personagem todo-poderoso: a diretora grávida. O jogo parece processar-se em torno do cacife da onipotência, isto é, em termos de tudo ou nada, podendo-se dizer que o que fica disso, na vida viril de Danièle, é a aura de morte quotidianamente possível, tanto como a indispensável injeção de insulina.

Relatório de TAT[1]

Observa-se um bloqueio quase total da fantasia, em um primeiro momento, pois vai até o escotoma de uma parte do estímulo, fazendo-se a centragem unicamente na expressão dos afetos disfóricos atribuídos a um personagem, num momento de referência pessoal. Isso pode apontar para um estado depressivo.

Mas, num segundo momento, o arranjo é feito mais pelo apego ao conteúdo manifesto, centralizado nos detalhes, e a restrição sempre maciça apresentando-se bem mais como uma impossibilidade de usar da imaginação. Há oscilação entre apego aos detalhes do conteúdo manifesto e referências pessoais mais ou menos explícitas, mas sempre no registro da falta, isto é, da depressão, com o ápice na prancha 11 e depois na 16, onde Danièle libera o episódio de sua vida que determinou, há seis anos, o estado de desequilíbrio permanente da diabete, ligado à falta libidinal, sua e de seu filho.

Em síntese, tudo é dito claramente no TAT, onde a quase ausência de defesas de tipo mental, diante da permanência dos afetos disfóricos, mostra o papel de equilíbrio desempenhado pelos distúrbios somáticos, na medida em que asseguram uma certa descarga (as crises de hipoglicemia são diárias), em especial no plano do manejo

---

1 Cf. anexo, p. 258.

A doença somática irreversível no jovem adulto 137

da agressividade, cuja expressão no plano mental parece inteiramente barrada. É isso, certamente, que impede a constituição de um verdadeiro estado melancólico, bem como o de uma organização de colorido paranóico.

Figura de Rey

Os resultados computados são ruins, não obstante um longo tempo de execução, tanto na cópia como na prova de memória. Mas se a exatidão é mediana na cópia, onde as proporções da figura não são respeitadas, apesar da procura de um ponto de apoio no centro do desenho, a reprodução de mémória é irreconhecível, lacunar e aberta.

Vê-se que o apego à realidade, se existe, não se faz sem alterações notórias, sendo as possibilidade de retenção do percebido, extremamente reduzidas, apesar do longo tempo de execução, como se a imagem interna ruim, oca e desorganizada, tomasse a dianteira da realidade, afinal falha, não obstante os esforços para controlá-la. Vale dizer o quanto um abismo narcísico está presente aqui.

O desenho da pessoa

Este teste foi rejeitado por Danièle, com o pretexto de que ela desenhava de fato muito mal; e já que o desenho da figura de Rey tinha-se constituído numa prova penosa, nós não insistimos.

O papel econômico desempenhado pelas crises de hipoglicemia no funcionamento geral de Danièle é certamente o ponto dessa observação que mais merece ser alvo de discussão. Tudo se passa como se a somatória de lutos e de traumas — perda do primeiro filho, aparecimento da diabete, morte dramática do marido, renúncia a refazer sua vida com um homem que pretendia encontrá-la, há seis anos — realizam um estado de neurose traumática, perceptível especialmente no que diz respeito à sua vida onírica, quando as crises hipoglicêmicas de aspecto confuso-onírico vêm assegurar certa descarga

138   *O equilíbrio psicossomático*

pulsional, reduzindo, por um tempo, a tensão que não consegue ser metabolizada de outro modo. Parece haver realmente, em Danièle, uma impossibilidade de elaborar a posição depressiva no plano mental, como atesta o estado iterativo de seus sonhos de caráter traumático; a propósito dos quais não fornece associação alguma, como, de resto no que respeita as aparentes atuações com equivalência de suicídio: suas fugas de carro, em que roça o acidente, estando com hipoglicemia. Insistimos já no aspecto "dissociado" de seu funcionamento, no que denominamos dupla personalidade, contribuindo o conjunto delas para realizar "um equilíbrio no desequilíbrio", reforçando a sensação que se pode ter diante de uma situação de bloqueio.

O que, no entanto, apresenta-se como inteiramente singular em Danièle é a coexistência aparente dos elementos de caráter pretensamente neuróticos quanto ao conteúdo (sonhos traumáticos ou atuações durante as crises confuso-oníricas, por exemplo) e os elementos marcados pela vida operatória traduzindo a não interiorização do que se passa em seu corpo, como quando não reconhece nenhuma real participaão sua em seus mal-estares, os quais se devem somente, segundo diz, à incapacidade dos médicos para equilibrar a diabete. Parece claro que se um vínculo pudesse ser feito, deveria passar obrigatoriamente pelo reconhecimento da falta aumentada pelas frustrações, e mesmo pelos prejuízos de que tem sido alvo, o que lhe deveria permitir, num segundo momento, um melhor manejo desse protesto diante do que se apresentou como uma falta libidinal intolerável, não reconhecida, entretanto, como tal por Danièle. Por reconhecimento da falta, entendemos uma série de complicados processos que se estabelecem, de início, sobre o que Winnicott chama de "sentimento de ser" (*sense of being*[1]) que permite a constituição progressiva do interior do psiquismo, no qual virão integrar-se as perceções internas provenientes do corpo. Danièle, dissociada em seu funcionamento geral, mostra que o que se passa no plano consciente não deve ou não pode comunicar-se com o inconsciente e com seu corpo, mesmo quando afirma estar deprimida e infeliz. A realidade

---

1 D. Winnicott, 1971, p. 112

A doença somática irreversível no jovem adulto 139

externa, ela própria atingida pela falta (de palavras, de meios materiais) vem sancionar a impossibilidade de mudar um arranjo psicossomático em que a patologia de "crise" equivale, em definitivo a uma possibilidade de sobrevivência. A crise hipoglicêmica de aspecto confuso-onírico reforçaria aqui, reiterando-o de outra forma, o sonho traumático repetido, cuja insuficiência e fracasso ela traduz a um só tempo. Mas ela não permite, menos ainda que o sonho traumático, uma retomada elaborativa.

Só um mês depois do parto do primeiro filho natimorto é que o diagnóstico de diabete será colocado para Danièle, quando parece que de fato a doença surgiu durante a gravidez, sendo responsável tanto pela vinda prematura, quanto pela morte do bebê. Se não encontramos nela trauma externo claramente identificável (a não ser um grave acidente de carro que atinge seu noivo e retarda por um ano o casamento; e em seguida um aborto, três meses depois), sua vida inteira (e em particular após essa primeira perda) vai se desenvolver sob o signo repetido de lutos e perdas que originam progressivamente, com o passar do tempo, um estado de desequilíbrio permanente da diabete, tanto que suas crises de hipoglicemia quotidianas, adquirindo o aspecto de crises confuso-oníricas, parecerão desempenhar um papel homeostático de descarga. Isso apesar do aspecto de perigo para sua vida, garantindo o que denominamos *uma espécie de equilíbrio no desequilíbrio.*

Sem dúvida podemos considerar tanto para Danièle como para Luce, que manifestou a sua diabete aos vinte e sete anos, no sexto mês de sua primeira e única gravidez, que as peculiaridades da relação que as une às respectivas mães (no que possam ter de insuficentemente elaboradas, principalmente no âmbito das posições identificatórias conflituais), proibindo-lhes em ampla medida poder integrar os remanejamentos mentais suscitados nelas pela gravidez. De certa maneira, deixar de ser criança para tornar-se mãe era tão difícil para Luce, que ela precocemente contra-investiu as insuficiências maternas, fazendo o papel de mãe, com a irmã e o irmão menores, numa atitude em que uma identificação muito mais precoce com o papel materno tinha sido feita, envolvendo, em primeiro plano, o comportamento e o registro da atividade e, simultaneamente, pondo em curto-circuito os conflitos relacionais estruturantes dos pe-

140   *O equilíbrio psicossomático*

ríodos de latência e da adolescência.

Luce, fazendo de conta ser mãe antes da idade, para o irmão e para a irmã, desorganiza-se quando transformações internas e externas ligadas à gravidez vão colocar de novo em questão esse arranjo postiço em que vivera até então. Essa criança nela, conseqüência das relações sexuais, únicas a terem faltado a seu papel de mãe na infância, reintroduz maciçamente a excitação sexual e os conflitos de ambivalência que tinham sido evacuados em proveito do investimento de comportamentos com caráter de formação reativa. Com o agravamento da diabete e a mudança de humor por ela apresentada aos quarenta anos, reproduzindo mudança análoga ocorrida na mesma idade com sua mãe, pode-se dizer que desenvolve, novamente, um movimento da mesma natureza, escondendo nas modificações de personalidade e na doença, a reativação dos conflitos que põem em jogo a rivalidade feminina, em função de uma suposta infidelidade do marido.

4. As mudanças na relação de objeto

Com esses três casos, em que o aparecimento da diabete ocorre em jovens adultos, concomitantemente ao nascimento de um filho ou durante a gravidez, o que nos parece importante sublinhar é o fato de tratar-se sempre de uma modificação externa relativa à configuração dos objetos privilegiados, modificação que gera necessariamente remanejamentos libidinais, tanto no que diz respeito à repartição da libido narcísica quanto à libido objetal.

Entretanto, na medida em que essas modificações libidinais internas não vão poder efetuar-se em vista do que até agora chamamos de fragilidade, ou falha narcísica do sujeito, é que a modificação externa, bem importante, constituída pela chegada de uma filho, vai poder revestir um caráter traumático. Isso inicia um movimento de desorganização que comprometerá o corpo com o aparecimento da diabete. Nessa perspectiva, há uma grande distância no plano quantitativo, isto é, econômico, e no plano tópico ou dinâmico, entre, de

A doença somática irreversível no jovem adulto

um lado, o que talvez representasse esse "demais" de caráter sexual, de que o aparecimento das regras numa adolescente nos parecia ser um bom exemplo (com tudo o que se subentendia como reativação dos conflitos da infância e projeção no mundo da vida sexual adulta) e, de outro lado esta modificação externa relativa à configuração objetiva dos objetos reais significantes para o sujeito. Poder-se-ia, então, levantar a hipótese — o que nossos três casos confirmam, embora sejam apenas três casos — que quando a diabete aparece num contexto desses, a saber, numa modificação objetiva que toca a repartição dos objetos privilegiados do sujeito, a organização mental se mostrará mais falha quando se puder invocar um fator, em sentido amplo, sexual, que intervenha no período fragilizante constituído pela adolescência. Ao mesmo tempo resultarão disso dificuldades mais importantes no tratamento posterior que o sujeito tentará efetuar para equilibrar a doença.

Para os indivíduos cuja diabete surge após o período da adolescência, parece que o impacto traumático invasivo constituído pela realidade da doença e de seu tratamento, relacionado com as características gerais de seu funcionamento mental, é de tal ordem, que ele, no mais das vezes, ultrapassa suas possibilidades de integração, atingindo esses estados particulares em que o desequilíbrio da diabete no tempo parece ser a regra. O arranjo individual pode então fazer-se de acordo com diversas modalidades: seja como descrevemos no caso de Danièle, por meio de descargas cotidianas que constituem as "crises" que atestam sua impossibilidade (principalmente a dos médicos que ministram o tratamento) em equilibrar a diabete, seja como no caso de Antoine, que aplicava o tratamento de forma mecânica, sem levar em conta as variações de sua atividade física, o que o conduziu a diversos comas. Pode-se dizer que em tais sujeitos a diabete e suas conseqüências ocupa o campo mental inteiro, tornando extremamente difícil qualquer tentativa de dar nova vida a uma vivência mental, de que ela não seria a referência mais importante. Captamos muito bem seu aspecto mortífero, já que elimina toda expressão pulsional, pela valorização de elementos da realidade objetiva inscritos no próprio corpo.

No decurso da vida parece, contudo, que se assiste, em todas as pessoas, a um fechamento, senão comparável em intensidade, ao que

142 *O equilíbrio psicossomático*

estamos descrevendo aqui, pelo menos correspondente ao que se relata de hábito como uma redução dos interesses e uma concentração cada vez mais exclusiva sobre a própria pessoa. Concebe-se que, nos casos em que existe uma alteração orgânica irreversível da diabete, manifesta-se esse processo, que se cristaliza em torno da sintomatologia somática; e isso, tanto mais que, paralelamente a essa atitude de fechamento sobre si mesmo, a tolerância aos traumas externos fica diminuída, tornando o sujeito mais vulnerável àquilo que pode vivenciar como uma invasão de elementos insuportáveis da realidade.

Impõe-se uma observação a propósito dos nossos achados: caráter traumático repetitivo da vivência objetiva que atinge a maioria de nossos sujeitos, mais que a média dos sujeitos neuróticos que atendemos; estando sua história de vida, sob muitos aspectos, bem mais carregada de lutos, perda de objetos e catástrofes diversas. A diabete surge após esses diversos acontecimentos como um avatar acrescido, com que o sujeito tem de se confrontar. Os vínculos a serem estabelecidos com a doença e seu tratamento, de certa maneira, seguirão as eventualidades que venham pontuar as diferentes fases de sua vida.

Visto sob esse ângulo, capta-se melhor o valor econômico do agravamento do desequilíbrio da diabete em Danièle e em Luce, num período da vida em que a doença e a mudança de humor, especialmente em Luce, permitiam evitar uma confrontação aparentemente insustentável com uma problemática decorrente da rivalidade feminina e da sexualidade. Assim também a intensificação da patologia de "crises" em Danièle acompanhou de perto o momento em que ela renunciou (por medo, segundo diz) a tentar "refazer sua vida" com um homem que lhe era agradável. Não é menos verdade que considerar essas crises de hipoglicemia como equivalentes somáticos de crises, por exemplo de angústia, ou de qualquer outra sintomatologia mental positiva, como as crises caracteriais agressivas, não nos parece explicar o envolvimento que se firma no âmbito da realidade mesma da alteração somática indiscutível, vindo bloquear toda tentativa de retomada psíquica, em particular no que se refere à elaboração da posição depressiva.

Em síntese, responder à invasão traumática da realidade externa

A doença somática irreversível no jovem adulto 143

com o agravamento da realidade de uma afecção somática identificada e identificável é pôr em curto-circuito o que poderia ser vivenciado no cenário mental, isto é, num "dentro" interiorizado onde se encontraria a realidade psíquica. É difícil saber se o pouco valor funcional atual desta é a causa e/ou a conseqüência da afecção somática, como é também difícil avaliar se esse estado de coisas é ou não reversível e em caso afirmativo, por quais meios.

7 A desorganização somática tardia

A diabete insulino-dependente, que em geral se manifesta no indivíduo jovem e na criança, pode atingir pessoas que já entraram na segunda metade da vida. Nós nos restringiremos aqui ainda, somente à diabete genética ou diabete magra, excluindo a diabete gorda ou de sobrecarga, que aparece de preferência em sujeitos idosos.

1. Os "períodos sensíveis": crises individuais, mas também a crise da metade da vida; a crise da aposentadoria

A ocorrência da diabete em indivíduos que atingiram ou ultrapassaram a maturidade coloca um problema geral: devemos de fato perguntar qual pode ter sido a origem desse movimento de desorganização cujo aparecimento é atestado pela diabete, vindo a romper o equilíbrio psicossomático anterior do sujeito? Se podemos encontrar muitas vezes — talvez mesmo com mais facilidade — numa criança ou num jovem adulto, a noção de trauma externo identificável, parece que devamos considerar igualmente que, ao longo da vida, o vigor dos arranjos mentais defensivos perde intensidade, deixando o sujeito incapacitado para enfrentar as eventualidades da existência a que pode, cada vez mais, responder com desordens somáticas. O fato

146   *O equilíbrio psicossomático*

de a doença somática presente no caso da diabete insulino-dependente ser incurável, não acontece sem agravar marcadamente o conjunto da situação, podendo tornar aleatórias as tentativas de reorganização que não deixarão de surgir depois do período inicial de descoberta e de adaptação à diabete.

Três sujeitos de nossa pesquisa apresentaram uma diabete insulino-dependente de aparecimento tardio, com modalidades de integração em sua vida e no conjunto de sua economia psicossomática, bem diferentes em cada um.

2. Observação nº 9: Gaëtan

Gaëtan é um homem idoso: tem setenta e um anos, é frágil, magro, mas muito ereto e cheio de cortesia. É um antigo tabelião, atualmente aposentado. Nós o atendemos durante uma hospitalização que já dura um mês e foi determinada por uma cistite aguda, com febre alta e desequilíbrio da diabete. No decurso dos exames feitos no serviço, verificou-se que Gaëtan apresenta um "quisto" num dos rins, demandando intervenção cirúrgica, com a possibilidade de uma segunda intervenção na próstata. A despeito dessa dupla eventualidade, Gaëtan aparenta estar calmo, aceitando de bom grado prestar-se à nossa investigação, mostrando de imediato grande desejo de falar.

Sua diabete apareceu bruscamente há onze anos — tinha então sessenta — em conseqüência, nos diz, de uma vivíssima contrariedade. Sete anos antes, voltando do interior do país, Gaëtan comprara uma casa na 14ª circunscrição; casa que reformou inteiramente e da qual ficou sabendo — pouco antes de se manifestar a sua diabete — que seria irrevogavelmente expropriado, constituindo o fato uma perda financeiramente importante, independentemente de todos os outros prejuízos.

Para esse tabelião, muito bem informado sobre negócios, parece que a medida tenha sido vivenciada como algo intolerável, constituindo uma ferida narcísica impossível de sanar. Conquanto a expropriação lhe tenha aparecido como inevitável, Gaëtan empregou todas

A desorganização somática tardia 147

as forças para tentar defender ao máximo seus interesses, perdendo o mínimo possível de dinheiro. Mas, parece ter sido essa uma luta desigual, em que progressivamente se desgastou, tendo sua saúde se alterado por etapas sucessivas, desde o aparecimento da diabete.

Esta pôde equilibrar-se com uma medicação oral durante os quatro primeiros anos. A passagem para a insulina instaurou-se em seguida, em função de um considerável emagrecimento: mais de vinte quilos, nos diz ele. Com a insulina teve um equilíbrio relativamente satisfatório, durante um novo período de quatro anos, no fim do qual foi hospitalizado por causa de uma congestão pulmonar com febre alta e desequilíbrio da diabete. Foi esse grave incidente somático, vigente há três anos, que precedeu a atual hospitalização.

Se Gaëtan diz que não houve nenhum problema de saúde entre os quarenta e sessenta anos, teve no entanto, aos trinta e dois anos (três antes da guerra), uma tuberculose pulmonar tão grave que lhe deixou bem pouca esperança de sobreviver. A tuberculose manifestou-se de forma violenta por ocasião de uma gripe, sendo consecutiva a um período de sobrecarga profissional especialmente intensa. Na época, Gaëtan era ajudante de tabelião num grande cartório parisiense, único especializado em atas de tabelionato concernentes às sociedades industriais, tanto que lhe poderia acontecer, conforme relata, ter que redigir atas durante várias noites seguidas. É o motivo que invoca para explicar que tenha caído doente num período em que, segundo suas palavras, tudo lhe corria bem: estava casado há quatro anos e a mulher esperava o primeiro filho. Este, uma menina, só foi conhecê-lo vários meses depois do nascimento, pois Gaëtan foi enviado a um sanatório nos Pirineus, depois a outro perto de Paris.

Dessa estadia em sanatórios, Gaëtan conserva lembranças muito vivas, que descreve extensamente. Encontrou-se, efetivamente, com um grupo de doentes, um cirurgião e os outros dois também médicos, com quem estabeleceu relações muito calorosas, firmadas em torno do gosto comum pelo bridge. Insiste em *"seu moral sempre formidável"*, apesar do pneumotórax e da proibição de fumar, na verdade bem pouco respeitada, por ter sido Gaëtan sempre um inveterado fumante. Seu elevado moral, nutrido pelos vínculos amis-

148   *O equilíbrio psicossomático*

tosos com os colegas doentes e os médicos que os tratavam, bem positivamente investidos por ele, esteve na origem, conforme opinião geral, de uma cura progressiva, que Gaëtan não está longe de considerar milagrosa. Manteve o pneumotórax durante vários anos, indo fazer-se insuflar regularmente pelo Dr. Soufflet (!) durante os primeiros anos da guerra, quando se instalou como tabelião no departamento de Nièvre, onde permanecerá dezessete anos. Lá nasceram a segunda e a terceira filha, em 1942 e 1947. As três filhas hoje estão casadas, são mães de família tendo cada uma delas três filhos — "*todos com saúde perfeita*" — esclarece Gaëtan.

Podemos perguntar sobre o que teria levado Gaëtan, aos trinta e dois anos, a contrair essa tuberculose pulmonar tão grave, num momento em que a mulher esperava o primeiro filho. De bom grado levantaríamos a hipótese de que algo se passou naquele momento, relacionado com a morte de seu pai, falecido na guerra de 14, quando Gaëtan ainda era criança. Ele achou-se só com a mãe e o irmão caçula de um ano e meio, o qual até à época não teria tido nenhum problema de saúde. O que nos faz aventar a hipótese é o papel primordial aparente desempenhado em sua cura por investimentos relacionais homossexuais, fosse com os amigos doentes como ele ou com os médicos. De fato, fica-se impressionado com a extensa lista de médicos que Gaëtan nomeia e que o teriam acompanhado, de durante toda a vida.

Com certeza, existe atualmente uma atitude de idealização, reforçada ao mesmo tempo pelo enfraquecimento generalizado do tônus vital de Gaëtan, como pela iminência de duas intervenções cirúrgicas não desprovidas de perigo para ele. Seja como for, depois do movimento de desorganização que o atingiu aos tinta e dois anos, culminando no aparecimento da tuberculose pulmonar, ele pôde constituir um estrato de reorganização, passando por um período transitório de doença aguda, em seguida, de convalescência; cada um desses períodos durando cerca de quatro anos, para mostrar-se, afinal completamente curado em 1945, terminada a guerra. Um longo período de saúde perfeita se estenderá, em seguida, por vinte anos, isto é, até o aparecimento da diabete.

Ao nos descrever o assunto da expropriação de sua casa, Gaëtan anima-se e mostra quão a fundo empenhou-se nos vários processos

A desorganização somática tardia 149

que moveu. Certamente, ele quer demonstrar por um lado que não se enganou ao comprar a casa, que na época não estava sujeita a qualquer medida de expropriação; e por outro lado, de que foi inteiramente objeto de injustiça, em função dos atos arbitrários de uma administração cega. Para nós, chama atenção o fato de ele ter, com essa demanda, podido desenvolver uma verdadeira reação paranóica, e mesmo que sua veemência, por momentos, adquirisse essa coloração, não se trata de modo algum de uma construção sólida para ter um real valor defensivo no plano mental. Estaríamos tentados a dizer que foi por ter "estragado" a constituição de uma paranóia a propósito da expropriação é que ele manifestou a diabete. As razões desse estrago podem — é natural — ser múltiplas: ligadas especialmente à fragilidade da organização mental como à predisposição para acidentes somáticos, o que aconteceu há trinta e dois anos, com a tuberculose pulmonar, mas ligadas também a um certo esgotamento dos recursos mentais, com o passar da vida e o aumento da fragilidade somática.

Nessa perspectiva, a luta de Gaëtan instaurada contra os poderes públicos a partir da expropriação, parece ter preenchido uma dupla função contraditória. De um lado — e já aludimos a isso —, as várias peripécias judiciais não deixaram de repercutir em seu estado somático, agravado por etapas sucessivas, cada uma delas cobrindo um período de três ou quatro anos. Mas, de outro lado, podemos pensar também que o conflito que intervinha nos anos em que Gaëtan devia entrar na aposentadoria desempenharam igualmente um papel estimulante num homem que se apresenta como escravo do trabalho, e para o qual era impensável deixar aos filhos uma situação financeira confusa, e mais ainda, desastrosa. Foi o que nos parece ter-lhe permitido triunfar aos diversos incidentes somáticos mais recentes: a passagem à insulina, em seguida, já há três anos; a congestão pulmonar com o desequilíbrio da diabete. Hoje, nos diz que tudo está quase arrumado e que procedeu à partilha de seus bens, tendo o cuidado de não lesar nenhuma das filhas. Pode, pois, partir tranqüilo; constatação que não achamos nada favorável para ele, num momento em que parece envolvido num movimento de desorganização progressiva e às vésperas de uma dupla intervenção cirúrgica.

Seu funcionamento mental presente parece dominado em grande

150   *O equilíbrio psicossomático*

parte por preocupações de momento, com a emergência da "vida operatória". De fato, não expressa diretamente nenhuma angústia verbalizada quanto a seu estado; de modo algum preenchendo seu discurso, com esclarecimentos detalhados sobre os diverso exames que fez ou com as variações de sua curva de temperatura, bem como com as peripécias de suas ações judiciais.

Interrogado sobre sua vida onírica, Gaëtan declara sonhar pouco mas mesmo assim conta dois sonhos recentes: um em que cai num buraco e outro em que desperta com a sua diabete desequilibrada. Não faz nenhuma associação com esses dois sonhos.

Apesar dos elementos de realidade que pesam sobre ele e que acentuam o aspecto relativamente rígido de seu funcionamento mental, parece que Gaëtan conserva certo tônus libidinal; sensível em seu desejo de falar e na possibilidade de se animar, quando evoca seus velhos amigos de outrora, graças aos quais se restabeleceu da tuberculose, bem como os numerosos médicos que cuidaram dele, nos quais está incluída a atual equipe que o trata.

Cabe notar que as mulheres aparecem notoriamente pouco, em seu discurso. Por exemplo, nada diz da mãe nem das filhas; falando da mulher a nosso pedido no fim da entrevista, esclarece que ela é três anos mais moça que ele e acha-a extremamente agitada, inquieta, afligindo-se com facilidade se lhe sucede algum problema de saúde, o que é raro; e passando repentinamente, de maneira difícil de suportar, de um otimismo a toda prova para um pessimismo absoluto.

Se tentarmos separar o que decorre da organização mental atual de Gaëtan, do estreitamento devido à idade e aos elementos traumáticos ligados à situação presente, a fim de tentar avaliar seu funcionamento anterior, parece que é possível considerar que ele entraria no quadro das neuroses de caráter medianamente, ou mesmo muito bem mentalizadas, com prováveis, mas marcantes traços de caráter obsessivo de tipo perfeccionista, meticulosidade. Ele é escravo do trabalho, mas demonstra também com uma abertura relacional viva para com os amigos, seus colegas de escola, que nunca perdeu de vista, como fez posteriormente com os amigos do sanatório. Tudo isso permitiu um equilíbrio psicossomático de ótima qualidade — sem deixarmos de notar a desorganização, depois a reorganização

A desorganização somática tardia

151

ocorrida entre os trinta e dois e os quarenta anos - levando em conta igualmente a série de incidentes somáticos sobrevindos desde o aparecimento da diabete aos sessenta anos.

Relatório do TAT[1]

Trata-se de protocolo falsamente volumoso, na medida em que não existem realmente histórias contadas, decorrentes das pranchas, mas antes uma série de elementos descritivos acompanhados de comentários marcados pela inibição, pela perplexidade e mesmo por referências pessoais.

Sente-se, por todo o protocolo, que Gaëtan luta contra a emergência de uma angústia subjacente difusa — a palavra inquietação aparece praticamente em todas as pranchas —, angústia cuja expressão o sujeito tenta colmatar pelo apego a detalhes do conteúdo manifesto, bem como por tentativas repetidas para denegar o caráter conflitual ou dramático suscitado pelo material. Vale dizer que a defesa por meio da realidade — aqui a dos detalhes do material — é constantemente utilizada com o fim de atenuar os afetos.

Alguns elementos de tipo fabulatório ou de perseveração são encontrados em diferentes momentos, atestando um certo enfraquecimento das possibilidades de elaboração mental, quiçá mais especialmente sensível nas pranchas pouco estruturadas a 11 e a 19 onde Gaëtan vai enumerar uma série de elementos disparatados e fragmentados, não destituídos de implicações simbólicas *"bicos, garrafas de boliche, dentes dependurados"*, etc.

Além do comentário humorístico feito por Gaëtan a meu respeito, após a prancha 5, em que o preenchimento com detalhes foi notório: *"A senhora está me dando muitos zeros, doutora?"*, o que permanece mais vívido nesse conjunto é a referência pessoal dada à prancha 16 a propósito de seu elevado moral, de sua confiança nos que

---

1 Cf. anexo p. 261.

O equilíbrio psicossomático

cuidam dele e da importância, em sua vida, do lugar ocupado pelos amigos, com menção especial a seus condiscípulos e à sua fiel amizade recíproca.

Assinalemos entretanto, para terminar, a curiosa percepção na prancha 10 de um orador no primeiro plano, explicando algo *"a alguém com jeito de estar chegando do céu..."*, expressando, assim, a que ponto a aproximação heterossexual carinhosa parece atualmente desinvestida, em detrimento de uma relação marcada pela onipotência e pelo recurso ao pensamento mágico.

Figura de Rey

Os resultados numéricos são medíocres, mas a aferição não leva em conta as correções que deveriam ser feitas, em vista da idade do sujeito.

O que convém sublinhar é que a apreensão da realidade permanece de boa qualidade, como se pode constatar na prova de cópia, em que o traçado, muito tremido, não impede a exatidão satisfatória da reprodução. Em contrapartida o desenho de memória mostra sinais evidentes de enfraquecimento das possibilidades de retenção mnésica e o apego a um esquema familiar: a casa.

Em suma, se tomássemos esses elementos numa perspectiva que nos permitisse apreender o que é feito da imagem do sujeito, só se poderia insistir aqui na fragilidade dos referênciais narcísicos e na deterioração da imagem de si, como aparece no desenho de memória. Dever-se-á considerar como significativo o fato de aparecer exatamente uma casa — mas é também uma casa que as crianças pequenas desenham —, enquanto o começo da desorganização progressiva que afeta Gaëtan, por meio de etapas sucessivas, instaurou-se com a expropriação de sua mesma casa?

Com essa última observação, o problema da sucessão no tempo, de uma vida com diversos acidentes somáticos que podem atingir uma pessoa, é aquele que nos parece mais interessante comentar, tanto quanto a aceleração dos movimentos de desorganizações suces-

A desorganização somática tardia

153

sivas. Estas são, porém, sempre seguidas — até o presente — de movimentos de reorganização; tanto que estes, com o passar do tempo, aparecem com extensão cada vez mais reduzida e as forças vitais estão diminuindo. Em Gaëtan parece-nos que existem vínculos muito evidentes entre, de um lado, os arranjos feitos no cenário mental, que se mostram repentinamente falhos em momentos chaves de sua existência e, de outro, as súbitas alterações somáticas conseqüentes, dando lugar secundariamente a uma reorganização sempre apoiada em investimentos relacionais externos, isto é, na retomada de um tônus vital que vem reanimar os arranjos mentais.

Podemos perguntar-nos por que razões Gaëtan, aos trinta e dois anos, teve uma tuberculose pulmonar gravíssima e não uma diabete insulino-dependente, que só aparecerá bem mais tarde em sua vida. Nossa hipótese atém-se justamente à qualidade de seus investimentos mentais, que, por ocasião desse primeiro movimento de desorganização, o precipita em uma afecção, cujo "caráter psicossomático" (reconhecido por muitos autores) protege-o de uma desorganização maciça, que poderia chegar a essa doença diabete de que era portador.

Quando esta efetivamente se manifesta, cerca de trinta anos após a tuberculose, na falta de uma reação paranóica de valor defensivo, ela será rapidamente circunscrita, permitindo a instaurção de estratos de reorganização relativamente estáveis no tempo, e de um arranjo mais satisfatório de sua vida.

Não é menos verdade que o fato de Gaëtan (levando em conta sua organização mental) encontrar-se hoje — na sua idade — com todos os negócios em ordem (vale dizer que considera não ter mais que lutar em favor dos seus), não nos parece um bom prognóstico no que concerne à qualidade de seu tônus vital presente, para enfrentar eventuais reorganizações consecutivas aos movimentos de desorganização originários das intervenções cirúrgicas a que se deve submeter proximamente.

Gaëtan é quem, entre todos, manifesta sua diabete mais tarde (aos sessenta anos), num período da vida próximo da aposentadoria; sabendo-se que foi sempre um verdadeiro escravo do trabalho; e que estava na época com uma péssima sorte no plano da gestão de seus negócios, pois ele que era tabelião viu-se expropriado da casa que

154   *O equilíbrio psicossomático*

comprara e que reformou completamente em Paris. O aspecto não previsível e inelutável da decisão da Justiça, que o atingiu, não foi suficiente para constituir um arranjo paranóico sólido. O movimento de desorganização que parece ter acompanhado esse trauma acaba na explosão da diabete, que permitirá, num segundo momento, a constituição de um estrato de reorganização relativamente estável. Mesmo que a organização mental de Gaëtan, a despeito da idade (tem setenta e um anos quando é feita a investigação), nos tenha parecido apresentar certo vigor funcional, pertencente ao grupo das neuroses de caráter muito bem mentalizadas, nem por isso nos parece ter ele podido constituir ao longo da vida uma verdadeira neurose mental — como também não conseguiu uma paranóia aos sessenta —; o que é atestado pelo grave movimento de desorganização que o atingiu aos trinta e dois anos, idade em que manifestou a tuberculose, curada em pouco mais de sete anos; vivendo, a seguir, um ótimo período de saúde, até os sessenta anos.

Com outro paciente, Jean, cuja diabete manifesta-se aos quarenta e sete anos, a noção de trauma externo identificável está de novo em primeiro plano, pois a doença acompanha de perto o confronto com a ameaça de morte que pesava sobre sua mãe. Foi ao vê-la voltando da sala de cirurgia, após a ablação de um câncer do reto, que ele percebeu bruscamente que ela poderia morrer. Fez então o voto de contrair qualquer doença grave, em troca de que ela vivesse ainda dez anos. O fato de seu voto ter-se realmente efetuado, tanto quanto a doença grave, como no tocante ao prolongamento da vida da mãe, levou-o a um novo equilíbrio psicossomático, no qual às sempre presentes manifestações alérgicas anteriores, que pareciam inscrever-se num quadro de uma estrutura de tipo alérgico essencial (P. Marty, 1958), acrescentaram-se angústias difusas mais permanentes, ligadas ao temor de mal-estares hipoglicêmicos.

Com Ali, enfim, que manifesta a sua diabete abruptamente, aos trinta e oito anos, se não encontramos um trauma propriamente dito externo identificável, o movimento de desorganização súbita de que é presa nesse preciso momento da vida parece inscrever-se num contexto geral em que domina uma extrema precariedade do funcionamento mental, pois nos pareceu pertencer ao grupo das aparentes inorganizações. Essa apreciação merece ser nuançada em seu caso,

A desorganização somática tardia 155

pelo fato de Ali, sendo argelino, analfabeto, projetado no mundo do trabalho em Paris desde os dezoito anos, ter-se encontrado aí arrancado de suas raízes; tendo sua energia vital lhe permitido, num primeiro momento, uma adaptação de boa qualidade ao trabalho, mas que se esboroou bruscamente aos trinta e oito anos, com o surgimento da diabete, por não lhe ter facultado constituir um estrato de adaptação com um mínimo de estabilidade.

3. Fragilidade individual e doença somática

Descrevemos anteriormente, a propósito de casos de crianças com aparecimento precoce da diabete, a hipótese de existir uma assim chamada *conjunção explosiva* ocasionada pelo encontro de um terreno frágil com uma situação externa traumatizante, decorrente de perda objetal; estando o conjunto, no contexto fragilizante, constituído pela idade do conflito edipiano. Para um bom número de sujeitos, pode-se considerar que essa conjunção explosiva, então diferentemente gerenciada, poderá estar deslocada no tempo, em função de causas essencialmente conjunturais, isto é, ligadas principalmente à presença externa constante de objetos privilegiados indispensáveis à manutenção do equilíbrio psicossomático do sujeito. Quando esses objetos faltarem (no caso do luto), ou quando derem origem a uma excitação extremada (nascimento de um bebê), o equilíbrio econômico será rompido, iniciando novo movimento de desorganização. Somos, portanto, de novo conduzidos ao problema do trauma e de sua natureza; problema que podemos formular assim: o que terá valor traumático para dado sujeto e num tal momento de sua história. Problema a que podemos responder agora com um pouco mais de precisão.

Com efeito, quanto ao último termo, "o momento da história do sujeito", vê-se que nossa curva de idade referente ao aparecimento da diabete lhe corresponde em parte, pois ele delimita esses períodos sensíveis que são a tenra idade e a idade do conflito edipiano, depois a adolesência e a entrada na vida adulta; períodos a que se pode juntar, em função dos nossos três casos de aparecimento tardio da diabete: a do meio da vida e a da crise da entrada na terceira idade,

156 *O equilíbrio psicossomático*

concomitante à aposentadoria. É óbvio que se trata aí de momentos fragilizantes no desenvolvimento da vida humana, suscetíveis de favorecer essa conjunção explosiva que acabamos de descrever. Não se trata de forma alguma de excluir a possibilidade de que para um dado sujeito, um movimento de desorganização possa produzir-se fora desses momentos críticos, para todas as pessoas.

Se estamos procurando precisar, à luz do que vimos anteriormente, quais elementos poderiam ser destacados pela verdadeira participação nas características tanto do sujeito como do acontecimento que, visto em seu amplo sentido, poderá adquirir um valor traumático, parece-nos que estará em primeiro plano a questão do peso da realidade e de seu impacto sobre o indivíduo que a vivencia. Poderíamos dizer que a mola de nossos diversos casos é a relação (singular para cada um, mas que conserva um valor geral) que une as particularidades da organização mental do sujeito, postas em ressonância com as eventualidades da realidade externa. Nessa perspectiva, quanto mais sólida se revelar a organização mental, isto é, quanto mais a espessura da psique aparecer como conseqüente, menos violento se mostrará o impacto da realidade externa nas conseqüências posteriores que acompanharão sua emergência. É afirmar que o aparelho mental, quando suficientemente diferenciado e operante, desempenha papel de filtro adaptador, por meio da elaboração dos conflitos, daquilo que a realidade externa lhe entrega como material bruto. Este pode atingir, por momentos, uma espécie de estrago do ego, conduzindo à invasão da realidade no interior da psique, o que é específico do trauma. A saída de tal processo será função das possibilidade de tomadas e retomadas mentais, por parte do sujeito, desse elemento aparentemente "não digerível" num primeiro tempo, mas que, progressivamente e por meio de um longo trabalho — de que é o melhor protótipo o trabalho de luto — conseguirá finalmente integrar-se na evolução sempre móvel — já que há vida ali — de sua psique.

Pode-se dizer que se trata aí exatamente do trabalho com o qual se defronta todo ser humano para tornar-se adulto e, feito isso, para poder continuar vivo. Por tornar-se adulto entendemos em especial (levando em conta o que nossos casos nos permitiram ver) as modificações que vão afetar o corpo do sujeito e principalmente as que aparecerão ao longo da puberdade. Mas se o sangue das primeiras

A desorganização somática tardia 157

regras na sua realidade mesma pôde revestir em algumas de nossas moças um caráter traumático, iniciando um movimento de desorganização somática posterior, é exatamente porque reativava todo um conjunto de traumas anteriores e de conflitos insuficientemente metabolizados, pois estamos no direito de considerar que esse acontecimento tem um caráter traumático — entre outros — para toda mocinha que passa por ele, sem por isso manifestar secundariamente uma diabete. Não é menos verdade que se trata aí de um evento de caráter sexual, objetivado no plano da realidade por essa outra realidade, a do sangue. Queremos dizer insistindo nesse aspecto particular que é justamente o caráter sexual que, valorizado e elaborado pelo sujeito, vai desempenhar, como pensamos, uma proteção com relação a um eventual movimento de desorganização. No fundo é bom — parece-nos — que nossas jovens manifestem sua diabete aliada a esse fato, porque o sangue das primeiras regras era insuficientemente sexualizado (o que não as protegeria contra a reativação violenta dos traumas anteriores aos quais tinham sido submetidas). O sangue, na sua realidade, remetendo aos acidentes e à morte, prevaleceria sobre o sangue das regras inscrito num movimento de vida, por ser necessário à transmissão desta e ao acesso à vida genital adulta.

Esse caráter insuficientemente sexualizado com respeito a acontecimentos externos que lhe dão vida aparece como uma constante nos sujeitos de nossa pesquisa; caráter este insuficientemente sexualizado, porque insuficientemente conflituado, na medida em que os dois termos só podem estar ligados o aspecto sexualizado aparecendo no contexto de uma problemática que faz intervir a diferença dos sexos, portanto a angústia de castração, ela própria retomada na rede de elementos constitutivos do Édipo, com referência à diferença das gerações e das posições conflituais que dela decorrem.

Pode-se dizer, que em todos os sujeitos, nos quais não pudemos dar ênfase ao acréscimo de um fator sexual acrescentado, intervindo de algum modo, na conjunção traumática revelada na origem do movimento de desorganização, atestado pelo aparecimento da doença, é claramente toda essa problemática acima descrita que é posta em cena e que lida com a angústia de castração, mostrando-se falha, deixando o sujeito sem proteção diante da angústia de perda do objeto. Na mesma ocasião, a dependência em que se encontra frente à

158   *O equilíbrio psicossomático*

presença ou ausência de seus objetos privilegiados se acusa como se o que perdesse no âmbito da "espessura" psíquica, lugar onde se juntam e se elaboram os conflitos, fosse por ele compensado, de algum modo, no âmbito da realidade externa, pela necessidade de estar na proximidade contínua de seus objetos significantes, necessários à manutenção do equilíbrio homeostático. Vê-se então que a resistência aos traumas externos identificáveis, tais como as separações, perda de objetos ou lutos, acha-se consideravelmente reduzida, podendo levar o observador à assimilação simplista (às vezes verdadeira) que ligaria, num dado indivíduo, uma relação direta de um dado acontecimento externo com o aparecimento da diabete.

É ao longo de um contínuo que vai das organizações mentais em que se pode identificar um setor da psique capaz de certa elaboração dos conflitos e da angústia de castração — ainda que este não tenha parecido conseqüente o bastante para constituir uma real neurose mental até as organizações, cujo sistema de regulação mais importante parece estar em relação estreita com a presença real externa de seus objetos significantes, que parecem se repartir entre os vinte e um casos de nossa pesquisa. No meio destes e em relação à idade da aparição da doença (numa aproximação bem geral que comporta exceções), parece que se pode considerar que as diabetes surgidas na adolescência (entre quinze e vinte anos) poderão acompanhar uma organização mental de muito boa qualidade; diabetes de aparecimento muito precoce, parecendo acarretar certa estupefação dos processos mentais, em razão mesmo do grande impacto do peso da realidade contido nessa doença.

Quanto às diabetes de aparecimento mais tardio, parece-nos que o desencadeamento da doença está em relação direta com uma modificação relativa à configuração externa dos objetos privilegiados do sujeito (como numa gravidez ou no nascimento de uma criança). Encontramo-nos freqüentemente na presença de organizações mentais precárias, nas quais o equilíbrio homeostático parece diretamente determinado pelos vínculos que devem permanecer invariáveis na época em que esses sujeitos os estabelecem com seu ambiente imediato.

Enfim, nas diabetes de aparecimento tardio, as que sobrevêm na segunda metade da vida, parece que esse processo põe em jogo mais

A desorganização somática tardia

variáveis do que numa de aparecimento mais precoce, e que por isso ela pode encontrar-se em qualquer tipo de organização mental.

Queremos dizer com isso que, aos elementos que definimos anteriormente e que parecem juntar-se para atingir a essa conjunção explosiva de que nascerá a doença (o terreno específico que constitui a organização econômica geral do sujeito, em ligação com o peso dos fatores ditos de realidade, que vêm à luz nesse momento particular de sua história), somam-se aqui elementos variáveis de acordo com os indivíduos, mas presentes para todos, ligados à noção de desgaste ou de fragilização acrescentada pelo passar da vida e pelo o tônus vital que torna-se menos intenso. Considerando-se o fato de que com o passar do tempo as pessoas têm maior tendência para responder aos traumas com desorganizações somáticas ao invés de fazê-lo pela exacerbação de uma sintomatologia mental, o aparecimento ou não da diabete se desenvolve para eles também nas relações dialéticas que se poderão estabelecer entre o que for metabolizável no cenário mental e o que tomará aspecto de efração da psique levando ao movimento de desorganização somática[1]. É notável constatar que, aos trinta e dois anos, Gaëtan não manifesta uma diabete, mas uma tuberculose pulmonar, de que vai se restabelecer inteiramente. Como se seu tônus vital fosse de tal ordem que pudesse constituir uma proteção suficiente para evitar o aparecimento de uma diabete incurável, da qual, no entanto, era portador. Vemos que se aderirmos a essa hipótese podemos considerar que a tuberculose o protegeu, de certa maneira, nesse momento exato de sua vida, contra a ocorrência da diabete.

Em suma, se parece existir mesmo o que chamamos de "períodos sensíveis" no transcurso da vida humana, períodos que correspondem ao que habitualmente se descreve em termos de "crises" — crise do conflito edipiano, crise da adolescência, crise da metade da vida, etc. —, estes serão como que momentos fragilizantes no indivíduo, que pode então reagir mais intensamente à vivência tida como traumática ou como à reativação de um trauma anterior insuficientemente elaborado, podendo abrir caminho a uma desorganização somática.

---

1 Cf. a noção de "espessura regressiva" dada por P. Marty, 1976, p.97

160 *O equilíbrio psicossomático*

Mas o que vai mostrar-se decisivo, no tocante à saída do movimento de desorganização consecutiva a esse trauma, irá se passar no plano da qualidade de suas bases narcísicas, bem como da psique inteira, a qual permitirá ou não a elaboração progressiva do trauma e a constituição de um estrato de reorganização sem maior afecção somática.

É óbvio que quanto mais frágil for o ego do sujeito ou mais insuficientemente desenvolvido (caso de crianças muito pequenas), mais o trauma será vivenciado como violento, constituindo uma efração impossível de metabolizar e tanto mais o movimento de desorganização se ampliará, atingindo as fixações genéticas e permitindo o aparecimento da diabete. Esta, enquanto doença irreversível, constitui um elemento de realidade na vida do sujeito por ela atingido; realidade que pode ser diversamente apreendida, conforme a pessoa e sua organização econômica geral; de acordo também com as diferentes fase da vida.

8 A propósito da constituição do ego

À medida que a invasão traumática dos elementos da realidade externa pode ser objeto de um trabalho que permita, primeiro, circunscrever seu impacto, depois, num segundo momento, reduzi-lo, colmatá-lo e ainda, integrá-lo no funcionamento psíquico geral, é que uma pessoa poderá, sem muitos danos, enfrentar os azares da existência, sob a condição, é claro, de que os acontecimentos com que se deva confrontar não ocorram numa fase particularmente crítica de sua evolução, e não revistam também características quantitativas e qualitativas tais, que ultrapassem suas possibilidades de integração do momento. O que vai permitir a filtragem dos dados brutos da realidade, feita progressivamente, por meio de um trabalho reiterado do pensamento (tanto em nível consciente quanto em níveis pré-consciente e inconsciente, dos quais pode-se, às vezes, seguir as pegadas, por meio do fio condutor das elaborações oníricas sucessivas que o sujeito pode fazer delas), será diretamente determinado pelas características de seu instrumento mental, ou de seu *aparelho para pensar os pensamentos*[1]", isto é, em última instância, pelo fato de podermos determinar também, de maneira ampla, as características de seu ego.

Foi principalmente por um ego perfeitamente constituído, permitindo uma clara percepção das instâncias que estruturam a organiza-

---

1 W. R. Bion, 1964, p. 82.

162 *O equilíbrio psicossomático*

ção, especialmente da segunda tópica, que Freud se interessou, centrando-se no estudo de pacientes que apresentavam neuroses mentais francas. O fato de o id, o ego e o superego aparecerem no sujeito adulto como entidades distintas, estabelecendo entre elas e em relação às exigências da realidade externa vínculos conflituais e mutantes no tempo, seguramente contribui para garantir, da maneira mais eficaz possível, o papel de filtragem e até de tampão, com vistas a uma eventual invasão vinda de fora. Esta pode repetir-se num lapso de tempo relativamente breve, numa rede de conflitos significantes para o sujeito, saídos da luta sempre renovada que ele leva a cabo, entre seus desejos e suas defesas. Tal como está colocado, de um ponto de vista tópico, numa dupla dependência frente às exigências do id e daquelas mais freqüentemente contraditórias do superego, e além disso, confrontado com os imperativos da realidae exterior, o ego do sujeito deverá efetuar um trabalho de ajustamento contínuo, no qual todos os recursos irão encontrar-se envolvidos logo que o *quantum* de afetos atingir um limiar suficiente para desencadear um sinal de angústia. É, com efeito, em função da ocorrência desse sinal que o ego poderá pôr em marcha suas "operações defensivas" que se traduzirão, de um ponto de vista dinâmico, pelo aparecimento dos mecanismos de defesa de que dispõe: mecanismos obsessivos, histéricos ou fóbicos.

Enfim — e aqui se trata de um ponto de vista econômico, por nós privilegiado sobremaneira até o presente —, é o ego que, por essas diferentes manobras, funciona como um fator de ligação entre os processos psíquicos, principalmente no que concerne à passagem através do pré-consciente de elementos marcados pelo cunho do processo primário e que, retomados pelo pensamento, vão poder receber uma tradução compatível com a organização do processo secundário, único a assegurar o acesso ao pensamento racional. Vemos que é muito em função das características do ego do sujeito que será possível apreciar a existência da permeabilidade entre as diversas instâncias, especialmente diante da moções vindas do inconsciente, cuja precariedade observamos em bom número de sujeitos de nossa pesquisa.

De fato, o ego, como aparece nos escritos de Freud, depois do que se convencionou chamar a virada de 1920, engloba elementos pertencen-

A propósito da constituição do ego 163

tes aos três sistemas constituintes da primeira tópica: o consciente, em primeiro lugar, representando o "núcleo do ego", o pré-consciente na sua maior parte e, enfim, uma grande parte do inconsciente, se bem que a ele sejam atribuídas funções diversas e antinômicas (como o controle da motilidade e da percepção, a prova de realidade, e todas as funções ligadas ao exercício do processo secundário: pensamento lógico, ordenamento temporal dos porcessos mentais, antecipação...). Mas o ego engloba também mecanismos ligados à ativação de defesas inconscientes, podendo dar margem ao desconhecimento, à racionalização, à defesa compulsiva contra as reivindicações pulsionais, etc. Se juntarmos a essas características a asserção segundo a qual *"o ego deve ser considerado como um grande reservatório de libido de onde ela é enviada aos objetos, estando também sempre prestes a absorver a libido a partir dos objetos"*[1] , vemos ser introduzido, com a energia do investimento de que ele dispõe, o duplo equilíbrio entre libido narcísica e libido do objeto, o qual preside às trocas relacionais de todo o indivíduo humano.

Mas, partir de um ego perfeitamente constituído, isto é, que chegou a um perfeito acabamento (como acontece com o sujeitto adulto que pôde organizar-se de forma neurótica sólida, permitindo, em caso de descompensação pós-traumática, a eclosão de uma neurose mental franca), não resolve os problemas ligados à gênese mesma do ego, que aparece e se diferencia progressivamente no curso do desenvolvimento, em relação com os elementos que vão constituir a vida da criança de tenra idade, a partir de seu nascimento.

Para Freud, a gênese do ego pode ser considerada de dois pontos de vista diferentes, mas que se pode chamar de complementares. Em primeiro lugar como um aparelho adaptativo que se diferencia a partir do id no contato com a realidade:

"o ego se desenvolveu a partir da camada cortical do id, que, preparado para receber e afastar excitações, encontra se em contato direto com o exterior (a realidade). Tendo seu ponto de partida na percepção consciente, o ego submete à sua influência domínios sempre mais vastos, camadas sempre mais profundas do id"[2].

---

1 S. Freud, 1923 a. SE., 18. p. 257.
2 S. Freud, (1938), 1950, p 74.

164 *O equilíbrio psicossomático*

O outro eixo de desenvolvimento é constituído pelo produto das identificações sucessivas do sujeito; produto que atinge a formação, no interior da pessoa, de um objeto de amor investido pelo id. Encontra-se aqui o duplo jogo entre a libido narcísica e a libido de objeto, aquela necessária ao investimento de outrem e ao estabelecimento de movimentos identificatórios estruturais para o sujeito; movimentos sobre os quais se estabelecerá e se apoiará sua libido narcísica. Mas, então, esta última aparecerá como constitutiva do narcisismo secundário, por ter-se desviado, de alguma forma, dos objetos externos, o que deixará de pé o problema colocado pela existência de um narcisismo primário, anterior, para Freud, à instauração de toda relação com o mundo exterior, estado anobjetal cujo protótipo se encontraria na vida intra-uterina e de que o sono representaria uma reprodução mais ou menos perfeita.

Vê-se que, conforme se puser a ênfase num ou noutro desses dois pontos de vista (minimizando, excluindo mesmo, um dos eixos de referência), as opções teóricas, relativas à constituição da pessoa e, pois, às propriedades de seu ego, vão encontrar-se grandemente modificadas. Citamos de memória os trabalhos de Hartmann, Kris e Lowenstein (1956), centrados na psicologia do ego e na existência, em seu âmago, de uma energia dessexualizada; estes são trabalhos que repousam na valorização excessiva da função adaptativa do ego, ao se diferenciar a partir do id, no contato com a realidade. Ao contrário, as posições de M. Klein (1932) poderão questionar novamente a própria existência de um narcisismo primário, aparecendo os esboços relacionais de forma repentina e confundindo-se com os esboços do ego. Mesmo se procurarmos manter essa dupla perspectiva genética na constituição do ego, nem por isso deixam de mostrar-se bastante complexos os problemas ligados à diferenciação que se deve operar no sujeito humano entre o dentro e o fora, isto é, entre sua pessoa e o mundo externo; mas também, no seu interior, entre o que se passa na sua psique e o que acontece em seu corpo. Em *O ego e o id* (1923 b) Freud descreve os vínculos do ego com o corpo: *"O ego é antes de mais nada um ego corporal; ele não é apenas um ser de superfície, mas é ele próprio a projeção de uma superfície*[1]*"*, acres-

---

1 *Op. cit.*, 1968, p. 194.

A propósito da constituição do ego

165

centando (o que só aparece na tradução inglesa de 1927): " *O ego é, em última instância, derivado de sensações corporais, principalmente as oriundas da superfície do corpo. Ele pode assim ser considerado uma projeção mental da superfície do corpo ao lado do fato (...) de que representa a superfície do aparelho mental*"[1]. Em suma, para que o ego possa constituir-se como uma parte do interior psíquico, é preciso primeiro que esteja estabelecido numa espécie de reconhecimento do corpo do sujeito; fundado nas sensações corporais, podendo-se considerar, então, haver uma possível ligação entre, de um lado, as qualidades de filtragem — e mesmo de para-excitação — que poderá constituir a barreira psíquica do ego, e de outro, as particularidades das trocas que poderão ter sido feitas no sujeito, por meio de sensações corporais e, especialmente, no âmbito do invólucro superficial que delimita sua pele.

Reintroduzir o corpo por meio das sensações corporais e das trocas cutâneas, como participantes na constituição do eu, é tentar reduzir, de certo modo, este "salto no somático" que nós constatamos, desde que aparece numa pessoa uma afecção somática irreversível que, por sua vez, reflete se na organização de seu ego. A noção de "eu-pele" proposta por D. Anzieu, enquanto designa *"uma figuração de que se serve o eu da criança ao longo das fases precoces de seu desenvolvimento, para se representar ela própria como eu, a partir da experiência da superfície do seu corpo"* (1974, p. 207), parece-nos constituir um precioso elo, à medida que põe a ênfase na noção de invólucro delimitador de um dentro e de um fora, e que este se encontra mais objetivado no plano da realidade externa como a parede que separa o corpo do sujeito do mundo circundante.

Vê-se que o conceito de arrombamento traumático por nós descrito a respeito de alguns de nossos sujeitos poderia ser compreendido como um estilhaçamento de seu ego e, singularmente do "eu-pele" enterrado ou perfurado, por constituir um invólucro insuficentemente protetor no que toca à invasão de que são alvo. É retomar, se bem que de forma diferente, o problema levantado pela existência em nossos sujeitos daquilo que chamamos fragilidade, e mesmo de falha

---

1 Citado *in* J. Laplanche e J.B. Pontalis, 1968, p. 253.

166 *O equilíbrio psicossomático*

narcísica, cujas particularidades constitutivas poderiam talvez se aclarar se nos concentrássemos nos possíveis vínculos existentes neles, entre seu eu-corporal e seu eu-psíquico. Mas, interessar-se pela gênese do eu-corporal é considerar necessariamente esta díade mãe/criança, como aparece desde o nascimento do bebê, nesse tempo bem especial em que, como salienta Winnicott, o recém-nascido não poderia ser distinguido do que constitui seu necessário ambiente, designado por ele "de cuidados maternos". Graças às funções do ambiente, que sustentam e contêm a criança, ela emerge progressivamente de um estado sincrético, possivelmente atravessado por momentos de excessiva tensão, para chegar a um funcionamento cada vez mais diferenciado, apoiando-se na percepção das sensações corporais, delimitando logo as fronteiras do corpo. Winnicott (1971) distingue três grandes aspectos na função do ambiente: *holding*, a maneira como a criança é carregada; *handling*, o modo como cuidada, manipulada; e enfim o designado de *object presenting* (1971, p. 154), que decorre do modo de a mãe apresentar os objetos à criança, e que não deixa de influir nas características posteriores que suas relações de objeto poderão revestir.

Se os distúrbios do *holding* podem estar na origem da má integração do ego no tempo e no espaço — dificuldades que encontramos de maneira patente num certo número de nossos sujeitos — os problemas ligados ao *handling* gerariam alterações da "personalização" do ego, o que naturalmente compreenderíamos como a constituição defeituosa da noção dos limites do corpo, por apoiar-se em experiências de manipulação e de cuidados corporais insatisfatórios. Enfim, no que provém do modo de apresentação dos objetos à criança, parece-nos que, o que se passa aí será capital no que diz respeito ao estabelecimento da relação com a realidade externa, que, para certos sujeitos tomará a dianteira sobre o investimento dos objetos enquanto pessoas. Apoiamo-nos no que Winnicott diz em seu artigo: *"O papel de espelho da mãe e da família no desenvolvimento da criança"*[1]. Se faz referência em primeiro lugar ao estado de espelho descrito por Lacan (1940), é para esclarecer que, de acordo

---

1 *Op. cit.*, p. 153.

A propósito da constituição do ego 167

com ele, o precursor do espelho é o rosto da mãe, de sorte que o bebê, ao olhar o rosto desta, se vê no olhar que ela pousa nele, se ela estiver efetivamente atenta e disponível para o bebê.

Winnicott descreve casos em que a mãe não refletirá senão seu próprio estado de espírito — principalmente se estiver deprimida — ou então a rigidez de suas defesas. Se o bebê não receber em troca o que está dando, haverá uma atrofia de suas capacidades criativas como preço pago pelas tentativas de adaptar-se a essa situação. No caso de o rosto da mãe não ser um espelho em que a criança possa reconhecer-se, Winnicott diz que *"a percepção toma o lugar da apercepção. Ela se substituirá ao que poderia ter sido o começo de uma troca significativa com o mundo, um processo com dupla direção, em que o enriquecimento do SELF se alterna com a descoberta do significado no mundo das coisas vistas"*[1]. A criança pode, contudo tentar adaptar-se, procurando prever as reações ligadas ao humor materno. Mas se a ameaça de caos tornar-se patente, *"o bebê organiza a retirada ou não olha para coisa alguma, senão para perceber, E ESSA PERCEPÇÃO TORNA-SE UMA DEFESA"*[2].

Parece-nos que o que aí está descrito coincide inteiramente com a gênese dessa defesa por meio da realidade concreta, chegando a privilegiar o atual e o factual, como pode ser vista em ação na vida operatória. Poderíamos postular então, para esses sujeitos, a existência de distúrbios precoces na relação de objeto, referentes sobretudo ao modo de apresentação dos objetos à criaça pela mãe, o que, num primeiro momento, passa necessariamente por um olhar que esta pousa sobre a criança e pelo que a criança verá nele. Trata-se de um olhar opaco, isto é, não atento e não vivificante. Pode-se admitir então que o investimento da realidade concreta, a saber, o aspecto da mãe, em seguida o aspecto dos objetos materiais percebidos ao redor dela, virá ocupar preferecialmente o campo da consciência, sufocando o que Winnicott chama de capacidades criativas ou o que poderíamos chamar de livre circulação das fantasias. Pode-se compreen-

---

1 *Ibid*, p. 155.
2 *Ibid*., p. 156, sublinhado pelo autor

der também que, num tal processo, os elementos da realidade concreta que consituem as diferentes partes do corpo relacionadas com as sensações corporais e com as trocas cutâneas, por ocasião das manipulações ligadas ao *holding* e ao *handling*, atingem a constituição de um eu-corporal materializado pelos limites do corpo, como a criação do aspecto real que ele pode ter, se a criança se vir num espelho. Se a defesa diante da falta de confiança suscitada pelos objetos vivos se faz pelo apego à pecepção, isto é, à realidade concreta, pode-se admitir que um movimento análogo se esboce no que diz respeito ao ego: o eu-corporal tomando a dianteira, de certo modo, sobre o que será o eu-psíquico, mas um eu-corporal de tipo específico, pois será investido como uma defesa contra a ameaça de caos. Segundo Winnicott (1970), o caos resulta de uma maternagem que não é "suficientemente boa", e não dos mecanismos kleinianos de medo do talião e da clivagem do objeto em "bom" e "mau".

Ao contrário, quando a maternagem é suficientemente boa, esses dois mecanismos que existem desde a origem *"podem ser relativamente pouco importantes até que a organização do ego torne a criancinha apta a utilizar os mecanismos de projeção e de introjeção para chegar ao controle dos objetos"*[1].

Levantamos, portanto, a hipótese de que, para certos sujeitos, em razão de uma ameaça de caos ligada à falta de suficente segurança na relação com o ambiente, efetua-se muito precocemente uma defesa por meio da percepção da realidade externa que vem de alguma forma obliterar e apagar tudo o que foi "experimentado" interiormente sem o apoio das sensações corporais verdadeiras.

Os cuidados maternos podem então ser particularmente eficientes no que tocante à satisfação das necessidades corporais da criança, (o que pareceu ser o caso de Pascale — observação nº 2), contribuem para reforçar esta inserção na realidade: as do corpo, as do mundo dos objetos concretos, em detrimento dos processos de interiorização e em particular do uso dos mecanismos de projeção e introjeção. A luta contra a ameaça de caos se faria por meio da colmatagem por meio da realidade das sensações corporais, bem como das colma-

---

1 D.W. Winnicott, 1970, p. 147

A propósito da constituição do ego 169

tagem com objetos externos, pessoas e coisas. Nesse contexto, consideramos que o primeiro organizador de Spitz, "o sorriso ao rosto humano visto de frente", parecerá ter-se estabelelecido normalmente, mas, em troca — o que é freqüente em clínica psicossomática infantil — o segundo organizador de Spitz, "o medo diante do rosto estranho", muitas vezes estará ausente, revelando as particularidades da relação de objeto. Essas crianças se mostrarão muito dependentes da presença física real de seus objetos privilegiados, pessoas e coisas; principalmente de seu objeto ou brinquedo preferido, que surge então bem mais como um fetiche do que como verdadeiro objeto transicional, mas ao mesmo tempo pronto a ser investido como bom, qualquer que seja o novo objeto, como se não houvesse real possibilidade de reter neles um objeto amado, quer dizer, reconhecido como tal, fisicamente ausente mas com sua presença mental capaz de permitir certa autonomia de funcionamento (M. Fain, 1971).

Sua sensibilidade àquilo que para eles constitui as características significativas do ambiente externo poderá revelar-se considerável, dando início, na hora de uma modificação julgada intolerável, principalmente a distúrbios de ordem somática.

Daremos como exemplo disso o caso de Marie-Pierre que, tendo durante o verão perdido seu fetiche, um coelhinho de pelúcia, sem o qual não podia dormir à noite, não obstante ter já oito anos, e pouco depois de ter percebido que se tratava de uma perda definitiva — os pais fizeram-na acreditar, num primeiro momento, que ele poderia ser encontrado — desenvolveu uma urticária atópica generalizada com uma localização especialmente dolorosa na planta dos pés, a ponto de impedi-la de andar; ela que era uma criança bastante travessa. As características de sua relação de objeto bem como o investimento preferencial na motricidade de imediato tomaram nela uma feição atípica. Aos dois anos, quando estava com os pais numa rua de Paris, desapareceu de repente e, só depois de várias horas de aflição, os pais a encontraram, bem longe do lugar de seu desaparecimento, completamente calma, brincando com policiais de quem se recusará separar-se. Conforme a reconstituição feita, a criança teria subido num ônibus do qual teria descido perto do lugar onde fora encontrada. Esse primeiro desaparecimento foi o prelúdio de uma série de atrasos e ausências contínuas: indo Marie-Pierre passear

170   *O equilíbrio psicossomático*

sozinha ou com amiguinhos, parecendo não ter nenhuma noção da hora, malgrado as reações ansiosas, e às vezes violentas, de seus pais. Quando lhe perguntam se não acha que seus pais se preocupam com sua falta quando ela não está em casa ao cair da noite, a resposta é que não pensa nisso pois sabe que está em segurança. É interessante notar que sua urticária gigante, surgida nas condições especiais que acabamos de assinalar, é considerada no âmbito médico como uma urticária de esforço, isto é, aparece preferencialmente quando a criança se agita e faz esforços no plano motor, vindo seu sintoma somático, de algum modo, fazer as vezes da preocupação dos pais para retê-la, impedindo-a de realizar suas andanças sem fim, apesar das surras com que o pai a espera na volta para casa.

Certamente, trata-se aqui de um exemplo extremo em que domina, ao que parece, a existência de uma relação de objeto essencial, como foi descrita por P. Marty (1969), na qual à precariedade do eupsíquico, soma-se a do eu-corporal, especialmente no que toca à percepção dos limites. Poderíamos acaso dizer que, nessa criança, o eu se reduz, de certo modo a um "eu-pele", cuja integridade depende da presença efetiva dos objetos concretos preferencialmente investidos por ela, regulando-se a homeostase psicossomática por meio desses investimentos, bem como pela descarga motora indispensável a seu funcionamento?

Seja como for, a fragilidade da noção de perda de objeto, e aqui mais especialmente a de objetos concretos (pessoas ou coisas), parece um elemento mais importante, encontrado nos sujeitos diabéticos, especialmente nos que manifestaram uma diabete muito precoce na infância. Será que a fixação operada neles no plano do eu-corporal, com prejuízo do desenvolvimento do eu-psíquico, não se acompanharia necessariamente de um aumento de dependência em relação aos elementos significativos para eles, constituídos por seu ambiente exterior? É uma hipótese que poderia ser confirmada se considerássemos seus mecanismos de projeção e introjeção, e mesmo certas particularidades encontradas em suas identificações.

O que nos impressionou sobremaneira em Marie-Pierre foi a aparente falta de identificação com seus pais, preocupados com ela por causa de sua ausência e isso por ela saber que não corria perigo al-

A propósito da constituição do ego 171

gum. Assim sendo, seu comportamento não parecia provir de uma relação que tivesse um colorido sadomasoquista, principalmente em razão das surras repetidas do pai; com a criança afirmando, desse modo, sua independência, a despeito ou em função da resposta paterna, que poderia ser secundariamente erotizada. Segundo pensamos, nada disso acontece aqui. O aspecto marcado pela compulsão à repetição com recurso aos atos só se manifesta pelos acessos de urticária de esforço, cuja importância era negada pela criança num primeiro momento: suas amigas lhe diziam *"você está vermelha, você devia parar"* e ela só parava quando a erupção atingia proporções que a impediam totalmente de andar. A afirmação de que, em seu caso, as manifestações psicossomáticas representavam um papel isolado, com referência às representações e aos afetos que ela poderia abrigar, parece confirmar-se pelo pouco interesse por qualquer tentativa de compreender o que se desenrolava por meio delas. No fundo, o que pedia aos médicos e aos remédios, era que a livrassem mecanicamente, ou melhor, magicamente dos distúrbios impeditivos às suas atividades, tanto quanto Ali, que só pedia uma coisa: *"que o fizessem ficar como ele era antes do aparecimento da sua diabete".*

De fato, tentamos descobrir os mecanismos de introjeção e projeção no tocante à maneira com que nossos sujeitos "incorporavam" ou não a doença diabética, sendo exemplar o caso de Ali, no que se refere à manutenção, fora dele, de uma doença na qual não reconhecia nenhuma participação própria, e de que declarava, ao mesmo tempo, ser incapaz de tratar.

Se for exatamente contra uma ameaça de caos que se levanta a defesa por meio da percepção e da colmatagem, e pela realidade externa que daí deriva, podemos considerar que uma distinção clara entre o dentro e o fora não poderá estabelecer-se, pois aquilo que deve ser evitado é o "experimentado" como falta ou vazio, seja qual for sua localização; "experimentado" de que poderia nascer o caos, que seria, portanto, continuamente evacuado ou denegado pelo superinvestimento do percebido. Pode-se considerar que tal mecanismo é em sua origem induzido, depois favorecido pela atitude da mãe e pela qualidade dos cuidados corporais propiciados à criança por ela. De certo modo, se tratará de mães que não terão permitido que se constitua na criança a noção de desejo desta qualquer coisa

O *equilíbrio psicossomático*

que falta, selando, para ela, a impossibilidade de acesso à dialética dos desejos contraditórios e, posteriormente, ao duplo sentido, no âmbito dos processos de pensamento.

No que respeita à mãe de Marie-Pierre, admirava-nos constatar até que ponto ela temera as conseqüências da perda do coelhinho por parte da filha, perda que, no entanto, tinha previsto de longa data, pois tomara a precaução de comprar, muitos anos antes, outro coelho idêntico, desafortunadamente diferente na cor, tanto que a criança recusou-o como objeto substituto. Mais ainda que essa precaução seja talvez banal, é de admirar que ela não tenha previsto o instante em que a filha estivesse suficientemente sólida para agüentar a perda do brinquedo, e tenha ela própria vivenciado o fato como um drama, excluindo assim a possibilidade de Marie-Pierre vivenciá-lo de outra maneira.

Era uma mulher que, sem sombra de dúvida, parecia deprimida, ansiosa, constantemente com lágrimas nos olhos, tanto que sua luta contínua para que nada "faltasse" à filha e não fosse vítima de algum sentimento depressivo inseria-se em seu próprio manejo anti-depressivo. Não se poderá considerar que para uma mãe desse tipo, o bebê, na condição de objeto concreto vivo, é utilizado como um elemento da realidade externa, tendo que colmatar o sempre possível vazio de um estado depressivo pouco mentalizado? Tanto parece ser assim que a ameaça de caos para o bebê pode ser imediatamente ligada à ameaça de descompensação que pesa sobre a mãe e que, de certo modo, ele é encarregado de contra-investir ativamente. Vemos que num sistema como esse, marcado pela fragilidade dos equilíbrios recíprocos estabelecidos no interior da díade mãe-criança, com um superinvestimento daquilo que se desenrola no plano da percepção; percepção corporal e do mundo da realidade externa, em defesa de um "experimentado" de vazio não elaborado pela mãe, as expressões pulsionais e, particularmente as ligadas à expressão da agressividade, encontram-se barradas de maneira toda especial.

Pode-se considerar que o hiperinvestimento defensivo que a mãe pode fazer do bebê, à medida que constitui para ela um objeto privilegiado vivo, com um papel antidepressor essencial à sua economia, acompanha-se necessariamente do não-estabelecimento do que

A propósito da constituição do ego 173

Michel Fain (l971) descreveu como "a censura da amante (p.363)," estando a mãe fisicamente presente com o bebê mas mentalmente ausente, por ficar entretida com o desejo de ter relações sexuais com o marido. Para esse autor, trata-se de um momento chave no desenvolvimento psíquico da criança, pois essa ausência mental da mãe induz nela um estado de excitação ao qual vai tentar responder pela realização alucinatória do desejo, ou em todo o caso, pela solicitação de suas fantasias, pondo em movimento seu auto-erotismo, coisas todas que se mostram como um "prelúdio à vida fantasmática".

Nos casos que nos ocupam, é, praticamente de súbito, como nos parece, que os mecanismos de introjeção e de projeção irão ver-se reduzidos, em decorrência da relação insuficientemente proporcionadora de segurança que o bebê estabelece com a mãe. Tanto é assim que o processo de clivagem do objeto em "bom" ou "mau", bem como o temor do talião com o "experimentado" como angústia persecutória que o caracteriza, ver-se-ão praticamente evacuados em proveito da instauração da percepção como defesa e da atividade motora como descarga. Na linhagem evolutiva que vai da incorporação com as identificações, passando por todas as formas de introjeção ligadas a movimentos análogos, concernentes à exprojeção e à projeção, nosso sujeito, "fixado" de certa maneira, preferencialmente no âmbito de seu eu-corporal, vai ater-se a processos pouco diferenciados, que porão em jogo a atividade do corpo e a necessária presença física real das pessoas ou das coisas investidas por ela e cuja perda importará numa desorganização. Vale dizer que tanto quanto as moções agressivas, o que se desenrola em torno da posição depressiva vai tentar ser eliminado, não podendo esta ser vivenciada pela criança devido à impossibilidade de ser vivida e pensada por sua mãe. Lembremos o que Winnicott (1970) escreve: *"é um êxito estar deprimido, pois para chegar aí é preciso ter atingido uma elevado grau de integração pessoal, ter aceito a responsabilidade por toda a destrutividade ligada ao fato de viver, à vida instintiva e à cólera diante da frustração"*(p.145).

Caminho longo, que sem dúvida alguma o superinvestimento precoce da realidade externa (como o da atividade do corpo enquanto possibilidade de descarga) viria pôr em curto-circuito, tornando o sujeito inapto para deprimir-se mentalmente e ao mesmo tempo deixá-

174   *O equilíbrio psicossomático*

lo desprovido se confrontado com uma situação de perda. Poderia-se
dizer que nesse caso hão de se enfrentar nele, sem os intermediários
protetores constituídos pelos diversos estratos do ego psíquico, mo-
delado e remodelado ao longo do desenvolvimento, o que pode
se apresentar como sendo suas forças vitais, reunidas aqui principalmente no âmbito de seu eu-corporal, aspecto a que Winnicott prefere
chamar de "fator antivida"[1] em lugar de instinto de morte.

Forças de vida, quantidade pulsional inata, qualidade de tônus vital, são denominações que remetem à noção de um potencial
energético de que o indivíduo humano seria dotado de início, responsável não só pela execução satisfatória de seu programa de desenvolvimento mas também pela capacidade de resistir às eventualidades da existência, quer dizer, aos traumas e, portanto, às perdas
objetais assim como ao contra-investimento eficaz dos "fatores antivida" de que seria portador, especialmente das características de seu
patrimônio genético. Essas forças de vida, seríamos tentados a assi-
milar em grande parte ao narcisismo primário, em seu aspecto de
estado inicial, não-anobjetal, fixando uma certa quantidade de energia libidinal, asseguradora dos fundamentos da libido narcísica posterior do sujeito. Nos casos em que o ego psíquico se mostrasse frágil, essencialmente em função da precariedade dos mecanismos de
introjeção que não tivessem permitido identificações flexíveis e
nuançadas, é o narcisismo secundário que se revelaria falho, acarretando uma relativa carência dos instintos do ego, isto é, dos instintos de conservação. As peculiaridades do ego corporal, apoiadas
principalmente no narcisismo primário, mas também nas características dos cuidados maternos — em que se pode distinguir os
três tipos de função descritas por Winnicott, acrescentando-se
ainda tudo o que diz respeito à pulsão de apego descrita por
Bowlby (1973) — tornariam-se então determinantes. Vê-se que,
nesses sujeitos, tudo se desenrolaria, no que toca à economia
psicossomática posterior, entre as respectivas qualidades de seu
narcisismo primário e as dos cuidados maternos de que terão sido
objeto, podendo estes compensar ou agravar aqueles, reciproca-
mente. A um bebê atônico conviria uma mãe especialmente "agi-

---

1 *Op. cit.*, p.167

A propósito da constituição do ego

tada"[1], ao passo que um bebê mais esperto poderia contentar-se com excitações em número infinitamente menor para atingir um nível de desenvolvimento equiparável.

A organização mental e a economia psicossomática geral da pessoa será determinada progressivamente nesse jogo recíproco, entre o que, num determinado indivíduo, decorre das particularidades de seu narcisismo primário (aqui tomado em sentido amplo, pois nele se encontrariam incluídas todas as suas possibilidades evolutivas) e, de outra parte, do que provém da ação do ambiente (este favorecendo a plena expansão de suas possibilidades de desenvolvimento, mas também inibindo as forças "antivida" de que é igualmente portador). Nos casos mais favoráveis, a evolução se fará no sentido da organização de funções cada vez mais diferenciadas e complexas, atingindo, especialmente no nível da estrutrura mental, a constituição de instâncias que caracterizam a segunda tópica, as quais terão grande vigor tópico, dinâmico e econômico, bem como um funcionamento relativamente contínuo no tempo. Para esses sujeitos, a constituição do eu-corporal, fincado no narcisismo primário e nas características dos cuidados maternos, será apenas uma etapa prévia para o completo desenvolvimento do eu-psíquico. Pode-se considerar que as — por nós assim chamadas, até aqui — forças ou fatores "antivida" terão estado presentes neles, ou pouco ativos, ou extremamente inibidos ou contra-investidos, pela ação do ambiente, que desempenha, no caso, um papel de para-excitação interna e externa muito eficaz.

Se parece difícil afirmar com certeza a existência de um verdadeiro instinto de morte como o descrito por Freud, instinto cujo alvo seria o retorno ao inorgânico, ao inanimado, isto é, ao nível de tensão zero, não se pode, entretanto, negar a existência, nos indivíduos humanos, de movimentos que caminham no sentido da desorganização das funções e vêm contra-restar o impulso vital, que no mais das vezes anima o bebê, impelindo-o a realizar seu eventual programa de desenvolvimento.

---

1 Expressão de Pierre Marty (N. A.). No original francês o termo é "dandinante", palavra derivada de um verbo pouco usado neste sentido, com um tom algo pejorativo: "dandiner" significa embalar um tanto desajeitadamente (N. T.).

176 O equilíbrio psicossomático

Que a manutenção da vida, e com mais razão ainda, seu desenvolvimento, por meio da instauração de funções sempre mais variadas e hierarquizadas, só se sustenham por causa de um movimento dinâmico em que se afrontam a constituição de conjuntos cada vez mais complexos, bem como a tendência inversa, caminhando no sentido da ruptura das associações, pode ser explicado pela dialética freudiana dos processos de ligação/desligamento. Estes poderiam equilibrar-se no interior das formações consideradas específicas de cada indivíduo e de que o narcisismo primário, segundo pensamos, constituiria o protótipo. Mas tais formações, que entram quase imediatamente em ressonância com os dados do ambiente, pelos cuidados maternos, podem encontrar-se, de certa maneira, desequilibradas, deixando o campo livre ao aparecimento de processos de desligamento que podemos também chamar, segundo a fórmula de Winnicott, "fatores antivida", estando possivelmente na origem de eventuais desorganizações somáticas benignas, crônicas, ou pelo contrário, até letais.

Na hipótese de existir — em função das características ligadas ao narcisismo primário do sujeito ou às do ambiente que terá sido o seu, ou a estas duas ordens de fatores conjugadas, o que é mais verossímil — essa espécie de fixação no nível de um eu-corporal particular que teria entravado ou atrapalhado a constituição do eu-psíquico, encontraremos seus traços na idade adulta sob o tríplice ponto de vista tópico, dinâmico e econômico.

Do ponto de vista tópico, as três instâncias, ego, id, superego, aparecerão como pouco ou mal diferenciadas, sendo supervalorizadas as exigências da realidade, que tomariam a dianteira sobre o que pudesse emergir do mundo dos desejos do sujeito, os quais serão, na maioria das vezes, denegados ou evacuados. Isso tanto mais que, do ponto de vista dinâmico, não haverá real tratamento dos conflitos inter ou intrapessoais por causa da intolerância do sujeito a tudo aquilo que remete à expressão da agressividade, bem como à angústia e à depressão. Pode-se considerar que os mecanismos de projeção da agressividade no exterior vão ficar reduzidos, gerando uma sensibilidade acentuada diante do que talvez seja vivenciado como trauma, o qual realiza um movimento de penetração no interior do sujeito, exatamente ao inverso do movimento de projeção para fora.

A propósito da constituição do ego

Penetração ou efração que atingiria preferencialmente o corpo e cuja tradução no plano mental não se faria por de uma intensificação de mecanismos indicadores da luta contra a angústia, mas, ao invés disso, por uma experiência corporal do tipo de aumento da sensação de tensão fisiológica, prelúdio a um eventual movimento de desorganização somática consecutivo a essa descarga econômica. Os distúrbios ligados à perturbação do *holding,* possíveis geradores da má integração do ego no tempo e no espaço, assim como os provenientes dos distúrbios do *handling*, levando a uma medíocre personalização do ego, e de que fizemos a hipótese de proporcionarem preferentemente alterações na esfera do reconhecimento dos limites do corpo, e mesmo no conjunto do esquema corporal, viriam integrar-se, em proporções sempre singulares e variáveis conforme cada indivíduo, no conjunto desse tipo de funcionamento.

O investimento defensivo, primeiro da percepção, e em seguida do mundo da realidade externa, que vem obliterar a expressão das moções pulsionais surgidas do inconsciente, em conseqüência disso não parecendo mais "representado nem representável"[1] , nem por isso se acompanha necessariamente de um funcionamento intelectual de qualidade medíocre. Pode-se mesmo considerar que este podera, ser com freqüência especialmente operante, pois os processos secundários não serão parasitados por emergências do processo primário. O que será do domínio do pensamento racional abstrato poderá pois, mostrar-se perfeitamente adequado, por estar clivado do mundo pulsional, irracional e vivo que constitui o inconsciente.

É óbvio que as consideráveis modificações individuais podem encontrar-se no próprio quadro do esquema geral, o que parece estar bem ilustrado pelos vinte e um casos de nossa pesquisa. Nessas modificações individuais, o que decorreria da "plasticidade" do sujeito nos parece ter que ser sublinhado de maneira especial. Por plasticidade entendemos a capacidade de retomada do impulso vital, via de regra, notável, na criança ou no jovem, mas também perceptível no adulto até mesmo idoso, permitindo novos deslanches evolutivos até quando a situação aparenta estar bastante comprometida. É

---

1 P. Marty, 1980, p.61.

178 *O equilíbrio psicossomático*

um elemento cuja força convém nunca subestimar e que permite com freqüência encetar o tratamento, a despeito de condições objetivas aparentemente muito desfavoráveis. Poderíamos dizer que essa plasticidade seria uma das formas que o tônus vital pode adquirir, o que talvez correspondesse, numa formulação diferente, à expressão do "núcleo histérico" do indivíduo em questão. A retomada do impulso vital se faria sentir sempre por meio de um reinvestimento relacional (trata-se de "reanimar" a relação), o que pode secundariamente conduzir a modificações econômicas, e até, na criança, a modificações estruturais, em função da retomada do processo de desenvolvimento. Os tratamentos conjuntos de mães e de criancinhas de tenra idade parece-nos comprová-lo (R. Debray, 1979).

Em última instância, seria preciso uma conjunção, especialmente rara, de uma série de fatores de valência negativa, para atingir, num dado sujeito, o estabelecimento de uma organização mental em que, a um narcisismo primário falho se aliariam distúrbios graves do *holding*, do *handling* e do modo de apresentação dos objetos pela mãe, alterando a constituição do narcisismo secundário e, conseqüentemente, o autofechamento sobre um eu-corporal frágil e permeável, pouco defendido por um eu-psíquico mal diferenciado.

Variadas possibilidades de retomadas parecem existir, em especial as que já assinalamos a propósito das crianças que haviam manifestado muito precocemente sua diabete e nas quais a atitude hiperansiosa e superprotetora do ambiente pode gerar um quadro de "neurotização secundária", cujo valor funcional pode ser discutido mas não negado.

O que se pode desenrolar em torno do masoquismo primário nos parece ter igualmente que ser considerado. Evocar a existência de um narcisismo primário falho não é talvez dizer, de certo modo, que o tônus vital é pouco intenso, como se a energia vital libidinal que anima o sujeito tivesse pouca amplitude e, nesse caso, mais que postular uma fraqueza constitutiva do potencial energético, não se trataria de fato de um aumento proporcional das forças de desligamento ou dos fatores "antivida", sacramentados no âmbito de uma formação que corresponderia ao masoquismo primário?

Tanto assim, que aquilo que de imediato se desenvolveria no in-

A propósito da constituição do ego 179

divíduo humano, certamente já no nível da vida intra-uterina, poderia ser compreendido em termos de confrontação entre narcisismo primário e masoquismo primário, forças de ligação contra forças de desligamento; confrontação, em último caso, sempre renovada e cuja saída, enquanto houver vida, será determinada no mais das vezes pela qualidade das aberturas para o mundo relacional de que o sujeito se mostrar capaz nas diversas fases da existência.

É nesse nível que interviriam as características de seu ego, principalmente com as peculiaridade de sua relação de objeto. Mas, na aurora da vida — como possivelmente em seu ocaso — é no nível dessas fixações originárias e em função de suas forças respectivas que se determinaria seu destino.

Em suma, poder-se-ia considerar que, num primeiro tempo, os esboços do ego se desenvolverão progressivamente por meio das interações em que se defrontarão narcisismo primário, masoquismo primário e cuidados maternos, conjuntamente com o que a própria vida da criança fará; determinando, bem rapidamente, a organização geral de seu narcisismo secundário e das características de sua relação de objeto, isto é, de seu ego: primeiro corporal, depois psíquico. Quando existem, ao longo do desenvolvimento, pontos de fixação especialmente importantes — por exemplo, a fixação no âmbito do eu-corporal, permeável e mal delimitado, como o descrevemos, que irá entravar a constituição de um ego psíquico sólido — os riscos de descompensação somática serão sérios e dependerão essencialmente dos dados conjunturais exteriores.

A existência de um tal tipo de organização parece decorrer daquilo que nossas observações de pacientes insulino-dependentes nos permitiram ver, considerando o fato de que eles não poderiam ser alinhados numa categoria unívoca, mas também que, para todos, a desorganização somática de que foram objeto não deixou de refletir-se na organização de seu ego e, mais precisamente, sobre as particularidades de seu ego corporal.

9 Interesse e limites da investigação

1. Eventualidades da investigação

A contribuição e, em particular o valor da avaliação diagnóstica a ser atribuída ao resultado de uma investigação psicossomática, tal como é praticada no esquema do I.P.S.O., no hospital de La Poterne des Peupliers, é objeto de repetidas discussões, sempre animadas, no seio da equipe de terapeutas. Se pusermos de lado o que deriva das características pessoais do investigador, nas quais entram em primeiro plano sua competência, portanto sua experiência e mesmo sua notoriedade, para tentar circunscrever os "signos" em que se funda sua compreensão da economia psicossomática do paciente, podemos destacar certo número de elementos importantes. Antes de tudo, o que se refere às particularidades do contato relacional: como é que este se estabelece? Haverá esse imediatismo da entrada em relação — aparentemente sempre significativa — de uma organização mental pouco defendida em que um objeto novo qualquer será de repente apreendido? Ou ao contrário, o sujeito vai mostrar-se reservado, reticente, queixando-se eventualmente da presença de ocasionais assistentes?

A maneira com que evolui e se modifica a qualidade da relação estabelecida entre o paciente e seu investigador no decurso da consulta, relacionada ao "dito" como ao "não-dito", merecerá toda atenção. Lembremo-nos de que se trata sempre de consultas demoradas:

182 *O equilíbrio psicossomático*

em média uma hora e meia, e no que tange às nossas observações, acrescentando-se o tempo necessário à aplicação do TAT e das provas gráficas, entrevista alguma durou menos que duas horas.

A avaliação do desenrolar-se da reação tranferencial passível de se estabelecer nesse espaço de tempo se mostra um elemento central, à medida que tendemos a ver aí o reflexo do que poderá ser vivenciado por ocasião de um eventual tratamento psicoterápico posterior. É entretanto bem interessante notar que num certo número de casos, a apreciação que é feita disso pelo investigador nem sempre corresponde exatamente à dos assistentes. Sem dúvida, estes ocupam a posição de terceiros externos nessa relação a dois, o que os coloca numa situação que implica menos diretamente sua contratransferência, com o que isso pode comportar de aparente objetividade, mas também de perda no que diz respeito ao "experimentado" emocional no investigador bem como, eventualmente, no paciente. Este é novamente atendido no final da discussão de aproximadamente dez minutos feita após a consulta, o que permite o confronto da vivência do investigador, relacionada com a dos assistentes, depois, num segundo momento, com o que o paciente poderá por si mesmo dizer-nos, constituindo-se num precioso elemento de validação relativa às hipóteses diagnósticas emitidas anteriormente.

Com relação a essas últimas, existe, de acordo com cada terapeuta, divergências de posição claramente manifestas. Lembremos a discussão relatada no capítulo 3 a propósito do interesse das classificações nosográficas e sobretudo do valor de uma "etiqueta" diagnóstica, mesmo nuançada, feita após uma única entrevista, ainda que demorada.

Parece bem claro que o ponto de vista diagnóstico em grande parte contradiz o que é esposado pelo terapeuta, o qual vai envolver-se num tratamento demorado, como é normalmente a regra quando se trata de distúrbios somáticos. Não é menos verdade que a compreensão do que se desenrola na primeira entrevista poderá tornar-se mais afinada e nuançada pelo livre confronto estabelecido entre, de um lado, os dados significativos obtidos por ocasião da primeira consulta (que podem ser formulados por meio de uma avaliação diagnóstica derivada de uma classificação nosográfica explícita, comum ao investigador e ao terapeuta), e por outro lado, os que vão

Interesse e limites da investigação 183

aparecer ao longo dos meses e dos anos de tratamento. E é exatamente a isso que se dedica a equipe responsável do I.P.S.O.

Assim, foi possível interrogarmo-nos sobre o fato de que certos pacientes parecessem apresentar um aspecto alérgico essencial dominante, somente na primeira consulta, por causa do imediatismo da relação, com afloramento do processo primário no nível do discurso do sujeito, que não se incomodava nem um pouco com o fato; fraqueza e mesmo ausência de elementos que apontavam para o sentido da existência de uma "cobertura" neurótica defensiva, etc., aspecto que poderia ter disfarçado um funcionamento mental de melhor qualidade, revelado por ocasião das primeiras sessões de psicoterapia.

Foi aventada a hipótese de que a consulta constituiria para eles um duplo trauma, por tratar-se de uma primeira entrevista (ainda mais na presença de terceiros) e que esse trauma revelaria de maneira privilegiada a linha evolutiva central, acarretando aqui uma regressão à relação alérgica. Em todo caso, trata-se de discutir o problema da regressão e as possibilidades de reorganização a serem apresentadas por esses pacientes — elementos eventualmente sensíveis ao próprio tipo de desenvolvimento de uma sessão psicoterápica — estando isso relacionado com as modificações do quadro terapêutico, em especial quanto às variações transferenciais. Discute-se também a entrada numa relação a dois, num contexto de tratamento demorado.

O movimento inverso, quer dizer, o fato de certos pacientes mostrarem-se mais neuróticos na hora da consulta do que ao longo do tratamento, pode mais facilmente ser compreendido por ser a situação com que se defrontam completamente incomum; tendo em conta a disponibilidade e o interesse preferencial do investigador em relação ao que fez e continua fazendo consistir sua vida, que pode desempenhar um papel "reanimador" vindo a exacerbar o que se passa no cenário mental. A retomada posterior no seio da relação a dois perde rapidamente seu caráter de novidade e pode encaminhar o sujeito a uma enumeração repetitiva e monótona do que constitui a rotina diária, sem ligação com o passado e sem projeções num futuro que não é objeto de seus pensamentos.

Examinados esses empecilhos, cuja descrição não é absolutamente exaustiva, podemos perguntar legitimamente quais são os limites da

184 *O equilíbrio psicossomático*

investigação e as bases de uma apreciação diagnóstica apoiada apenas nela. É por isso que, no tocante às nossas observações, decidimos acrescentar a contribuição do TAT e das provas gráficas: figura complexa de Rey e desenho de uma pessoa. Mas, também nos parece importante comparar os dados de nossa observação com os que podiam ser transmitidos a propósito de tratamentos de longa duração a que se submeteram três dos vinte e um sujeitos de nossa pesquisa: nos casos de Gilles (observação nº 5), Antoine (observação nº 7) e Simon (observação nº 6) trata-se de psicoterapias especializadas que continuam em curso, realizadas no quadro do hospital de La Poterne des Peupliers, com uma sessão por semana. Cada um deles começou há quase dois anos.

2. Contribuição das provas projetivas

Nossa prática já antiga do TAT [1] talvez torne artificial o procedimento que tende a distinguir a contribuição específica desse teste projetivo isolado de outras informações que constituem a investigação propriamente dita e separadamente das provas de desenhos, na compreensão do que constitui a singularidade de cada um de nossos casos clínicos. Assim também, todos os elementos que pudemos recolher: objetivos, subjetivos, e mesmo contratransferenciais, vieram integrar-se num conjunto que desejaríamos fosse o mais nuançado possível; sem dissimular, porém, o aspecto eventualmente "reconstruído" — senão "construído" — por nós, malgrado nosso desejo em contrário.

Foi assim que os dados do TAT, bem como as informações reveladas pelas provas de desenho, freqüentemente — poderíamos dizer mesmo sempre? — pareceram-nos confirmar as hipótese nascidas da investigação. Nessa aparente homogeneidade, que poderia no máximo remeter ao que seria cientificamente satisfatório chamar de coe-

---

1 Referimo-nos a nossos trabalhos feitos por sugestão e com colaboração de Vica Shentoub (1969, 1970-1971, 1971).

Interesse e limites da investigação 185

rência da estrutura ou da organização do sujeito considerado, não podemos deixar de perguntar sobre o elemento que decorre da coerência do observador induzindo-o a fazê-lo encontrar o que procura naquilo que vê.

É sob esse aspecto que os protocolos do TAT, como os desenhos efetuados por nossos sujeitos, podem mostrar-se peças convincentes, independentemente dos relatórios e das interpretações feitas por nós depois da aplicação, e até mesmo durante nossas observações. Peças de convencimento, pois colocadas em anexo no presente livro[1].

A despeito do fato de não se tratar de modo algum de alinhá-los numa categoria diagnóstica unívoca, coisa em que já insistimos várias vezes, pode-se entretanto tentar destacar certo número de pontos comuns, e mesmo de características próximas que os uniriam.

Antes de mais nada, características que poderíamos designar sob o aspecto geral de tipo "normativo", perceptível pelo aparecimento freqüente de fatores ligados à série inibição[2], pondo em jogo o recurso à banalização, à socialização, às construções postiças. Se a defesa freqüentemente consiste em aferrar-se à realidade externa, aqui no caso, a realidade concreta do conteúdo manifesto da prancha vem de algum modo obliterar ou impedir a elaboração, até mesmo às vezes a descrição dos conflitos suscitados pelo conteúdo manifesto e, com mais razão, o conteúdo latente dessa mesma prancha, revelando, no sujeito que fala, uma intolerância muitas vezes maciça em verbalizar tanto conflitos intrapsíquicos quanto interpessoais.

Sem dúvida, o problema de se saber se o que não é dito explicitamente não é também dito implicitamente, isto é, pensado, permanece intacto, mesmo admitindo-se a existência de todo o tipo de arranjos internos possíveis, variável conforme cada pessoa; variáveis também conforme as diversas pranchas do teste. Em todo caso, parece-

---

1 Por se tratar de documentos de extrema importância quanto ao volume, é que não juntamos o texto das investigações propriamente ditas transcritos a partir de seu registro em gravador.

2 Referimo-nos à ficha de computação utilizada no programa de ensino do TAT no Instituto de Psicologia (Paris V), da qual um exemplar foi publicado num artigo em colaboração com V. Shentoub (1978-1979).

186   *O equilíbrio psicossomático*

nos que devemos notar aqui a intolerância à expressão da agressividade, bem como à da angústia, e à fraca capacidade de elaborar elementos ligados à posição depressiva. Estamos nos referindo a protocolos típicos de uma organização neurótica ou psicótica franca.

Mas, talvez, mais ainda que o aspecto "normativo", a que devemos acrescentar todas as particularidade defensivas individuais que constituem a "franja" neurótica ou psicótica com sua coloração própria, quando esta existir, nosso principal foco de interesse na análise do TAT é atualmente a dinâmica dos mecanismos de defesa como vão aparecer no desenvolvimento temporal ao longo da elaboração de cada história. Parece que atingimos aí um material privilegiado em que se pode ver, de algum modo, o funcionamento mental em marcha. Mais que o catálogo (mesmo o mais minucioso, dos mecanismos de defesa utilizado pelo sujeito que está falando), o que nos interessa em primeiro lugar é seu vigor funcional, isto é, em última análise: o que virá em seguida a quê? A noção de mecanismo de defesa que "funciona", e isso em razão do fato de que irá ou não ajudar à progressão do relato de modo a melhor satisfazer à instrução "contar uma história em relação com a prancha", revela ou não a possível existência de compromissos defensivos estáveis. Vemos que tal avaliação poderá adquirir valor pleno se a aproximarmos do que P. Marty designa de "irregularidade do funcionamento mental"[1]

A sensibilidade, a saber, o valor diagnóstico unanimemente reconhecido do instrumento que é o TAT, residiria essencialmente para nós na possibilidade oferecida de "testar" a estabilidade e, portanto, o vigor funcional dos compromissos defensivos mentais a que o sujeito chega; apreciação tanto mais cômoda porque as particularidades do material, no suceder-se das pranchas, incitam a reativação dos conflitos inerentes aos seres humanos, especialmente do édipo, enquanto reconhecimento da diferença dos sexos e das gerações.

Na nossa perspectiva, em que "a irregularidade do funcionamento mental" vai evidenciar-se como um elemento decisivo para avaliação diagnóstica e, principalmente prognóstica, a ser feita a propósito da economia psicossomática atual de um dado sujeito a ser por nós

---

1 P.Marty,1980, p.14.

Interesse e limites da investigação 187

examinado, a existência de compromissos defensivos estáveis no plano mental, diante de um material altamente conflitualizado como é o TAT, será um elemento de muito bom prognóstico. Inversamente, o fato de que os conflitos suscitados pelas pranchas não cheguem a fazer parte de uma elaboração, senão original, pelo menos precisa e estável, indicará necessariamente uma falta de vigor funcional dos mecanismos de defesa mentais de que o sujeito dispõe, levando-o dos elementos de colorido obsessivo ou histérico a elementos marcados pelo recurso à inibição e à defesa por meio da realidade concreta do material.

Avaliação equivalente pode ser feita no tocante à problemática. Aqui, contrariamente ao observado nos sujeitos com organizações neuróticas ou psicóticas patentes, não haverá distorção alguma relativa à problemática suscitada pelo conteúdo latente das pranchas. É essa fraca separação entre o conteúdo latente da história feita pelo sujeito e o da prancha que o provocou que atesta a precariedade dos mecanismos que fazem uso do deslocamento ou da evitação, em última instância, do recalcamento, como se essa pequena separação revelasse ao mesmo tempo a pouca espessura da psique inteira. Tanto que a problemática responsável pela reativação do conflito edipiano e pela sexualidade, como acontece em certas pranchas e, em suma, "devolvida" tal e qual pelo sujeito, se nos apresenta insuficientemente sexualizada e erotizada no plano mental, isto é, na verdade veiculando enormes quantidades de excitação — o que na linguagem do TAT designamos "afetos maciços subjacentes" — para poder ser objeto de qualquer trabalho do pensamento. Isso pode atingir uma reprodução quase fotográfica dos estímulos (não há deslocamento) seguido o mais freqüentemente da inibição em falar e, sem dúvida em pensar.

Se o conteúdo latente das pranchas reativa aparentemente tão poucos traços mnésicos, conflitos inconscientes e de defesa no sujeito que com elas se depara, vemos que a questão da qualidade do filtro que constitui seu pré-consciente pode ser levantada, mostrando-se esta então extremamente permeável, deixando o campo livre a um controle consciente empobrecedor, à medida que o próprio arranjo se fará pelo apego aos elementos da realidade concreta, no caso a do conteúdo manifesto da imagem, sem distorções, mas também sem

138 *O equilíbrio psicossomático*

o colorido vivo dado pelo afloramento das fantasias inconscientes retomados no plano da "fantasia consciente induzida" que é a história produzida no TAT.

Nesse contexto onde, para certos sujeitos, o conteúdo manifesto das pranchas (muito estruturado) dará lugar a uma breve interpretação na "superfície do material", poderemos às vezes notar uma produção relativamente mais livre frente às pranchas pouco estruturadas, a 11 e a 19, e sobretudo diante da prancha branca, a 16. No caso dessa última, onde não é mais possível aferrar-se ao conteúdo perceptivo — a não ser que o sujeito queira discutir a cor branca — o compromisso defensivo vai freqüentemente se estabelecer com a ajuda de uma referência pessoal, por vezes muito imediata, ligada à situação atual, ou às vezes muito distante, relacionando-se a alguma coisa que se mostra então, pela primeira vez, verdadeiramente ligada ao mundo dos desejos do sujeito.

Encontraríamos no âmbito do compromisso realizado na prancha 16 algo de análogo, ao que nos parece, àquilo que se expressa pela imediação do contato, aspecto por nós destacado nesses mesmos sujeitos. Reduzir esses sinais à precariedade e mesmo à insuficiência do recalcamento pode constituir uma explicação plausível. Nós a manteremos, porém, contanto que a explicação com base na falta ou defeito não venha impedir toda possibilidade de evolução dinâmica e, pois, de tratamento terapêutico.

A questão das defesas que "funcionam" ou que "não funcionam", mencionada anteriormente, pode ser retomada no âmbito dos arranjos que esses sujeitos vão realizar diante das pranchas pouco estruturadas, 11 e 19; das quais já pudemos dizer que o conteúdo latente remetia à reativação de um problema pré-genital, por ser o conteúdo manifesto nitidamente fobogênico. Assim como as defesas da série controle ou da série labilidade[1] não conseguiam anteriormente manter o compromisso defensivo de maneira estável num ou noutro desses níveis, também não encontraremos, nas pranchas pouco estruturadas, nenhum arranjo fóbico verdadeiro, isto é, aquele em que a angústia pode fixar-se num objeto preciso e estável. Aqui o as-

---

1 Remetemos à ficha de computação citada (nota 2 p. ***)

Interesse e limites da investigação 189

pecto fóbico, se não estiver negado, será projetado maciçamente no quadro, atingindo o ambiente, e tomando então um aspecto invasor; o que traduz simultaneamente seu fraco valor funcional na luta contra a angústia.

Em síntese, quando a "franja neurótica" — ou mesmo "psicótica" — mostrar-se pouco importante, serão os aspectos "normativos" (banalização, socialização, construções postiças, defesas por meio da realidade concreta do material) que vão tornar-se predominantes, sufocando ou apagando a expressão de conflitos inconscientes do sujeito, habitualmente reativados pelo conteúdo latente das pranchas. Com freqüência, o que permanecer de mais vivo será percebido na elaboração da prancha 16 ou mesmo das pranchas pouco estruturadas: 11 e 19.

No conjunto, quando esse tipo de arranjo predomina no TAT, parece claro poder-se dizer que corresponde às organizações mentais marcadas pela fraqueza ou pela ausência de uma sintomatologia mental positiva, as quais P. Marty alinha entre as neuroses de caráter ou de conduta. Será então a qualidade e o vigor funcional, isto é, a estabilidade — dos elementos pertencentes ao que designamos "franja" neurótica (fatores da série *controle*, fatores da série *labilidade*) ou psicótica (fatores ligados às emergências do processo primário) que permitirão matizar nossa avaliação diagnóstica, ajudando-nos a situar nosso sujeito, da maneira mais precisa possível, ao longo deste vasto contínuo constituído pela clínica humana.

3. Contribuição das provas de desenho: a figura complexa de Rey, o desenho de uma pessoa [1]

Decidimos juntar à nossa investigação os desenhos da figura complexa de Rey (1939) e a da pessoa, tendo a idéia de que a imagem de si mesmo ou ainda da organizapão do esquema corporal e,

---

[1] Figura complexa de Rey e desenho de uma pessoa acompanham os TAT reproduzidos em anexo.

190 *O equilíbrio psicossomático*

pois, da organização da estruturação do espaço podiam ser alteradas nos sujeitos atingidos por uma afecção somática irreversível, de que é exemplo a diabete insulino-dependente.

Ao passo que a investigação e mesmo o TAT — não obstante a presença do gravador — foram bem aceitos pelo conjunto de nossos vinte e um casos. As atividade de desenho levantaram em alguns deles acentuadas reticências, alcançando três rejeições da figura de Rey e onze do desenho da pessoa. A contribuição dessas provas de desenho parece ir muito além do esperado e veio reforçar e mesmo, às vezes, confirmar, os "sinais" dados pela investigação e pelo TAT.

A reprodução da figura complexa de Rey, muito bem realizada por quase todos os sujeitos, confirma sua excelente percepção da realidade externa, a qual eles conseguem "devolver" sem deformações nem sobrecargas dignas de nota e isso mesmo quando o tipo de construção corresponde apenas raramente a uma "construção sobre a armadura". O que equivale a dizer que o controle da realidade, objeto que permanece presente, funciona a despeito de eventuais dificuldades de organização do espaço; é o que ocorre no caso específico de Diane (observação nº 1) e de Danièle (observação nº 8).

Existem, entretanto, importantes diferenças individuais ligadas ao "estilo" gráfico-motor de cada um, revelado pelas particularidades do grafismo (vincado ou leve, firme ou retocado), bem como pelas característica do volume ocupado pela figura, e proporções respectivas dos diversos elementos.

De resto, o estilo gráfico-motor pode ser relacionado e integrado aos que conhecemos da economia psicossomática geral de cada caso. Ele parece estar em estreita ligação com as defesas no âmbito da personalidade e particularmente com o que naturalmente chamaríamos de "tônus antidepressivo", enquanto uma energia corporal não mentalizada que afeta a motricidade e a postura, revelando-se, pois, de maneira preferencial, durante as atividades gráficas. Nessa perspectiva, um aspecto "depressivo essencial", poderíamos dizer, pode ser suspeitado na prova de cópia e eventualmente confirmado na reprodução de memória e no desenho da pessoa. Seria o caso de Serge (observação nº 3), ou de Antoine (observação nº7), por exemplo. Esse aspecto "depressivo essencial" deveria ser distinguido do

Interesse e limites da investigação

que habitualmente chamamos de "sinais de ansiedade": identificáveis na qualidade do grafismo marcado pela impulsividade e os retoques; característica de que o sujeito em geral está plenamente consciente e de que pode mesmo queixar-se, por se tratar de movimentos incontroláveis que vêm prejudicá-lo em sua eficiência e que introduzem uma distância entre a figura ideal que deseja reproduzir e a realidade de sua produção.

Talvez; mais ainda que a cópia da figura complexa, o que nos interessou foi o desenho de memória; primeiro em si mesmo, depois em sua relação com a cópia. Raramente essa segunda prova, com uma simples indicação sobre as capacidades de retenção mnésica do sujeito que a sofre, não nos parece nem de longe poder explicar o que observamos.

Se é verdade que o que chamamos de capacidade de retenção mnésica intervém no fato de se poder rememorar e reproduzir, com três minutos de distância, uma figura geométrica complicada e sem significação concreta, muitos outros fatores além disso nos parecem que vêm interferir, entre eles o que acabamos de denominar de "tônus anti-depressivo". Mas fazer intervir essa energia corporal não-mentalizada que afeta a motricidade e a postura, é fazer intervir *a fortiori* o que pode se passar no plano do inconsciente, e é nesse nível que as informações fornecidas pela prova de memória nos parecem interessantes.

Assim como o trabalho do inconsciente apaga progressivamente (mas às vezes muito rápidamente) a lembrança dos sonhos da noite, dos quais, entretanto, conservamos uma clara percepção ao despertar, um mecanismo análogo irá colocar-se em jogo para vir apagar a lembrança consciente da figura complexa; mas já então segundo procedimentos muito variados conforme as diversas pessoas.

Em nossos sujeitos — dissemos — o desenho da cópia é reproduzido no mais das vezes sem anomalias, dando conta do fato geral de que a realidade pareça percebida por eles sem distorção alguma. Não é menos impressionante constatar as particularidades dos desenhos de memória. Em sua maioria, estes dão uma impressão de vazio, ligado ao aspecto lacunar da reprodução, mesmo que o invólucro geral esteja habitualmente bem conservado. Contudo, não é sem-

192   *O equilíbrio psicossomático*

pre esse o caso, podendo-se encontrar certo número de desenhos que nos vão impressionar pelo caráter não-fechado da figura reproduzida. São essas particularidades constitutivas, relacionadas às que presidiram à constituição do desenho da cópia, que nos levaram a ver nessa prcva dupla algo como o reflexo da organização narcísica inconsciente do sujeito projetada nessa imagem complexa não significante. Primeiro presente, e sendo assim, objeto de percepção e de reconstituição; depois ausente e, portanto, objeto de rememoração que se vai apagando, e tanto mais depressa e com mais alterações quando a coesão interna, isto é, a organização narcísica for mais frágil. O jogo que se opera entre continente e conteúdo, em função do obeto presente, em seguida, do objeto ausente mas mentalmente evocado, parece-nos revelador das capacidades de retenção do objeto interno — o que o sujeito é para ele próprio de certa maneira — mesmo se nossa avaliação passar pelo desvio da apreensão de um objeto complicado e não-significante concretamente, no campo da realidade.

O que habitualmente chamamos de "dificuldades de estruturação espacial" e que a prova da figura de Rey colocará preferencialmente em evidência, virá para nós integrar-se na organização narcísica inconsciente com o mesmo fundamento daquilo que chamamos de "tênus antidepressivo", perceptível no âmbito da própria atividade gráfico-motora. Isso de forma alguma contradiz as teses de Sami Ali (1969, 1974) em que a construção do espaço imaginário leva a marca das primeiras relações com a mãe, as quais abrem ou não o acesso à terceira dimensão, e assim à possibilidade de uma estruturação coerente do espaço; elementos todos que parecem estar em relação direta com a organização narcísica, relativamente tanto ao narcisismo primário quanto ao secundário.

Assim, no que respeita à sua organização narcísica, nossos vinte e um sujeitos mostram-se tão diferentes uns dos outros quanto a variedade de seus desenhos revelada à primeira vista. E se insistimos no aspecto "normativo", sem deformações ou sobrecargas notáveis em seus desenhos na prova da cópia, é essencialmente com referência ao que nossa experiência clínica pôde mostrar nos desenhos de sujeitos com uma organização neurótica e, principalmente psicótica franca. Nessa perspectiva, são com freqüência as deformações e as

Interesse e limites da investigação 193

sobrecargas surgidas desde a cópia que parecem ajudar a rememoração da figura na prova de memória, como se a sobrecarga fantasmática, proveniente do mundo interior do sujeito e cujo objeto externo é de repente investido, assegurasse de algum modo sua permanência, a despeito de seu desaparecimento no âmbito da realidade. Isso é retomar, mas de outra forma, o que diz respeito à presença de uma sintomatologia mental positiva num dado sujeito e a seu valor funcional no tríplice ponto de vista, dinâmico, tópico e econômico.

Aqui, para alguns de nossos casos, a ausência de deformação e de sobrecarga na cópia da figura complexa se acompanhará, na reprodução de memória desse aspecto lacunar, vazio, já descrito por nós. Em outros irá somar-se o fato de que o desenho revela um vácuo na própria esfera do continente. Mas em outros ainda que apresentavam na cópia sinais de ansiedade, a reprodução de memória revelará sobrecargas e deformações numerosas que vêm "preencher os vazios" de maneira muitas vezes desordenada mas rica.

Lembremos que, no que toca à nossa tese sobre a existência de uma fixação precoce em certos sujeitos, na esfera do ego corporal frágil e mal delimitado, entravando a constituição de um ego psíquico sólido — fixação que pode favorecer o aparecimento de uma doença incurável e precoce como a diabete insulino-dependente, que contribuirá secundariamente a reforçá-la —, a contribuição da figura de Rey, enquanto permite avaliar a organização narcísica, é, a esse respeito, inteiramente concordante. A fragilidade narcísica de nossos sujeitos que manifestaram muito precocemente sua doença aparece aí de maneira patente.

A contribuição dos desenhos da pessoa seria, no conjunto, menos pura no que diz respeito à possibilidade de apreciar a organização narcísica do sujeito que executa o desenho. Isso na medida em que a prova, bem pouco tolerada pelos adultos, supõe a capacidade de poder regredir a uma atividade dita "infantil", confrontando quem desenha com uma ferida narcísica inevitável se a pessoa "não sabe" desenhar e se, apesar de tudo, ao tentar submeter-se ao jogo, procura efetuar seriamente o que lhe é pedido. Desse ponto de vista, recusar-se a desenhar constitui já uma indicação, no que toca à organização caracterológica, senão diretamente narcísica, do sujeito em questão.

194 *O equilíbrio psicossomático*

Em alguns de nossos casos, pareceu-nos que os sujeitos prestavam-se à nossa solicitação aceitando regredir ao abrigo de uma certa dimensão de jogo, reconhecida mais ou menos explicitamente diante de sua performance, em seu conjunto. Para Diane (observação nº 1), que estava habituada a executar desenhos, tratava-se, além do mais, de exibir o que ela era capaz de fazer, proporcionando-lhe um prazer evidente. Mas, para um bom número de sujeitos, não nos pareceu em absoluto que se tratasse de regredir por causa de um jogo, mas bem mais de aceitar passivamente, ou até com indiferença, dobrar-se a solicitações cujos objetivos não os preocupava. Às vezes bem inquietantes, os desenhos assim produzidos por eles só eram preocupantes aparentemente para nós, não provocando neles quaisquer comentários ou críticas. Os desenhos de Antoine (observação nº 7) e de Simon (obsevação nº 6) parecem enquadrar-se nisso.

Tanto assim que, ao longo do contínuo que iria do "poder regredir a uma atividade lúdica" (e mesmo de, eventualmente, poder, sentir prazer aí, até dobrar-se com indiferença a uma prova aparentemente pouco investida), poderiam-se situar a meio caminho sujeitos que por motivos vários — incluindo-se o fato de julgarem não saber desenhar — recusaram-se a fazer o teste.

Levando em conta essas importantes variações individuais, uma interpretação de caráter geral, no que concerne à contribuição dos desenhos da pessoa, não nos parece válida. Cada desenho deve ser analisado na sua singularidade própria e ter seu lugar na avaliação econômica do funcionamento do sujeito considerado em relação com outras informações obtidas por meio da investigação, do TAT e dos desenhos da figura complexa. Foi o que procuramos fazer no tocante a cada observação.

10 Os tratamentos prolongados

Podemos perguntar-nos sobre os limites da contribuição de uma observação que repousa apenas numa única investigação, ainda que duplicada pela abordagem das técnicas projetivas, e mesmo com os testes de desenho; e considerar que só a validação com base no que nos será dado constatar ao longo de um tratamento psicoterápico demorado poderá constituir prova suficiente. É o que nos propomos fazer agora.

1. Psicoterapia de Gilles

No que diz respeito a Gilles (obsevação nº 5)[1], — que durante a investigação se mostrara, entre nossos sujeitos, portador da organização mais próxima de uma verdadeira neurose mental, mas em quem o peso da inibição de falar e também de pensar o encaminhava muitas vezes ao uso de defesas por meio do concreto — assinalemos que foi essa mesma oscilação entre um funcionamento mental, às vezes de boa qualidade, e o aparecimento relativamente freqüente de um discurso de feição operatória que de imediato impressionou seu terapeuta. Paralelamente, mais do que a instauração de uma real transferência, este refere o apoio em reações transferenciais de tipo homossexual, que lhe parecem de bom quilate por sustentaram o

---

1 Agradecermos ao Dr. V. Scapa pelas informações que se dignou transmitir-nos.

196 *O equilíbrio psicossomático*

procedimento regular do tratamento. Gilles relata poucos sonhos e suas eventuais associações a esse respeito são pobres, raramente recaindo sobre o conflito edipiano e, com mais freqüência sobre elementos factuais. Pode-se discutir o valor defensivo do uso dos elementos de sua atual realidade, objetivamente preocupante, pois ele se situa na borda da sua vida profissional e também por acharem-se presentes dificuldades de inserção, para evitar a entrada em seus problemas relacionais e, em especial, sexuais. Tudo isso pode parecer banal, tanto mais que ele próprio verbaliza, racionalizando, sua fraca preocupação concernente às relações sexuais, que de fato não pratica, em função da energia despendida no plano profissional.

Devemos assinalar um incidente que poderia ter sido grave, ocorrido durante a primeira longa interrupção do tratamento nas férias de verão. Gilles teve um acidente de carro — na realidade sem conseqüências — após dirigir quatrocentos quilômetros. Quando contou o fato ao terapeuta, acrescentou que, de manhã tinha sentido *"vagamente"* que estava com hipoglicemia mas não se tinha importado com isso. As tentativas do terapeuta para estabelecer ligações entre sua própria saída de férias e o abandono em que deixava Gilles, relacionado como o fato de este não se importar com a hipoglicemia quando estava preparando-se para dirigir horas seguidas, aparentemente não encontraram muita ressonância nele. Mas é de se notar a constatação de que sua diabete está geralmente bem equilibrada e que as restrições decorrentes do tratamento, bem como a própria doença ocupam pouco espaço nas sessões. Se a sintomatologia da inibição sexual não parece modificada no presente, parece, contudo, que o quadro de "melancolia doce" que tínhamos descrito por ocasião da primeira consulta tenha-se apagado em detrimento de trocas relacionais mais ricas, principalmente no âmbito de sua prática de dentista, em que mantém bom contato com a clientela.

Levando em conta os elementos de que dispomos a propósito da psicoterapia de Gilles, não parece haver grandes desvios entre a avaliação de sua organização mental formulada após nossa investigação, o TAT e a figura de Rey, e seu modo de funcionamento posterior, como se evidenciou ao terapeuta ao longo do prolongado tratamento, que continua ainda com o mesmo ritmo. Se nos parece inteiramente legítimo ligar a melhora de seu relacionamento na vida exter-

Os tratamentos prolongados

na ao que pôde vivenciar e ainda está vivenciando no contexto de seu tratamento e, em particular, ao apoio nas relações transferenciais de tipo homossexual com o terapeuta (o que é por este ressaltado), a questão de se saber o que ele interioriza no âmbito dessa vivência permanece de pé. Trata-se, contudo, de um problema capital. Realmente, pode-se considerar que este adquiriu um instrumento suficientemente sólido para poder dispensar-se das sessões, muito em função de um processo de interiorização, do qual consegue uma incorporação relativa, e até uma identificação com o terapeuta, enquanto interessado no funcionamento do paciente; o que favorece um melhor reconhecimento de seus movimentos pulsionais internos. Nessa perspectiva pode-se compreender o incidente por ocasião da primeira separação demorada como uma atuação completamente fora do comum em Gilles, já que ele se atém sempre aos sinais que interpreta serem indicativos de uma possível hipoglicemia; sinais cuja importância tende mesmo a supervalorizar.

Certamente, as passagens ao ato, principalmente por ocasião de separações decorrentes das férias, aparecem também nos pacientes neuróticos, com eventuais conseqüências danosas para eles ou para a continuação do tratamento. Mas, não existe, em princípio, a possibilidade de tradução direta, por meio do agravamento de uma sintomatologia somática, que funcione no caso como elemento favorecedor de uma descarga tensional totalmente à margem de qualquer elaboração por meio dos processos do pensamento. É essa adesão à entrada numa afecção somática verdadeira que torna esses casos simultaneamente pesados para o terapeuta e difíceis de mobilizar, tendo como conseqüência tratamentos terapêuticos via de regra demorados, mesmo se, com o passar do tempo e com a aparência do trabalho realizado, pode-se prever, senão a interrupção das sessões, pelo menos seu espaçamento no tempo.

Em Gilles, contudo, tais "fugas" em direção ao agravamento da sintomatologia diabética são totalmente raras, o que sublinha, de certo modo, o valor de seus arranjos defensivos mentais, ainda quando estes possam mostrar-se relativamente desencontrados, isto é, heterogêneos, pois ele pode passar de um funcionamento em que domina a inibição (cujo caráter neurótico nos impressionara tanto em seu discurso, como em certas passagens do TAT) a um modo de pensar

198   *O equilíbrio psicossomático*

de feição operatória, com apego ao concreto e ao factual. Talvez mais do que à utilização de níveis de funcionamento heterogêneos — o que pode e, sem dúvida, deveria ser a parte de cada pessoa, indicativa de certa riqueza — é a rapidez das formas de passagem que devemos destacar, assim como a pouca duração do uso de mecanismos de melhor nível. Não é menos verdade que o terapeuta reputa que o que nele provém de uma "franja neurótica" vai intensificando-se, dando origem a um sentido psicológico mais fino e de melhores possibilidades associativas e de elaboração.

2. Psicoterapia de Antoine

Para Antoine (observação nº 7) a entrada numa sintomatologia somática perigosa estava no primeiro plano, por ocasião da investigação, pois, além dos mal-estares hipoglicêmicos freqüentes que preocupavam especialmente sua filha, apresentava comas reiterados, de preferência no início dos fins de semana, quando se entregava a trabalhos físicos exagerados em sua casa de campo, sem diminuir a dosagem de insulina. O aspecto de compulsão à repetição que o levava a hospitalizar-se repetidamente, sem alterações em seu comportamento, chamou muito nossa atenção, levando-nos a impor o início do tratamento psicoterápico, a que ele tinha aparentemente respondido de maneira favorável, sem contudo parecer muito envolvido. Tanto mais que o terapeuta que lhe tinha sido proposto era mulher e Antoine tinha desenvolvido na primeira consulta toda uma teoria segundo a qual as mulheres, *"que atacavam sempre por trás"*, eram em última análise bem mais fortes, sendo conveniente desconfiar delas. Apesar disso seu tratamento foi iniciado e prosseguiu regularmente à razão de uma sessão semanal no primeiro ano, posteriormente com uma sessão a cada quinze dias e atualmente uma vez por mês. Sua terapeuta[1] considera mesmo a possibilidade de atendê-lo

---

1 Agradecemos vivamente a Diane Lebeuf pelas informações que se dignou fornecer-nos a respeito desse tratamento.

Os tratamentos prolongados 199

brevemente apenas de três em três meses, marcando as consultas entre as sessões.

Pode-se constatar, por este arranjo progressivo do quadro, que, se deve haver melhora no que diz respeito à sintomatologia — aqui, no início essencialmente somática — esta não constitui por isso um elemento suficientemente sólido para que a terapeuta acredite que possa interromper o tratamento, nem que possa deixar Antoine decidir sozinho em que momento deseja ser atendido por ela. De fato, se a relação com a terapeuta evoluiu muito com o correr do tempo: Antoine parando de repetir que *"com uma psicologia feminina ela não devia compreender nada"*, não se pode por isso falar de instalação de uma real transferência, mas sem dúvida, na melhor das hipóteses, de reações transferenciais e com mais freqüência de um apoio num modo relacional de feição analítica: o objeto tinha de permanecer presente.

Suas relações com as mulheres modificaram-se muito: assim, pôde reconhecer que apreciava muito uma mulher que estava com ele num comitê de pais e que sua filha havia renovado a confiança em si mesma depois que ele parou de *"tratá-la como a uma idiota"*. Em troca, as relações com sua mulher tornaram-se mais claramente conflituosas, coisa ligada diretamente, ao que parece, à melhora da diabete, a ponto de que ela telefonasse um dia para a terapeuta (que gentilmente a despachou) para queixar-se da situação. Antoine, informado do fato, disse que realmente sua mulher percebera que *"sua melhora, do ponto de vista da diabete coincidia com uma degradação de sua personalidade"*. Mais do que a expressão de uma verdadeira agressividade por parte de Antoine para com sua mulher, pareceu à terapeuta que se tratava de uma modificação da ecomomia do casal por causa de uma atitude mais independente de Antoine, especialmente em relação ao tratamento de sua doença. No início deste Antoine fiava-se inteiramente na mulher para aperceber-se de seus comas noturnos e, se fosse o caso, dar-lhe a injeção de Glucagon que o reanimaria. Durante a investigação, referiu sua preocupação em dormir sozinho quando ela, por exemplo, estivesse de férias com os filhos. Ao longo da psicoterapia, uma modificação curiosa veio a ocorrer nesse arranjo: não era mais a mulher de Antoine que se levantava se durante a noite ele estivesse com hipoglicemia, mas seu cachorro, que a mulher tinha a precaução de manter no cômodo vizinho, pois aquele punha-se a latir e vinha deitar-se sobre o dono até que ele acordasse; o que, diz ela *"é uma amolação para fazê-lo beber ou tomar a injeção"*.

De fato os mal-estares noturnos tornaram-se cada vez mais raros, tanto que reapareceram imediatamente no momento em que sua terapeuta mencionou a possibilidade de uma parada progressiva do tratamento. Essa proposta apoiava-se ao mesmo tempo na sua melhora sintomática, já duradoura, e no sentimento de que Antoine não chegaria, a despeito dos esforços de sua analista, a atingir um modo de funcionamento mental sensivelmente diferente daquele a que tinha chegado; sentimento corroborado pelo "experimentado" penoso que freqüentemente invadia a terapeuta durante as sessões. É verdade que estas se desenvolviam de forma sempre idêntica: Antoine discorrendo, sem se interromper, para contar com toda a minúcia o ponto em que estava em seu trabalho no campo. Assim, uma sessão inteira foi consagrada à escolha de portas cujos batentes eram em Z ao invés de em T... Às vezes, entretanto, sem que o discurso mudasse de modo algum (nem quanto ao tom nem quanto à elocução), falava de um incidente bem mais afetivamente marcante: como no dia em que contou que seu filho fora mordido no tornozelo por um cachorro e que por ter sido atingido o tendão, foi necessário levá-lo ao hospital. Sua incrível adesão ao desenrolar-se dos fatos e à precisão dos detalhes concretos, sem que transparecesse a menor expressão de sentimentos, pôde ser salientada então pela analista.

Mas o aspecto defensivo e de certo modo intransponível de tal arranjo se fez sentir mais claramente no dia em que Antoine, durante uma sessão, teve uma impressionante hipoglicemia. Esta interveio quando ele relatava a refeição pantagruélica da véspera, levada a efeito durante a primeira comunhão de seu filho. Ficou pálido, trêmulo e depois confuso, não conseguindo tirar o invólucro de seu torrão de açúcar. A analista o ajudou nisso e foi lhe buscar água. Muito rapidamente, Antoine retomou seu aspecto habitual e a analista procurou saber o que tinha-se passado durante a refeição. *"Nada"*, respondeu Antoine, que, instado, descreveu as diversas pessoas que estavam presentes. A partir dessa enumeração, a terapeuta compreendeu que o pai de Antoine estava ausente, porque devia encontrar

Os tratamentos prolongados

uma senhora que sua agência matrimonial lhe apresentara e com a qual veio a casar-se. Antoine só pôde admitir ter sido afetado pela ausência do pai depois que a terapeuta lhe verbalizou isso; dizendo então: *"talvez, sim, com certeza"*, mostrando assim sua extrema dificuldade em poder reconhecer sentimentos e em especial os de tristeza e raiva, em relação, aqui, com a ausência real do objeto investido.

O mesmo aconteceu em conseqüência do interesse demonstrado pela analista em relação a seu corpo, mostrando preocupação com o excesso de fadiga que ele se impunha pelos os desmedidos trabalhos de fim de semana: só então Antoine conseguiu, progressivamente, avaliar melhor seus esforços e pôde prestar mais atenção aos sinais de cansaço ou de fraqueza, de que podia dar mostras. Lembramos, a seu respeito, a exitência de um *self* grandioso, chegando a uma espécie de funcionamento clivado, no qual o que era da ordem da realização dos desejos — mas dizendo respeito exclusivamente a realizações materiais concretas — tomava um aspecto megalomaníaco sem vínculo com a realidade objetiva de suas forças físicas, necessariamente limitadas, além do mais, em função da diabete. O problema do reconhecimento da realidade da doença, de fato, nos chamou a atenção. Parece que nele tratava-se de um reconhecimento de fachada, inteiramente postiço, o que em última análise não permitia um tratamento realmente eficaz; reconhecimento postiço semelhante ao pouco interesse e atenção dado a seu funcionamento corporal, como se este devesse funcionar por conta própria. Se falamos do funcionamento de seu corpo é porque parece-nos que para ele existe uma diferença entre sua imagem física, aparente num espelho (aparência que ele deseja cuidada e na qual são encontrados aspectos de meticulosidade, de limpeza, e mesmo de rebuscamento no vestuário, identificáveis na esfera de seus traços de caráter) e o que seria da ordem do reconhecimento de um continente corporal dotado de funcionamento complexo e variável no tempo. No fundo, assim como não se reconhecia num interior físico, eventualmente vulnerável e a ser ordenado, não se reconhece também num interior psíquico eventualmente mutável ou até frágil, possível sede de afetos disfóricos, de tristeza ou de sentimentos violentos de cólera e de agressividade.

No que concerne à qualidade do reconhecimento da realidade da diabete, parece que podemos afirmar ser ele em grande parte função

O equilíbrio psicossomático

das qualidades da organização psíquica do sujeito e em particular daquelas provenientes das introjeções identificatórias.

Esse interesse pelo funcionamento corporal, é óbvio que a analista o tenha mostrado igualmente no que concerne ao pensamento e aos sonhos de Antoine. O fato de sonhar pouco não significa ausência total de vida onírica mas a existência de breves *flashes* (com conteúdo de entreveros entre protagonistas de aspecto vago), sem dar origem a nenhuma associação. Seu melhor nível de funcionamento mental parece, entretanto, realizado em torno das relações que mantém com a sogra, a qual ele *"tiraniza zombando dela"*, o que ela lhe devolve *"humilhando-o diante da família"*. É o modelo dessa relação que ele aplica aos próprios filhos: *"Eu me vingo com eles, pelo fato de ser bom filho e bom esposo"*. Podemos nos perguntar sobre o valor aparentemente sadomasoquista de tais comportamentos e asserções. De nossa parte, vemos de preferência a atuação de relações de tipo perseguidor/perseguido, num contexto "do mais forte para o mais fraco", lembrando as "curvas de pista" que efetuava Antoine adolescente em volta da mesa da sala de jantar da família, quando a mãe corria atrás dele para lhe aplicar as merecidas palmadas, pela insolência para com a avó que morava com eles.

É por esse modelo, marcado desde a infância pela reduplicação, que efetivamente Antoine parece ter-se organizado: ao nascer seu segundo filho é atingido pelo aparecimento da diabete; o que fala a favor de um movimento de desorganização somática que se inscreve exatamente num período de ruptura intolerável, relacionado com repetição desse mesmo modelo, sobre o qual se funda seu equilíbrio psicossomático. Os dados de sua psicoterapia nos parecem ir no mesmo sentido, ainda que permitam aproximarmo-nos de maneira muito mais fina das possibilidades de mobilização que ele possa apresentar. Estas passam possivelmente por um movimento de identificação mimética com sua analista, à medida que esta interessa-se pelo funcionamento de seu corpo e pelos sinais, para ela inteligíveis, que ele pode proporcionar.

O fato de Antoine ter-se tratado com uma analista mulher, elemento inicial aparentemente desfavorável em vista de suas particularidades relacionais com as mulheres, pôde desempenhar secundaria-

Os tratamentos prolongados

mente um elemento positivo à medida que por meio da instauração das relações tranferenciais e do apoio na analista, investida positivamente, o afastamento desses objetos "todo-poderosos" pôde reduzir-se sensivelmente, originando simultaneamente uma redução da clivagem entre o que chamamos de um *self* grandioso e a realidade de seus limites físicos.

À vista dos elementos de que dispomos, poderemos dizer que esse *self* grandioso era principalmente um *self* corporal e que é no âmbito de um melhor arranjo do reconhecimento das necessidades e dos limites do corpo real que se situou o essencial das modificações da economia psicossomática de Antoine? Que estas tenham conduzido a maior autonomia dando início a uma ruptura do equilíbrio precedente que existia com sua mulher (em quem ele apoiava-se totalmente no que se refere à identificação e ao tratamento de seus mal-estares) parece totalmente compreensível, mas não sinaliza obrigatoriamente um acesso a possibilidades verdadeiras de interiorização, gerando modificações relacionais que se esteiam, por exemplo, na instauração de relações sadomasoquistas.

Parece, de fato, que de algum modo o eu-corporal de Antoine permanece, de um lado, exterior a ele (parecendo-se isso com o que se passa com seu cachorro, que late e acorda a família quando o dono sente um mal-estar durante o sono), mas por uma parte somente, pois quando desperta a identificação das flutuações de seu equilíbrio interno é de qualidade bem melhor. O que é traduzido principalmente pelas modificações bem rápidas na atitude da filha para com ele. De início é, em realidade, a filha quem primeiramente se apercebeu dos mal-estares do pai, o que originou nela um estado de vigilância ansiosa, constituindo isso a origem de seu tratamento num dispensário de higiene mental, onde um médico orientou Antoine para o Centro de Consultas e Tratamentos Psicossomáticos. Os vínculos muito especiais que unem Antoine, sua diabete e a filha chamaram-nos de imediato a atenção, pois foi por ocasião do nascimento desta que Antoine manifestou sua diabete e, nesse contexto, a menininha bem rapidamente começou a amparar o pai — numa atitude de superproteção materna ansiosa? — sabendo *"antes dele e de todos"* que ele ia ter um mal-estar. O início da psicoterapia de Antoine, com as modificações econômicas decorrentes, permitiram à

204 *O equilíbrio psicossomático*

criança relaxar uma vigilância cansativa, que não deixava de refletir-se desfavoravelmete em suas capacidades de integração secundária.

3. Psicoterapia de Simon

Com o caso de Simon (observação nº 6), foi levantada a hipótese de entrada numa desorganização progressiva; hipótese que presidiu à decisão de um tratamento urgente. Para o investigador, o movimento de desorganização teria começado na adolescência — antes do aparecimento da diabete — e teria-se manifestado principalmente por bruscos momentos de desinvestimento apresentados por Simon nessa idade, sem causa perceptível para ele. A entrada em distúrbios somáticos irreversíveis fez-se aos vinte anos, com o aparecimento da diabete ocorrido de forma violenta enquanto Simon fazia o serviço militar na Argélia e estando prestes a deslocar-se para uma unidade combatente no Saara. Nos anos que se seguiram apareceram tiques no rosto e nos ombros, depois, progressivamente, o que Simon chamou de *"estado depressivo sobrevindo em cima da sua diabete"*, assim como complicações secundárias: uma rinopatia e distúrbios da potência sexual.

Na verdade, o que expressa desde o início do tratamento[1] é a profunda preocupação a propósito de seu estado, a qual culminou em momentos de "confusão" em que, achando-se na rua, perdia o sentido de identidade ou ainda, quando estava em casa, deslocava um objeto e não conseguia mais colocá-lo onde estava. Essa vivência catastrófica fazia-o temer estar sendo vítima de um movimento de deterioração provavelmente atuante desde há um ano e meio e que o levou, nas primeiras sessões de tratamento, a expressar queixas repetidas e interrogações ansiosas sobre seu estado atual, relacionado ao que se apresentava como um "antes" idealizado. Este se situaria preferencialmente por volta dos vinte e três ou vinte e quatro anos, quando dirigia com êxito uma auto-escola, o que lhe proporcionava prestígio e lhe facilitava as relações sociais, especialmente com as

---

1 Agradecemos vivamente a Vera G. Brahmy pelas preciosas informações que se dignou comunicar-nos a respeito do tratamento.

Os tratamentos prolongados 205

moças. Simon não consegue situar exatamente o começo do que vai consistir no "depois". Simplesmente seu negócio não o interessou mais, estando ele provavelmente deprimido, sem que percebesse qualquer razão para isso.

Durante esse primeiro período do tratamento, o que impressiona, sobretudo à analista, é o aspecto da constatação atual, inteiramente desastrosa que Simon faz de sua vida, dentro de uma visão totalmente absurda, como se o que lhe acontecesse não tivesse origem em alguma causa interna. É assim que relata as relações com sua amiga que conhece há seis anos, relações que não pararam de se deteriorar. "Antes" descreve-se como um homem viril, ativo, tomando todas as decisões. Presentemente, na prática não reage mais: ela marca encontros a que não comparece sem o prevenir; sai com outros amigos; não lhe conta a verdade. Ele se admira de submeter-se a essa situação sem reagir (*"Como eu fiquei, é incrível!"*), expressando sua preocupação quanto ao futuro e se perguntando (*"Até onde irá isso?"*). A totalidade das sessões é ocupada com um discurso repetitivo e realista, a respeito do presente: a vida com a amiga, o trabalho, a sua diabete. A despeito das perguntas que se faz, não percebe nenhuma ligação de si mesmo com seu passado, do qual não faz menção, assim como da morte recente do pai.

Apoiando-se num apetite relacional muito vivo, que a analista sente para com ela — manifesto também pela pontualidade e regularidade de Simon às sessões — é que tenta orientar o trabalho analítico em direção à constituição ou à reconstituição dos vínculos com o passado, apoderando-se das interrogações de Simon para lhe pedir que conte como era o "antes", em particular, sua infância e sua família. Na primeira abordagem, parece lembrar-se de pouca coisa: não tinha conflitos nem com a mãe nem com a irmã alguns anos mais velha do que ele. Entretanto, paulatinamente, pergunta-se não tinha sofrido de sentimentos de inferioridade em relação à irmã, mais brilhante do que ele, preferida do pai, de quem se tornará em seguida colaboradora. Mas Simon não vê nisso nenhuma relação com seu estado atual. A descrição da infância não suscita praticamente nenhuma lembrança ou associação. O que domina é a imprecisão e as generalizações relacionadas com o meio e a época. Parece também concentrado quando descreve a adolescência, período em que começa a

206 *O equilíbrio psicossomático*

opor-se aos princípios do pai sobre a religião e o casamento; época em que sai com amigos, pratica esportes, interessa-se por carros.

É no plano da relação com o pai, que se renova, aos poucos, um vínculo afetivo por meio do reconhecimento, sugerido pela analista, da complexidade do conflito com aquele, o que num primeiro momento Simon havia afastado, dizendo: *"Eu me oponho a meu pai, mas isso não tem nenhuma importância, cada um vive a vida como bem entende"*.

O que de fato evidencia-se como central, tanto para Simon quanto para a analista — se bem que diversamente —, é a tomada de consciência da relação existente entre ele e o distanciamento de suas emoções de raiva ou de ódio e a força da tensão física por ele experimentada. Ele vai tentar minimizar a descoberta, absolutamente nova para ele (que a tensão física pode ter um conteúdo, e até uma história relacionada com as pessoas). A tentativa de minimização se deve ao que, para a analista, apresenta-se como a prevalência (de pronto, fundamental para ele) atribuída ao ponto de vista econômico, o único que percebe, experimenta e compreende. Parece que sua inserção progressiva nas relações objetais, no plano psíquico, só pode ser avaliada por ele em termos de tensão: *"Eu me sinto mais distendido"* ou *"Eu me sinto mais tenso"*, constatação que relata na sessão seguinte como uma espécie de avaliação do esforço de trabalho psíquico desenvolvido na sessão anterior. Realmente, mesmo parecendo capaz de encontrar a possibilidade de evocar a adolescência, depois descobrir sentimentos de ambivalência para com o pai e a mãe, em nenhum momento o material trazido deixa de ser primordialmente atual e não parece permitir o avanço de um processo psíquico dinâmico, abrindo o acesso paulatino a representações, lembranças, fantasias, sonhos ou pensamentos latentes.

O que num segundo momento parece ter-se restabelecido é a retomada do investimento narcísico traduzido pelo fato de ele sentir-se *"inteiramente relaxado"* — coisa que aprecia no mais alto grau — e que, ao que parece, corresponde à interrupção do movimento desorganizador inicial que acompanhava a vivência catastrófica de que se queixava durante a investigação e no começo do tratamento. Podemos perguntar sobre o que terá permitido a retomada do investi-

Os tratamentos prolongados

mento narcísico, isto é, a reativação dos instintos de vida ou pelo menos sua prevalência sobre o que caminhava no sentido da desorganização.

Com toda a evidência, o que evocamos em primeiro lugar é a qualidade do vínculo relacional que Simon pôde estabelecer com a analista. De resto, ela sublinhou de imediato "o apetite relacional" que ele manifestava desde a investigação e desde a primeira sessão do tratamento, como se fosse possível captar naquele momento a exacerbação de suas forças de vida diante do movimento de desorganização de que era vítima. No entanto, a noção "de manutenção de um equilíbrio na relação" como elemento vital para ele, permaneceu prevalente para a analista durante muito tempo depois de ela ter podido constatar a retomada de seu investimento narcísico; e isso em ralação com o fato de o investimento de Simon recair essencialmente — parecia — sobre a relação imediata que ele travava com ela estando presente. Só depois de longos meses de tratamento Simon pôde aproximar o que se passava nas sessões da melhora de seu estado, e ainda assim, o interesse pelo que era dito com a analista se traduzia não pelas formulações do tipo "eu pensei que...", mas pela retomada de uma palavra da terapeuta na sessão precedente, por exemplo, sob a forma: *"na última vez a senhora disse que..."*. Como se as palavras conservadas como tinham sido pronunciadas e restituídas sem mudança permitissem reencetar quase automaticamente o vínculo com a sessão anterior, numa atitude que denegava a separação e a ausência.

Um incidente muito significativo permitiu esclarecer particularidades desse funcionamento psíquico e o risco de ruptura do equilíbrio que poderia resultar da modificação de sua maneira de ser. Contrariamente a outras sessões em que Simon relatara seu novo estado de distensão, chegou naquele dia tenso e preocupado. Diz que lhe aconteceu algo de estranho: depois de deixar a analista na última vez, voltou de carro como sempre; mas, ao chegar a seu destino, deu-se conta de ter feito todo o trajeto sem ver o exterior (tão investido por ele), pois ficou pensando no que se acabara de dizer. A experiência repetiu-se durante a semana. Está muito preocupado e sente-se num estado estranho. Teme o que lhe possa acontecer se não vir o caminho, relata um acidente, ou melhor, *"ir não se sabe aonde"*. Pergunta se isso é possível e normal. A partir do reconhecimento de sua con-

208   *O equilíbrio psicossomático*

turbação, a analista tenta fazê-lo explicitar o que lhe parecia estranho em comparação com o habitual. Reconhece então que sua preocupação não se refere ao itinerário a ser efetuado, pois diz ter o controle de sua orientação. O que é radicalmente diverso é que habitualmente, *"depois de terminada a sessão"*, ele faz o que tem a fazer e volta às suas ocupações, ao passo que na última vez continuou *"a pensar em tudo isso"*. Tem medo *"de estar obcecado"* pelo que se diz aqui. Quando a analista perguntou se já tinha acontecido pensar numa pessoa na sua ausência e nas palavras que poderiam trocar, Simon responde que, de fato *"isso lhe sucede com sua amiga, mas não é a mesma coisa, pois está habituado a isso, podendo revê-la durante o dia"*. Não irá dizer mais nada dessa experiência. Não apresentará associações, lembranças, representações nem outros pensamentos que pudesse ter tido.

A analista pareceu ver aí uma modificação muito importante do investimento que lhe votava Simon, como se até então aquilo que era centrado essencialmente na relação imediata com ela presente, tivesse se transportado para o ato de pensar na analista em sua ausência, o que gerou em Simon uma mudança que o surpreendeu, deixou-o incomodado e com medo de transbordamento, o que ele expressou com o temor de "estar obcecado". Essa modificação é experimentada como uma ameaça de trauma pondo em jogo o equilíbrio da distribuição econômica de seus investimentos, assim como de seu modo de funcionamento.

Se essa experiência perturbadora for relacionada com o que constituem os habituais pontos de referência de Simon: sensações de tensão ou de relaxamento, parece que, contrariamente ao costumeiro, o que é vivenciado aqui como fonte de excitação é de origem interna, ao passo que, até o presente momento, tratava-se sempre para ele, de sensações de origem externa, frente às quais podia desenvolver, com mais ou menos êxito, sistemas defensivos conhecidos. Ele se encontra, pois, de certo modo, com o equilíbrio rompido, o que ocasiona um sentimento de mal-estar, de estranheza; colocando a questão da passagem da noção de tensão, traduzida quantitativamente, para a de angústia, introduzindo uma noção de qualidade e até mesmo a de eventual capacidade de contenção. O que falaria a favor da existência da angústia ligada à reativação eventual de traços mnésicos e à

Os tratamentos prolongados 209

produção de pensamentos latentes — talvez durante essa sessão mesmo, em que se dará todo esse processo — é que a sensação de mal-estar em Simon não se acompanha de uma tradução somática (não há agravamento da sintomatologia), mas lhe permite voltar ao assunto oito dias depois. Como se a angústia o houvesse protegido aqui "contra o terror e a neurose traumática", segundo a fórmula de Freud em *Para além do princípio do prazer*[1], e com isso também contra a desorganização somática que poderia ter constituído uma saída a esse excesso de excitações experimentado como perturbador.

Será que por meio dessa experiência (que não deixa de evocar uma crise de despersonalização) podemos considerar termos apreendido um momento fecundo em que se interioriza a possibilidade de reter em si alguma coisa da analista pelo intercâmbio verbal que é rememorado e pode mesmo ser continuado fora de sua presença física real? O sentimento de mal-estar e de "estranheza" que acompanhou essa vivência lembra, sem dúvida com menor intensidade, as experiências catastróficas de perda do sentimento de si mesmo na rua, ou aquele relativo a um objeto concreto deslocado, impossível de ser identificado, de que Simon se queixava no início do tratamento.

Essa sintomatologia evocativa da crise de despersonalização parece apresentar-se cada vez que há ameaça de ruptura do modo de funcionamento habitual, e seria devido a ela essencialmente o que Simon chamava de *"seu estado depressivo sobrevindo em cima da sua diabete"*. A ameaça de ruptura existente quando da investigação, dando lugar a essas manifestações, revela-se, à luz do que nos fez conhecer seu tratamento psicoterápico, como a objetivação do movimento de progressiva desorganização de que ele era vítima, constituindo a sintomatologia do tipo crise de despersonalização, sua tradução melhor mentalizada.

Mas presentemente, parece que se trata de coisa totalmente diversa, havendo não apenas interrupção no movimento de desorganização progressiva mas ainda o começo da possibilidade de reter em si algo que pertence a um objeto vivo positivamente investido. Que isso se acompanhe, embora de maneira mais fraca, de fenômenos

---

1 S. Freud (1920), 1968, p. 39.

210   *O equilíbrio psicossomático*

vivenciados por Simon quando o mundo da realidade objetiva a que estava tão aferrado parecia subtrair-se a ele, não faz mais que traduzir as modificações no interior de seu ego, empobrecido e ameaçado quando da desorganização progressiva, aumentado, e ameaçador quando ele permite que aí penetre algo de sua analista fisicamente ausente. A fragilidade de seu ego é, no conjunto, confirmada, assim como a pequena margem de manobra em que pode atuar a analista sem risco de descompensação para Simon. É por isso que, passado o período de pavor, dominante nos primeiros meses de tratamento e chegado o instante em que Simon pôde constatar nele esse "experimentado" de relaxamento completamente incomum outrora, pôde parecer que ele instalava-se num estado de relativa quietude em que equilibrava sua diabete sem problemas, tendo prazer em funcionar sem choques em última análise, via de regra sozinho, ao abrigo de conflitos relacionais inerentes à aproximação com as pessoas.

O reinvestimento narcísico favorecido pela relação com a analista, atingindo à sedação do sentimento de tensão permanente, traduzindo-se também por manifestações muito palpáveis de sua aparência. De relaxado e mal vestido no começo do tratamento, Simon tornou-se progressivamente cuidado, ostentando maneiras de vestir-se até requintadas. Essa mudança foi acompanhada de modificações análogas do investimento em seu apartamento e da elaboração de suas refeições. Apesar de ter voltado a sair um pouco, não entabulou uma relação durável como a que teve durante seis anos com sua amiga. Pode-se aventar diferentes hipóteses para tentar explicar esse estado de coisas, incluindo o papel desempenhado pelo sintoma de impotência sexual progressiva — mas intermitente? — que teria começado cerca de dois anos antes do início do tratamento psicoterápico. Tendo em conta o peso desse elemento, cuja realidade clínica é difícil de avaliar, parece que o reinvestimento narcísico de Simon o tenha levado a um estado de tranqüilidade, não destituído de satisfações auto-eróticas, mas em que seria relativamente limitado aquilo que provém da expressão de sua libido objetal. Poder-se-á dizer que esta satisfaz-se em grande parte com o intercâmbio relacional mantido com a analista? Deveremos considerar igualmente que uma quantidade importante de energia pulsional é investida nos cuidados prodigalizados a si próprio em função da sua diabete atualmente bem equilibrada por ele?

Os tratamentos prolongados 211

No conjunto, se a evolução de Simon parece favorável depois de começada a terapia, e em particular no que tange à interrupção do movimento de desorganização somática em que parecia envolvido, o equilíbrio alcançado atualmente nem por isso permite pensarmos em terminar o tratamento. No máximo pode-se sugerir um espaçamento das sessões. Do tratamento psicoterápico desses três sujeitos, Gilles, Antoine e Simon, podemos apreender certas particularidades que os tratamentos encetados podem adquirir com pacientes que sofrem de uma doença somática irreversível.

Vimos com Gilles que o peso dos elementos de realidade ligados à existência da sua diabete pareceu o mais limitado, ainda que tenha sido pelo caminho de uma atuação diretamente relacional com sua doença que ele reagiu à primeira longa separação do analista. No conjunto, entretanto, ao longo da terapia, o material referente à diabete parece pouco importante e a qualidade do tratamento com relação à doença melhorou sensivelmente. Assim, ele pôde renunciar ao arranjo complicado de que precisava durante a investigação, no sentido de que necessitava de alguém que dormisse com ele a fim de assegurar-se de ser acordado no caso de uma hipoglicemia noturna — incidente que só ocorreu duas vezes e em condições especiais. Assim também parece que seus mal-estares hipoglicêmicos, que tendia a valorizar, estejam atualmente bem melhor suportados, como se no geral tivesse maior tolerância à angústia suscitada pela doença. Desse modo, seu tratamento aproxima-se do de um paciente sem afecções somáticas, mas que nem por isso teria uma neurose mental franca. Realmente, a disparidade de sua maneira de funcionamento mental no tempo — os elementos neuróticos podendo desaparecer repentinamente para dar lugar a um pensamento de tipo operatório — apresentou-se como típica de sua organização mental para a analista, o que ocasionou o aparecimento de reações transferenciais ao invés do estabelecimento de uma real transferência que facultasse um trabalho analítico em profundidade. Em razão disso, seu sintoma de inibição sexual parece no momento, e após dois anos de psicoterapia, difícil de mobilizar; tanto mais que, como no tocante à diabete, mas de forma bem diferente, Gilles pouca menção faz do assunto. Sem dúvida ele se defende — coisa que reconhece explicitamente — do mundo da sexualidade, escusando-se com a doença. Mas tal afirma-

212   *O equilíbrio psicossomático*

ção, que, de resto, pode ser bem mais postiça do que de fato experimentada, longe de resolver o problema pode contribuir para mantê-lo nesse estado.

No caso de Antoine e Simon, contudo, o tratamento não se desenvolverá em torno de uma problemática que põe em jogo a sexualidade e, simultaneamente, ficará evidente que sua entrada numa desorganização somática será bem mais preocupante. Graças ao esteio em reações transferenciais positivas e variadas com seus analistas, vai-se assistir progressivamente, em ambos, a modificações da economia psicossomática favoráveis à melhor integração da doença. Esta vai instalar-se em Antoine pela redução da clivagem que parecia existir entre o que chamamos de *self* grandioso-onipotente e a realidade de suas forças físicas, necessariamente limitadas, e no caso de Simon pelo acesso a um estado de descontração em completo contraste com o "experimentado" de permanente tensão a que se via submetido há muitos anos.

Em suma, por intermédio do que P. Marty designa de "reanimar a relação", o que se realiza no intercâmbio psicoterápico, as forças de vida ativadas pela presença do analista vão poder retomar certo vigor e impedir o que caminha no sentido da desorganização e mesmo da morte. Mas para que o processo esteja realmente terminado, seria preciso que, uma vez transposta essa etapa, o sujeito pudesse enlaçar-se de novo com aquilo que faz o sal da vida, isto é, o mundo da sexualidade e dos conflitos interpessoais a ela associados. É nesse âmbito, sem dúvida, que uma afecção somática irreversível virá desempenhar o papel de um freio, pelo esgotamento da energia pulsional para alguns, pelo demasiado peso do impacto de realidade que oblitera e apaga a realidade psíquica para outros, e enfim, pela conjunção de elementos variados, entre os quais a precariedade do ego do sujeito.

Em todo o caso, é às variações que se estabelecem no tempo, entre a sintomatologia somática e às eventualidades da vida sexual a que estamos especialmente atentos, no que toca a nossos pacientes, tenham eles ou não uma afecção somática duradoura.

CONCLUSÃO

Atingido o fim deste trabalho nossa conclusão irá situar-se em diferentes níveis e se abrirá mais a um questionamento do que a uma resposta firme e única a propósito das grandes interrogações levantadas por nós, principalmente na introdução.

Com respeito à diabete insulino dependente, há a considerar o problema da etiologia no sentido médico do termo, o que, aliás não nos compete e que permanece, inalterado. Por outro lado, devemos levar em conta as diferentes teorias atuais: aquelas em que as causalidades são reconhecidas como multifatoriais; as mais recentes, em que a diabete seria considerada *auto-imune* ou ainda aquelas que seriam resultado de um movimento agressivo, oriundo da desierarquização de certas funções, originando uma anarquia parcial e tendo, em conseqüência, a volta a um estado anterior de funcionamento: o do bebê nas primeiras horas de vida (C. Dejours, 1977). Todas essas abordagens não nos parecem de modo algum incompatíveis com o que nossos sujeitos nos permitiram observar: o fato de uma afecção somática, aparentemente idêntica para todos, poder integrar-se de maneira inteiramente diversa no interior da economia psicossomática dos diferentes indivíduos que forem por ela atingidos e isso principalmente em função das particularidades de sua organização mental.

Trata-se aí, em última instância, de uma constatação de ordem geral que transborda largamente o quadro da diabete *privada de insulina* e que se pode estender a todas as afecções somáticas seja qual for sua pertinência à nomenclatura médica clássica.

214 *O equilíbrio psicossomático*

A incidência terapêutica dessa asserção pode ser considerável, pois mesmo se a questão da etiologia permanece incerta — caso de numerosas doenças — o fato de manter uma função num certo registro — aqui prioritariamente o registro bioquímico, mas também a função mental, por meio de um tratamento adequado — pode devolver a vida ao conjunto complexo constituído pela economia psicossomática geral de um dado sujeito num determinado momento de sua existência.

Sem dúvida as possibilidades de reorganização espontâneas existem praticamente sempre, contanto que não se trate de uma afecção somática irreversível; sendo a cura, de longe, no decurso da vida, o desfecho mais freqüente com ou sem terapêutica médica adaptada. Podemos retomar sob esse aspecto a noção de homeostase do sistema complexo representado pela economia psicossomática individual, que poderia dar suporte, sem se destruir, a variações internas provavelmente consideráveis em certas fases da vida — períodos de crise, em especial — mas se revelaria bem mais sensível ou frágil em outros momentos: por ocasião da entrada na velhice por exemplo[1].

Entretanto, sustentar a função mental no nível em que se encontra, paralelamente à aplicação de uma terapêutica médica, quando esta é indispesável, como no caso da diabete privada de insulina, é poder adotar as posições extremamente flexíveis e variáveis no tempo, segundo o estado do sujeito em questão; posições que irão da simples adaptação do quadro, quando o ambiente tiver que garantir a sobrevivência, até os tratamentos próximos do processo psicanalítico padrão, passando por todas as formas de ajuda relacionais e de psicoterapias especializadas. Permanecer o mais perto possível do funcionamento psíquico do paciente permanece a regra, pois se trata, como na técnica psicanalítica clássica, de não lhe transmitir mais do que é capaz de receber. Esta é uma arte complicada, se é que ela pode ser considerada como tal, tanto mais que com as doenças somáticas e contrariamente ao que se observa com pacientes portado-

---

1 O que concordaria com as formulações de H. Atlan (1979), quando fala de *"crises menores sem cessar recobradas"* (p. 148) a propósito dos sistemas auto-organizadores abertos para o ambiente; modelo científico atual que se aproxima de nossa visão.

Conclusão 215

res de organizações neuróticas francas, os riscos de descompensação somática estão muito próximos, em caso de *overdose* e bem próximos também no caso de falta relacional, pois esta remeterá à ausência, isto é, ao vazio do mundo externo tornado insuficientemente excitante para manter o sujeito vivo.

Vê-se assim que ampliação e liberdade de manobras se descobrem quando, deixando o terreno onde tudo se coloca em termos de "permanecer vivo", aborda-se a problemática dos desejos e o mundo da sexualidade. É este de fato, quando bem investido, que protege da melhor forma, contra toda desorganização somática, interpondo entre esta eventualidade e o sujeito o anteparo do desejo e do prazer sexual misturados aos sentimentos amorosos, com todo o cortejo de conflitos interpessoais ou mesmo intrapsíquicos dele decorrentes.

Estamos então em pleno mundo pulsional descrito por S. Freud; com investimento dos objetos, representações, desejos contraditórios; conjunto animado pela libido nascida de fontes somáticas da pulsão sexual. Não se trata de dizer por isso que tudo está ganho quando os conflitos se enlaçam no cenário psíquico num contexto que envolve a sexualidade (e nossos pacientes neuróticos estão aí para atestá-lo), mas estamos, na verdade, num mundo familiar onde a angústia de castração pode vir substituir a angústia de morte e da depressão essencial.

O alívio que pode resultar dessa retomada mostra-se ao que nos parece pela breve seqüência de uma sessão de análise recente que damos como exemplo. O paciente descrevia o poder — impregnado de onipotência relacionada a uma depressão proporcional — no seio do casal. Fui levada a dizer: "*O poder é uno e indivisível. Se um o possui, o outro fica privado dele*"; ao que ele aquiesce: "*um e indivisível, sim, como a República*" e eu acrescento: "*Ou como o pênis, pois só há um para dois.*" O estupor colorido de prazer, depois a retomada das associações confirmaram a legitimidade de uma intervenção formulada após longos anos de análise durante os quais a impossibilidade de ser verdadeiramente feliz com uma mulher tinha sido inúmeras vezes mencionada.

Poder claramente identificar o objeto do desejo e o desejo do objeto introduz a um novo modo de funcionamento em que a angús-

216 *O equilíbrio psicossomático*

tia, tendo tornado-se angústia de castração, pode ser objeto de manipulações mentais facilitadoras de todo tipo de arranjos possíveis: reais ou fantasmáticos.

Mas, o que em última instância parece-nos totalmente característico do funcionamento humano, é a intolerância em atingir um estado de satisfação total em que coincidiriam o desejo, o objeto do desejo e sua realização num mesmo instante; como se o desaparecimento durável dos desejos, ou — de forma mais mecaniscista, porém, clara — a ausência de diferença potencial no interior da economia psicossomática geral do sujeito só pudesse levar ao seu desaparecimento.

Todos os tipos de medida podem ser tomados em níveis funcionais extremamente variáveis para evitar esse perigo. Será possível aproximar-se desse estado de plenitude quando a união sexual com o ser amado efetuar-se de maneira absolutamente exclusiva e ao abrigo de arranjos via de regra complicados. Pode-se dizer que, enquanto essas medidas afetarem essencialmente o mundo relacional, o que for atingiddo pelo sujeito que as desenvolve afetará preferencialmente seu maior ou menor prazer ou desprazer de viver, trazendo modificações no âmbito de sua economia psicossomática, no mais das vezes, porém, de fraca amplitude. Em troca, se o mundo dos objetos externos revelar-se insuficiente demais, ou se, por razões internas precoces ou mais tardias, a tolerância ao que será vivenciado por ele, com trauma, for fraca, a resposta poderá ser dada por meio de um movimento de desorganização que envolverá o corpo.

Vimos que freio relativo à livre circulação das fantasias pode constituir uma afecção somática grave e irreversível, mas ainda nesse caso nada ocorre em definitivo; estando aí as possibilidades de rearranjo, atestadas por numerosos pacientes, para nos lembrar.

Em certos casos, poderia-se chegar até a considerar que um distúrbio somático, bem circunscrito na economia psicossomática geral de dado indivíduo, fixa naquele nível a parte de intolerância à realização completa dos desejos que poderíamos aproximar, em parte o masoquismo primário, mas que tal distúrbio permite, por outra parte, um funcionamento com relação livre e abrangente. Trataia-se de um tipo de arranjo comparável ao descrito por Freud relativamente

Conclusão 217

às neuroses traumáticas ligadas à guerra (1920); neuroses de que apenas sofreriam os soldados indenes na esfera corporal, pois, para os que foram feridos, os rearranjos operados em torno e em função de uma lesão somática os colocaria ao abrigo de uma sintomatologia mental ruidosa, marcada pela compulsão à repetição.

Mas, com freqüência também, a energia que se fixará no nível da afecção somática não conseguirá realizar um arranjo estável. Tenderá então a esgotar-se, deixando o sujeito exangue no que se refere à sua libido. Na verdade, é a sexualidade e seus atrativos que parecem ser primeiro tocados quando a economia psicossomática balança, entre o mundo dos desejos e prazeres e aquele em que reinam as necessidades e mesmo a dor.

Porém, seja como for, e quaisquer que sejam os sentimentos que mobilizem o observador que somos nós — ficando claro que jamais somos neutros —, ninguém pode substituir a outrem na avaliação do equilíbrio que se opera para ele a todo o momento no âmbito do prazer/desprazer, ainda que esse equilíbrio pareça tomar a feição de um desequilíbrio, dando o prazer extinto lugar ao sofrimento.

A economia psicossomática individual é suficientemente complexa para que múltiplas razões de desmoronamento possam nela manifestar-se, a despeito do que pode mostrar-se às vezes como radicalismo terapêutico. Violentamente ou de forma paulatina, os seres humanos dirigem-se para a morte, parecendo-nos que devemos respeitar seu ritmo, mesmo se nosso papel for o de continuamente sustentar, manter, e mesmo revigorar o que neles resta de vida.

Muito de desconhecido subsiste em razão mesmo da complexidade da maneira humana de funcionar: não produzindo as mesmas causas aparentes — mas serão mesmo causas? — e praticamente jamais, os mesmos efeitos sobre dois sujeitos distintos. Entretanto, nessa obscuridade relativa, o questionamento que se alicerça na teoria e na prática psicanalítica para centrar-se nos dados fornecidos pela economia psicossomática dos indivíduos humanos, tomados na singularidade que lhes é própria, parece-nos cheio de promessas.

ANEXOS: PROTOCOLOS DAS NOVE OBSERVAÇÕES

Observação nº 1: Diane, vinte e nove anos

Prancha 1

8" *É um menininho que é forçado a tocar violino e que isso chateia profundamente... o que me pergunto é porque lhe puseram um papel branco em baixo, é talvez a partitura que ele esconde porque não deseja vê-la... é tudo o que eu vejo.* (55")

Prancha 2

7" *Isso é bem um quadro estilo Millet e outros, engraçado... vejo pessoas do campo, a que está na frente tem jeito de ser da cidade... mais intelectual, dois estilos de mulher diferentes, o homem está trabalhando, não dá para ver de jeito nenhum o que vem fazer aquela que está na frente com os livros, ela destoa, a outra tem o jeito de quem está se esquentando ao sol... são talvez duas paisagens...a gente tem a impressão que o primeiro plano com a pedra não tem nada a ver com o segundo plano e a terra, a moça e as pedras não têm nada a ver com o que está atrás.* (2')

Prancha 3 RH

9" *Isso é alguém que tem problemas, que está com jeito de es-*

220   *O equilíbrio psicossomático*

tar chorando ou estar abatido, tem jeito de estar apoiado numa cama, no chão não sei o que ele tem, uma pistola?... Pode ser alguém que tem idéias de suicídio (ri) pode ser uma mulher a gente não vê bem... ela é corcunda, né? Está numa pior em todo o caso... fisicamente ela é sem graça se é uma mulher. (1'15")

Prancha 4

5' *Isso é bem filme americano 1950, não sei, deve ser uma discussão isso, talvez ela tem o jeito de querer prendê-lo, explicar alguma coisa para ele, ela tem uma aparência bem de diabo Lúcifer, tem um desenhinho atrás, sei lá o que é isso, tem jeito de antiquado o desenho com as cortinas tipo dona de casa quadrada, isso parece muito Moulin Rouge assim com as cortininhas... o homem tem jeito de estar com raiva, quem sabe ela o acalme... é gozado, eles têm cabeça de atores como... não sei se isso é tirado de um ...eu não poderia dar um nome.* (2')

Prancha 5

8" *Aí é muito rococó como estilo, a senhora tem jeito de já ter certa idade...eu estaria vendo-a empurrar a porta para dizer que o jantar está pronto para alguém que estaria por detrás da mesa...* (Quem por exemplo?)... *eu veria um filho, mesmo.* (1')

Prancha 6 MF

10" *Ela, ela tem o jeito de surpresa, tem jeito de vir lhe informar alguma coisa, alguma coisa importante... talvez alguma coisa meio assustadora porque ela... ele parece um pouco inspetor de polícia com um cachimbo, não sei, sim! isso me lembra Maigret.* (1'30")

Prancha 7 MF

5" *Isso, isso tem jeito de ser mãe e filha... a menina tem jeito de*

Anexos: protocolos das nove observações 221

estar brincando de boneca... é engraçado, ela não segura a boneca como uma menina devia segurar, abraçando a boneca... a mãe está com jeito de estar lendo para ela, deve ser uma menininha papari- cada, com um laçarote, um vestidinho bem arrumado, é engraçado a posição da mesa em relação ao sofá, a menina não tem lugar para sentar... a mãe tem jeito de uma matrona gorda. (1'30")

Prancha 9 MF

3" Elas têm jeito de querer ir tomar banho, uma tem jeito de fugir e a outra de observá-la... uma tem uma toalha de banho, ela foge ou levanta o vestido, tem o jeito de estar pondo o maiô, isso deve ser um rio que passa... todas elas têm um aspecto maldoso nessas imagens, as mulheres, não há nenhuma sorridente. (1'28")

Prancha 10

11" Isso deve ser um casal abraçado, penso eu?... Eles não pa- recem jovens ... (33")

Prancha 11

5" Uma paisagem esquisita, tem jeito de haver um homenzinho lá no fim... deve haver quedas dágua, uma grande montanha, como lugar é apavorante... Do lado é engraçado, é como uma igreja, isso deve ser uma cascata eu penso. (1'05")

Prancha 13 F

4" Agora aí deve ser um baita drama, ele deve tê-la matado depois ele fica com remorso (ri). Sim, deve ter havido uma cena... é, é isso, ele deve ter feito alguma coisa assim... o que é engraçado é que ela está completamente nua e ele vestido. Ele deve estar pronto para ir embora. (1'10")

Prancha 19

3" *É uma casinha sob a neve com luz lá dentro...é.* (27")

Prancha 16

10" *Não tenho muita imaginação diante de coisas como essa ... posso ver uma paisagem, não sei... o mar com o sol, o calor... ver pessoas que se aquecem ao sol, talvez com uma palmeirinha num dos cantos. É só.* (55")

Figura de Rey e desenho da pessoa
da observação nº 1

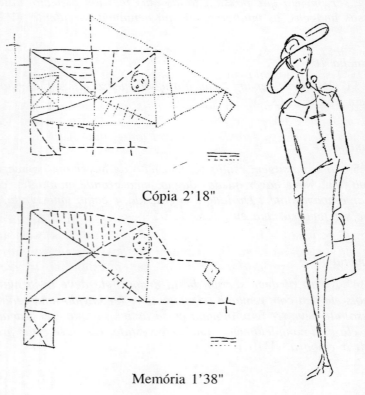

Cópia 2'18"

Memória 1'38"

Anexos: protocolos das nove observações 223

Observação nº 2: Pascale, vinte e quatro anos

Prancha 1

10" *A gente diria que é uma criança admirando, nem sei o quê... é um violino, acho eu, não, acho que não, não sei e depois talvez ela queira saber o que pode tirar deste instrumento, isso me traz lembranças ruins, me obrigaram a estudar violino e eu tenho horror a isso, gosto de ouvir música, mas paro aí... minha mãe sempre quis que eu tocasse, eu fiz oito anos de violino, depois não toquei mais.* (1'02")

Prancha 2

6" *Isso, representa a vida no campo...aí eu não entendo, a vida no campo com... penso que é a moça que é estudante, que lê, ela é contraditória esta foto, há um lado mais intelectual e depois outro mais manual e terreno e ela mais parece desprezar a terra... essa foto não me inspira grande coisa esta fotografia.* (1'05")

Prancha 3 RH

5" *Isso parece um senhor extremamente cansado, é uma cama o que está atrás, ele não tem mesmo nem força para deitar, arrasado pelo trabalho, mas um trabalho com certeza manual, tem muito cara de homem da roça.(?) ... (?) esta foto? ... Que ele vai dormir... penso que ele está dormindo, penso que ele esteja morto, ele vai subir de novo na cama e se deitar... ao acordar, eu não vejo um fim terrível nessa história, ele não tem nem um pouco um ar infeliz, cansado, mas não infeliz.* (1'09")

224 *O equilíbrio psicossomático*

Prancha 4

3' *Essa já é muito mais viva, é o amor de uma mulher pelo marido, sem problemas, ele tem jeito de estar interessado por alguma coisa noutro lugar e ela tem jeito de querer que ele se volte para ele, para ela, ele tem jeito de interessado no que está vendo, não está preocupado... é uma imagem cheia de felicidade.* (41")

Prancha 5

2" *Ela é bem chata como figura, não há vida aí dentro, mesmo a pessoa é estilizada, não pensa em nada... são móveis mais para o antigo, uma gravura... mas é só, acho que não sai nada da figura, eu poria isso numa casa velha com livros, pessoas de 70 anos... na parede, é só.* (1'01")

Prancha 6 MF

20" *Eu diria que é um homem muito distinto que está olhando para uma pessoa muito espantada, não sei que notícia ele está dando... mas ele tem um jeito muito doce e este olhar que é todo inquietação... e esta pessoa que tem o ar de espanto, não sei o que ele está contando... (?) Ele anuncia algo de muito importante, muito grave, talvez muito inquietante, mas importante, ele tem realmente um efeito de surpresa para ela... realmente não vejo o que ele possa estar lhe contando.* (1'30")

Prancha 7 MF

9" *Todas elas têm uma jeito tão triste essas figuras. Eu acho que é uma boneca o que ela segura nos braços... são duas menininhas... enfim, há uma menina e depois não sei se é sua mãe... ela tem um jeito carinhoso com a boneca, a outra tem uma ar de estar sonhando não sei com quê, talvez que ela esteja segurando um bebê nos braços.* (1'09")

Anexos: protocolos das nove observações 225

Prancha 9 HF

A gente diria que é a praia, não sei se porque está fazendo calor... eu diria que é o mar com uma árvore atravessada, duas moças que vão andando na areia, é talvez a minha imaginação aí, não sei... enfim elas têm um jeito de correr... vejo muito bem um mar bem fresco e com bastante vento hoje. É só. (1'07")

Prancha 10

3" Isto é um senhor que abraça carinhosamente sua mulher... deve ser um senhor bigodudo e barbudo, já que está tudo escuro em volta. Ela tem o jeito de estar abraçando-o e de amá-lo, assim, com a mão no ombro dele. Há muito preto nesta foto, as bocas estão na sombra e na incerteza, ele tem um ar muito calmo, amoroso, e ela também está com os olhos fechados, é uma bela cena de carinho e depois é só. (1'16")

Prancha 11

8" Isto está se tornando cada vez mais atrapalhado... um grande monte de pedras com uma parede na frente e uma série de homens um pouco no horizonte com uns vinte ou trinta homens... uma floresta parecendo muito sombria atrás e uma ponte que passaria por cima de um precipício ou um fosso muito profundo... talvez a entrada dum castelo ou duma grande construção... há um negócio que eu não sei o que é, quem sabe... o tempo está com jeito de estar ruim, de tempestade, é só. (1'32")

Prancha 13 MF

5" Este é um senhor que acorda...acho que é a mulher dele que está na cama... a gente tem a impressão de que ela está morta, mas acho apesar de tudo que não foi ele quem a matou, não é possível...ele parece se esconder com um braço... que ele tenha se levantado ou que a tenha matado, não sei de nada... não gosto deste quarto. (1'11")

Prancha 19

Parece um quadro de Picasso, esse aí não importa em que sentido, falta um pouco de cor... isto pode representar o que a gente quiser... uma baleia passeando no meio do mar ou uma casa com as janelas com lindas cores modernas, vejo muito bem na parede, eu... Os quadros de Picasso a gente acha alguma coisa, mas aí... (1"06")

Prancha 16

5" Não gosto desse tipo de fotos... elas parecem saídas todas de um velho álbum, gosto de coisas modernas, vivas, coloridas, cheias de risadas. Isso tem o jeito de que saiu das gavetas de um armário velho, de uma casa velha, pessoas que morreram faz tempo e dá uma impressão de tristeza... afinal o que a senhora quer que eu conte... nada. (1'11")

Figura de Rey da observação nº 2

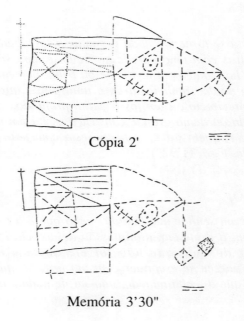

Cópia 2'

Memória 3'30"

Anexos: protocolos das nove observações　　　　　227

Observação nº 3: Serge, dezessete anos

Prancha 1

6" *Um garoto que olha um violino estando os pais fora e depois que diz para si mesmo será que mais tarde eu vou ser um virtuose? Um mestre... será que vou ter sucesso com esse instrumento de música, será que eu serei um mestre. É só.* (31")

Prancha 2

4" *Nessa aqui eu tenho a impressão que o pai e a mãe... de uma parte há o trabalho da terra, de outra parte a moça que deve estar na escola e que diz para si mesma porque eu estou na escola... aqueles ali devem ter trabalhado, é só...(?) Os pais vão continuar a trabalhar a vida inteira e a moça vai ter um sucesso médio e vai pensar na mãe que sofre de uma dor nas costas e depois no pai que trabalha e depois na sua fazendinha com um cachorrinho, é, é muito bonito.* (1'16")

Prancha 3 RH

4" *Isso é um diabético que não tomou injeção e que cai em coma e depois tem um desmaio... um tipo só, mas então terrivelmente só... quando eu digo só quero dizer com ninguém para discutir, para conversar. Eu vejo o cara que sobe à Torre Eiffel e depois se suicida... Acho isso bem assim ... ele é corcunda... Quasimodo tenho a impressão.* (1'08")

Prancha 4

5" *Ela está boa como fotografia... (suspira) o cara está irritado, isso é certo (gira a prancha)... a dona tenta fazer que ele pondere e ele decidiu que ia matar... o que é que ele pode ir matar esse aí... o filho dele que o desonrou entrando no exército, a mulher que tenta fazer com que ele pense e ele, de cabeça quente, que se planta na*

228   *O equilíbrio psicossomático*

frente do filho para aplicar nele umas boas palmadas e fazê-lo entrar na linha. (1'08")

Prancha 5

3" *Uma velha casa e uma dona que procura alguém, quem sabe seu neto... que procura e teme por ele porque ele faz vista grossa e ela diz a si mesma "tonta o que aconteceu com ele?". Afinal ela vai achá-lo e depois é só.* (44")

Prancha 6 RH

5" *Puxa! já vi esta figura em algum lugar...*

18" *O filho que diz à mãe: mamãe eu vou embora para a cidade, decidi trabalhar, ajuntar dinheiro. A mãe que olha pela janela, que diz eu vou ficar sozinha... não a mãe que não diz nada e o filho crescido que vai partir... e depois a história termina o filho que vai partir não se torna um gênio mas se casa e depois um ano antes de sua morte, volta e ela fica muito contente, muito feliz.* (1'10")

Prancha 7 RH

6" *Ele parece mau... o filho atento que escuta o pai ou o avô... avô calmo que com certeza está lhe dando uma lição de moral... o filho tenho a impressão que ele tem uma cabeça estreita, bem decidido a fazer o que vai fazer... eu quero sair-me bem... ou o xadrez ou ter sucesso... realmente uma cabeça de assassino... bonita fotografia.* (1'10")

Prancha 8 RH

13" *Isso é o garoto que diz para ele mesmo "mais tarde será que eu vou ser médico ou açougueiro". Ele diz para si mesmo eu vou ser médico. O que é que ainda pode dizer para si mesmo... ele está pensativo, não parece inteligente... mais tarde ele será um brilhante cirurgião. É isso aí.* (50")

Anexos: protocolos das nove observações 229

Prancha 10

4" *Isso é um...tem a mãe e o pai de um lado... é a mãe e o pai. Que é que pode ter aí... a gente vai imaginar outra coisa, que é o filho que vai embora, a mãe ela esperava um bebê mas perdeu, então ela se consola com o pai que diz para ela — isso não é nada, vai ter uma segunda vez e depois é isso aí.* (41")

Prancha 11

7" (gira a prancha) *é o dilúvio também... há um grupo de pessoas que anda na escuridão com raios por todo o lado então eles ficam juntos para que ninguém caia. Entram em casa e vão ficar durante três, quatro dias na frente de um fogão a lenha... felizmente eles têm o que comer e depois isso acaba tudo entra nos eixos e é só.* (53")

Prancha 13 MF

14" *O cara que acaba de matar uma mulher... degola mesmo... o cara que acaba de matar uma mulher, de degolar, esconde os olhos e depois diz para ele mesmo "meu Deus o que é que eu fiz?"* (45")

Prancha 19

15" *Nessa aqui sim!... isso simplesmente me faz pensar numa obra de Picasso, uma casinha com o vento batendo e depois a água que subiu por todos os lados... é, água por toda parte e as pessoas dentro não podendo se mexer, estão bloqueados.* (55")

Prancha 16

4" *O que é que pode me passar pela cabeça?...*

13" *Vejo uma paisagem, uma grande paisagem, o campo a centenas de quilômetros e depois vejo um homem e uma mulher vagan-*

do nus, um, o homem que diz "meu Deus eu respiro" e a mulher que diz "enfim livres", mas então não há nada em volta, uma bela paisagem, um céu claro, não faz muito calor, desprovido de nuvens. É só. (1'16")

Figura de Rey e desenho da pessoa
da observação nº 3

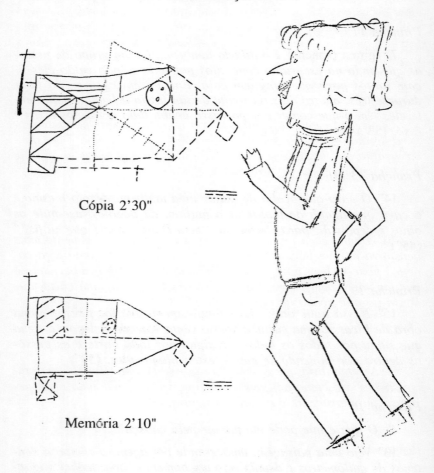

Cópia 2'30"

Memória 2'10"

Anexos: protocolos das nove observações 231

Observação nº 4: Valérie, vinte e dois anos

Prancha 1

14" *Eu poderia dizer que é um garoto que está pensativo em cima do violino, ele se... ou ele nesse exato momento acaba de tocar e pensa no que acaba de tocar... ou está muito melancólico porque faz perguntas a si mesmo... isso é influência porque eu fiz piano.* (1'30")

Prancha 2

13" *É uma cena dos campos, veria isso claramente no crepúsculo, o lavrador, a moça que parece ser enfermeira, o que é um pouco insólito no quadro é a mulher da esquerda que não tem jeito de ser camponesa, mas de professora.* (1')

Prancha 3 RH

20" *É uma cena que podia ser muito triste, ser igualmente mais pensativa porque podemos interpretar este objeto aí como uma caneta... pode-se bem interpretar como uma moça... ao menos... seja o que for não é bem visível, que acaba de escrever alguma coisa, que pensa no que acaba de escrever.* (1'24")

Prancha 4

5" *A gente diria que é uma figura de filme americano... eu veria isso bem claro como um jovem ator que vai praticar uma ação perigosa ou imprudente e a moça o segura.* (1')

Prancha 5

12" *A moça, enfim a mulher que abre a porta não tem uma*

232   *O equilíbrio psicossomático*

*aparência muito amável... ela não tem jeito de estar muito contente...
não se sabe o que ela encontrou nesse cômodo, se é que ela vem se
refugiar aí, ou encontra alguém que não queria encontrar.* (1'35")

Prancha 6 MF

    27" *Isso não me inspira muito... podia ser uma imagem para
ilustrar um livro... podia ser que ele estivese contando uma história
que lhe dá um pouquinho de medo e que ao mesmo tempo parece
apaixoná-la.* (1'12")

Prancha 7 MF

    22" *Aí podia ser uma mãe ou uma babá que conta uma história
para uma menina... mas ela vira a cabeça... então ou isso não lhe
interessa muito ou pensa noutra coisa ou isso lhe interessa mas ela
imagina montes de coisas e ela está segurando um bebê nos braços.*
(1'12")

Prancha 9 MF

    10" *Pode ser à beira-mar... a gente poderia pensar que as mo-
ças se divertem mas elas não têm a expressão de pessoas que se
divertem ... têm uma expressão muito grave, muito séria ... essa
aqui a gente tem a impressão de que está segurando um jornal e
uma toalhinha, um jornal para ler e um toalhinha para se enxugar
depois de tomar banho.* (1'15")

Prancha 10

    14" *Posso lhe dar diferentes versões... primeira versão: um ho-
mem e uma mulher, o homem aqui, a mulher ali, parecem muito
ternos, muito confiantes. Segunda versão... poderíamos crer que são
dois homens que contam alguma coisa um para o outro em voz
baixa... mas se poderia pensar que são duas moças porque aquele
rosto é muito masculino, este aqui muito mais indeciso.* (1'30")

Anexos: protocolos das nove observações 233

Prancha 11

25" *É uma cena que parece muito dramática. Podíamos imaginar esse grupo como se diria de homens que empurram animais diante deles, será que eles têm medo de alguma coisa? não se distingue muito bem, mas aparentemente há um rio, um precipício... será uma fonte de água, uma cascata, uma inundação, um transbordamento. Pode ser que acabou de haver um desmoronamento, que eles acabem de escapar no hora exata... é estranho eu não notei logo tudo isso.* (1'49")

Prancha 13 MF

10" *Eu veria muito claro é uma manhã... a moça ficou na cama e o homem se vestiu e depois ele se espreguiça para acordar... a moça parece estar ainda dormindo... não estou contando grande coisa.* (55")

Prancha 19

20" *Diria uma casa à beira-mar durante uma tempestade... as nuvens no céu que são muito ameaçadoras... o mar que se encapela, que parece subir até as janelas... as janelas envoltas num halo de claridade... há alguém que está vigiando lá dentro, que olha a tempestade... Eu estou rindo porque diria que é o monstro de Loch Ness... Vamos à Escócia neste verão.* (1'13")

Prancha 16

30" *Tenho muita imaginação, mas contar uma história sem finalidade... Posso lhe contar a história de um grupo de amigos que saem de férias juntos e que se dão bem... é óbvio existem pequenas discussões, mas chegam a se entender porque são muito independentes... praticam as atividades que lhes agradam e têm uma atividade comum, se encontram de noite para tocar música, cada um com seu instrumento... gostam de música irlandesa. De dia cada uma tem sua atividade...eles são muito diferentes fisicamente, moralmente mas isso não os impede de se completar.* (2'29")

Figura de Rey e desenho da pessoa da observação nº 4

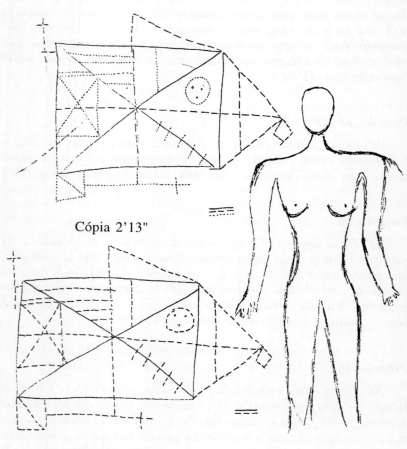

Cópia 2'13"

Memória 1'13"

Anexos: protocolos das nove observações 235

Observação nº 5: Gilles, vinte e cinco anos

Prancha 1

5" *Não sei porque acabo de pensar em Beethoven...isso me representa o lado um pouco ousado da música... eu tentei tocar violão e como minha mãe me reprova, eu toco tudo e não me aprofundo no que faço... tentei durante um ou dois anos e parei definitivamente... tenho sempre certa admiração pelas pessoas que tocam música, que dominam seu instrumento.* (1'08")

Prancha 2

9" *A moça me fez pensar na jovem camponesa saindo do ambiente agrícola, saindo para estudar é claro... o homem e a mulher como também o cavalo não me dizem nada, não sinto nada por eles. Só existe mesmo a moça que possivelmente é uma estudante que está no começo dos estudos digamos... então julgo que ela tem a coragem e o interesse exigidos para estudar quando não estamos num ambiente apropriado.* (2'06")

Prancha 3 RH

5" *É a grande deprê* (ri) *... discrimino mal o objeto que está perto da perna esquerda mas acho mesmo que é um revólver... penso mais num desgosto do que num sofrimento por amor... digamos que eu com certeza identifico este personagem com o meu problema que é não ter um futuro definido e estimulante.* (1'14")

Prancha 4

23" *O senhor me dá mais a impressão de ter muitas conquistas femininas... digamos que é um casal que talvez... que tem relações bastante difíceis e tempestuosas... o homem expressa para mim um*

236   *O equilíbrio psicossomático*

desinteresse momentâneo... (fim?)... Ah calmamente ele indo embora batendo a porta... enfim ele partindo e ela é claro procurando agarrá-lo... mas ela não expressa um rosto prestes a enlouquecer, ela tem mesmo uma expressão bastante doce para a cena. (2'17")

Tenho outra idéia, posso dizer? O casal realmente instalado e firme, tranqüilo... mas a mulher tentando reter o marido que se apressa em resolver um problema... se apressa em sair para resolver um problema qualquer e a mulher tentando discutir com ele... e possivelmente é talvez a solução que eu vejo mais agora, porque eles não têm expressões muito agressivas. (1'42")

Prancha 5

2" Uma mulher entrando numa sala... não sei porque, eu vejo... eu identifico a mesa com uma secretária onde alguém trabalha à noite... esta mulher surpreende alguém trabalhando numa hora avançada da noite... a figura representa para mim um ambiente de luz elétrica. É só. (1'55")

Prancha 6 RH

11" Filho vendo... o filho falando de seus problemas para a mãe que parece muito doce e compreensiva... ou o pretendente ou um pretendente da moça da casa que é recebido pela governanta que possivelmente não deve ser recebido... ou mais simplesmente um senhor que vem anunciar uma má notícia à família e a mulher tem assim um olhar no vazio...(?) trágico (ri)... um falecimento qualquer, alguém não justamente...pelo físico do homem me faz pensar apesar de tudo num pretendente que não pode... não somente não poder ser recebido pela moça da casa em questão mas que pode vir uma última vez depois de uma doença ter afetado a moça e ali acabando de saber de uma notícia fúnebre... digamos que para resumir a cena evoca assim mesmo uma atitude de que tudo está acabado, não há mais nada. (4'45")

Anexos: protocolos das nove observações 237

Prancha 7 RH

15" *O jovem tem uma expressão muito desagradável, o lábio inferior e expressando desprezo... não encontro uma relação que possa existir entre esse velho senhor que é possivelmente... tem uma boa cabeça, essa aqui de qualquer forma o fato, o senhor contando uma história que deixa o jovem cético... careta ou não a fisionomia do jovem não me agrada absolutamente. (2'47")*

Prancha 8 RH

14" *O conjunto me faz logo pensar na pátria... uma intervenção cirúrgica, claramente num ferido na guerra pois se vê um fuzil... e então o jovem devendo certamente cheio... como dizer, estou procurando as palavras... é outra coisa... cheio de ideal, enfim cheio de... de... vendo cheio de coisas para fazer... O ferido estando para ser operado talvez seu irmão maior que tinha começado a lutar numa certa ótica, o irmão menor que era até então jovem demais se apresta em substituí-lo. Isso é principalmente devido a filmes que eu tenho essas idéias. (2'50")*

Prancha 10

45" *O homem me parece relativamente idoso em relação à mulher... Isso evoca um beijo carinhoso... eu a vejo muito mais jovem, isto é, entre vinte e trinta anos, enquato ele já passa dos quarenta... assim mesmo não é idoso, idoso. No caso dela é principalmente esta mão um pouco rechonchuda que me inspira a juventude e ele as faces cavadas, um rosto muito anguloso, muito magro. (3'12")*

Prancha 11

1'25" *Não, justamente não vejo grande coisa... me pergunto se estou vendo um animal ou um homem escalando, mas um homem escalando não me satisfaz de modo algum. Isso pode ser assim uma fogueira, um incêndio... o negro representa a fumaça, o brazeiro sendo assim bem pequeno... as pedras refletindo a demolição de*

238   *O equilíbrio psicossomático*

uma moradia... enquanto aquela pata espalmada ali, assim eu explico bem mal, essa pata sob uma espécie de rampa... compreendo mal esse desenho pois há assim uma ponte possivelmente à direita... isso reflete assim um rosto, uma cena de bombardeio. (4'12")

Prancha 13 MF

10" De manhã cedo eles não gostam de se levantar, ele indo para o trabalho depois de uma noite de amor provavelmente... não vejo nenhuma posição... enfim a mulher no sono, na sua posição me faz assim pensar numa morte, mas o homem para mim não reflete a posição ou a atitude de um assassino... mas a mulher tem assim o aspecto de uma morta, não se dorme deste jeito, assim... Isso me faz pensar assim num quadro no estilo de um impressionista. (2'50")

Prancha 19

13" É duro contar uma história acerca disso... enfim dar as impressões... é assim uma casa de estilo feérico sob a neve... as janelas estão iluminadas, o céu tormentoso, há assim mesmo um personagem em cada janela... talvez também a cabeça... não é a cabeça, a cabeça de um monstro do tipo de um submarino... o primeiro plano me faz pensar agora na água e esses dois olhos providos de um periscópio ou de uma chaminé, não sei de nada disso... É um submarino humanizado pela cabeça que está na superfície, não se vê um outro atrás, naquele momento. (3'45")

Prancha 16

8" É duro.

1'30" Estou com a cabeça vazia aí... não tenho mesmo uma idéia precisa depois desta série de figuras... eu pensava isto me trouxe o fato de que eu gosto muito de andar de barco na situação de um ambiente todo revolto... digamos eu gosto muito do vento e do mar agitado, eu falo de um barco equipado contra tempestades... eu preferiria estar sozinho no barco na medida do possível, se eu

Anexos: protocolos das nove observações 239

conseguir porque o vento nem sempre permite sairmos sozinho... por medo de tudo... com um barco equipado para a deriva não há risco de ir muito longe, a gente fica sempre com a visão da costa ... (?) Royan*. A luta contra o vento e o mar. (4'45")

Figura de Rey da observação nº 5

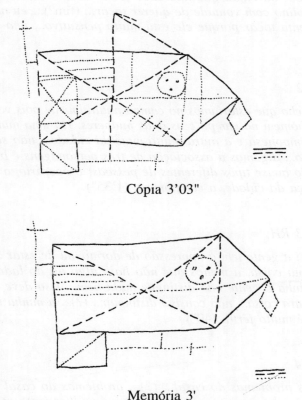

Cópia 3'03"

Memória 3'

Observação nº 6: Simon, trinta e nove anos

Prancha 1

5" *É um garoto que pensa em música, de violino, naturalmente com muito... ou então que não sabe tocar violino e está olhando para o violino com vontade de querer tocar... (fim?)... eu não acho que ele tenta tocar porque ele está muito pensativo... não sei não.* (1')

Prancha 2

13" *Acho que estaríamos no campo naturalmente pois vejo o cavalo e o homem no campo e as duas mulheres. Há uma mulher que parece camponesa e a outra muito mais da cidade... não sei o que dizer disso... digamos a associação de três personagens é bem diferente... são quase tipos diferentes de pessoas: o operário, o agricultor, a moça da cidade, a camponesa.* (1'35")

Prancha 3 RH

13" *Aí a gente tem a impressão de dormir ou de estar sofrendo por alguma coisa, a menos que não haja algo ali do lado... (?)... uma coisinha a gente não distingue nada bem... isso deve ser uma flor ou outra coisa... não consigo distinguir... (?)... a minha imaginação não é muito fértil.* (40")

Prancha 4

4" *Os problemas do casal... (?)... problemas do casal naturalmente que o homem reage ao passo que a mulher tenta atenuar as coisas... isso deve ser uma pergunta armadilha porque eu falei de dissensões no seio do casal na última vez.* (1'17")

Anexos: protocolos das nove observações 241

Prancha 5

11" *Isso tem o jeito de ser o apartamento confortável de uma mulher... há um vaso de flores, é talvez muito feminino... se bem que a sala não seja nada extraordinária, não se pode imaginar quase nada, uma mulher entrando na sala... eu afirmo que sou muito elementar, aí... a única coisa que existe é esse buquê de flores em cima da mesa que traz uma nota diferente.* (1'16")

Prancha 6 RH

9" *Diria a mãe e o filho, a discussão foi um pouco turbulenta, eles não estão de acordo sobre a questão da partida, estou falando do filho naturalmente... uma certa incompreensão que se destaca desta figura...* (objeto do conflito?) *Há muitos: divergência de opiniões, casamento e outros.* (1'16")

Prancha 7 RH

3" *Pai e filho naturalmente... é a relação com os pais aí* (se se quiser sim) *... uma discussão entre pai e filho sim... que é às vezes incompreensível... falo do pai... Mas que pode ser o contrário afinal de contas, nem sempre me entendi com meu pai... Agora ele é falecido, às vezes eu penso que poderia ter me esforçado e nem sempre fiz isso... eu deveria reagir de outra forma pois ele era de outra época... não gosto de compromissos.*

Prancha 8 RH

6" *Verdadeiros açougueiros... tem um fuzil... isso parece ser uma... isso parece ser uma operação mas afinal de contas porque esse fuzil e este homem que está na frente, isso não parece ser* GANGSTERS, *contudo... contar uma história acerca disso... uma operação de uma maneira rudimentar, aliás é muito vago... o segundo sujeito lá atrás eu não chego a saber se é mesmo um verdadeiro médico ou outra pessoa.* (1'27")

242   *O equilíbrio psicossomático*

Prancha 10

27" *Aí é sempre o casal com muito amor, uma certa compreensão um para com o outro... é muito agradável quando isso acontece nesta idade.* (1')

Prancha 11

5" *Difícil distinguir... (?)... isso se passa diria numa floresta... não se chega a distinguir se é um animal ou outra coisa, um personagenzinho... é muito selvagem no canto... não eu não chego a distinguir se é realmente uma floresta... um caminho, um caminho de pedras... não sei.* (1'21")

Prancha 13 MF

6" *Isso aí parece uma mulher que morreu e o marido está sofrendo muito... dor afinal de contas... é a imagem da dor.* (48")

Prancha 13 R

8" *Isso é adorável... é um garotinho que olha alguma coisa no exterior, é a idade feliz... é, isso representa para mim a idade feliz afinal de contas.* (45")

Prancha 19

3" *Fantasma...* 20" *É uma casa de fantasmas... porque eu vejo isto, e casa porque vejo duas janelas e o ambiente é sim... é estranho em baixo ondas e no entanto não são ondas... é, isto parece mais ser um rochedo que está à beira d'água... e em cima o céu com nuvens muito especiais — é preciso que se diga.* (1'45")

Prancha 16

9" *Não é grande coisa... todas estas figuras que a senhora me*

Anexos: protocolos das nove observações 243

mostrou me dão a impressão de que é um exame digamos de que bem que eu gostaria de saber o resultado... me faltou muito a imaginação é bem flagrante, digamos, respondi de uma maneira muito elementar sobre o que representava para mim a figura... diante de uma folha branca não tenho muito que contar. (1'35")

Figura de Rey e desenho da pessoa da
observação nº 6

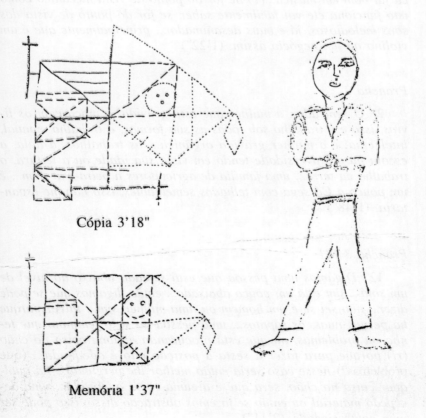

244   *O equilíbrio psicossomático*

Observação nº 7: Antoine, trinta e quatro anos

Prancha 1

3" *Digamos que é preciso que eu lhe conte uma história acerca disto?... É uma criança que fica sonhando diante da música... que não tem inspiração ou então que procura compreender como isso funciona. É preciso ampliar esse tema aqui... digamos que eu nunca fui bom em música...(?) Se for do ponto de vista mecânico como isto funciona ele vai facilmente saber, se for do ponto de vista dos sons melodiosos, já é mais desanimador... principalmente que é um violino ou um negócio assim. (1'22")*

Prancha 2

2" *O semeador, a mulher que está grávida, a moça com os livros, isso é o trabalho sob todas as sua formas, o trabalho manual, intelectual e a mulher grávida orgânica... os trabalhos, a aula, a escola ou a universidade tendo em vista sua idade ou a leitura, o trabalho da terra... uma família de agricultores à beira-mar com... é um pouco a Córsega com telhados semelhantes, isso não me espantaria. (1'48")*

Prancha 3 RH

12' *Digamos uma pessoa que está sentada abaixo do nível de um sofá... sim está um pouco abaixado... então digamos que se pode dizer... não sei se é um homem ou uma mulher, sim... talvez porque há pernas nuas, os sapatos... uma pessoa do sexo feminino que tenha ou problemas, ou que está procurando alguma coisa no chão (ri) porque para fazer a sesta a posição não é adequada... (que problemas?) nesse caso seria então melhor lhe perguntar... há qualquer coisa no chão, será que é alguma coisa quebrada... uma decepção material ou então se fazemos abstração disso, isso pode ser uma contrariedade. (2'11")*

Anexos: protocolos das nove observações 245

Prancha 4

22" *Tem uma senhora e um senhor* (ri) ... *aparentemente o quadro atrás a gente podia dizer que um lugar das chamadas casas reservadas... isso pode muito bem ser a casa da gente... a mulher parece segurar o senhor e o senhor tem jeito de estar preocupado com outra coisa diferente da senhora que está aí, a senhora está com o olhar voltado para o senhor enquanto que o senhor ele está preocupado com outra coisa ...* (fim?) *mas isso, é preciso que eu me imagine na situação... aí ele parece estar preocupado com outra coisa, se é muito importante ele vai atrás da sua idéia... isso depende de ele querer ser educado ou mal-educado com a senhora, se quiser ser educado tem mesmo que passar por isso tudo, depende do contexto da partida... aparentemente a senhora não tem aliança não se pode dizer que seja sua mulher na mão esquerda.* (2'42")

Prancha 5

15" *Uma senhora que entra num cômodo que pode ser um salão com uma mesa redonda que se dobra, um móvel bem antigo... a foto isso dá uma perspectiva um pouco intrigante... eu procuro o detalhe ali... mas caso contrário onde ela procura alguma coisa onde ela entra para... é esse olho iluminado esta contraluz no qual há sol... há talvez uma projeção luminosa no rosto e nas flores que faz esse canto da sombra... pode-se dizer que ela vai trocar as flores da água sim... mas a testa não é luminosa em cima a arcada das sobrancelhas pode haver aí uma cortina que impeça.* (2')

Prancha 6 RH

22" *Um senhor e uma senhora... uma senhora que parece bem idosa assim, a gente podia dizer que é a mãe e o filho... ele tem uma expressão muito triste, ela está bem espantada, os olhos grandemente abertos, a gente diria que ela teve um choque... podemos pensar que é o filho que informa qualquer coisa à mãe e a mãe que não esperava por isso absolutamente... pode ser sua partida para outra região da França ou que o senhor se case e é obrigado a ir embora. A gente pode imaginar isso... há o rosto triste do se-*

246   *O equilíbrio psicossomático*

nhor que se compadece com a dificuldade ou com o problema que cria para sua mãe, muito chateado... isso deve ser muito direto porque ele está com um chapéu na mão e a senhora tem alguma coisa, a gente diria mesmo uma carta. (2'36")

(Antoine lembra uma chamada de telefone para a mãe de seu amigo que acaba de ir para Tours)

Prancha 7 RH

15" *Dicussão entre dois homens... um homem mais idoso que o outro, pode-se dizer o pai e o filho. O pai olha para o filho e o filho, ao contrário, tenta olhar diante de si... não sei se há muitas palavras, com o bigode do pai não se pode julgar se os lábios se mexeram. O filho tem os lábios mais cerrados, crispados mesmo, talvez numa discussão, ele tenta seguir sua idéia olhando para um ponto indefinido sem nada olhar, aliás.* (1'55")

Prancha 8 RH

8" *Isso é muito sanguinário esse seu negócio aí, não sei como se pode... Aparentemente há alguém que faz gudigudi na barriga com uma faca... pode-se interpretar isso como o garoto que pensa num assassinato, é mais claro... Ou então que a carabina seja real, não esteja na sua imaginação e que o resto... ou então é uma cirurgia nunca se sabe... alguém que talvez esteja pensando numa operação... ou então esta carabina ela pode servir: será que eu prefiro entrar na faca, numa operação... ou num suicídio porque ele é jovem?* (2'07")

Prancha 10

27" *É sempre de propósito que é sempre a mão esquerda que a gente vê?... Um homem e uma mulher que aparentemente estão um nos braços do outro, estão muito perto. A gente pode imaginar uma imagem de dança se eles dançam juntos ou imaginar tudo o que a gente quiser quando eles estão próximos... ela é mais velha que ele... ele a*

Anexos: protocolos das nove observações 247

gente não pode dizer que ele esteja olhando ali para baixo pois ela é menor que ele.. eles têm os olhos abaixados ou é ele que está olhando ali para baixo... eles dançam fechando os olhos. (2')

Prancha 11

17" Nessa aí, de cara isto faz pensar na pré-história, numa tempestade... mas há uma ponte. Depois de examinar é principalmente a espinha que faz pensar num diplodoco*... não sei o que... tem uma ponte, pedras... nessa aqui a gente diria que o caminho em frente tem uma fenda, agora já lá em cima tem uma estrada, não se deve andar muito, com um personagem... tem animais, um elefante a gente diria com uma tromba... talvez um cataclisma. (1'45")

Prancha 13 HF

15" Um homem e uma mulher... uma mulher estendida, um senhor com uma gravata que põe o braço diante dos olhos. Em vista da posição da senhora e a postura do senhor há uma certa ignorância; se ele é médico ele teria conservado a roupa ou a situação é muito... ele esconde os olhos como se acordasse, talvez ele ficou ofuscado... o que é estranho é a postura, ele está de calças e jaqueta, sapatos, não sei o que ele tem nos pés... não vejo o que vem fazer o busto da dama, porque a coberta pára ali... ele está de sapatos, de gravata... (2'10")

Prancha 19

(vira a prancha) 15" É preciso imaginação ...

30" Podia-se dizer talvez que é uma casa com janelas e uma chaminé vista sob um certo estilo, não há arestas retas, círculos e arcos de círculo. Pode-se pensar que é um curso dágua em frente e que tem um vento no sentido esquerda direita e que todas as pontas estão viradas para a direita... o céu está bastante escuro... senão um quadro abstrato, é o menos que se possa dizer. (1'55")

Prancha 16

4" O que me vem é digamos tentar fazer seu trabalho depois dos meus dizeres sobre estas figuras... que domínios foram abordados... a terra o trabalho, o amor, os pais, a idéia psicológica do carinho, será que é a medicina ou não sei o que... digamos que são essas idéias que me restam... voltar um pouquinho para rever o que eu acabo de falar, pensar na função disso, como isso se organiza, a organização desses testes. (1'45")

Figura de Rey e desenho da pessoa da observação nº 7

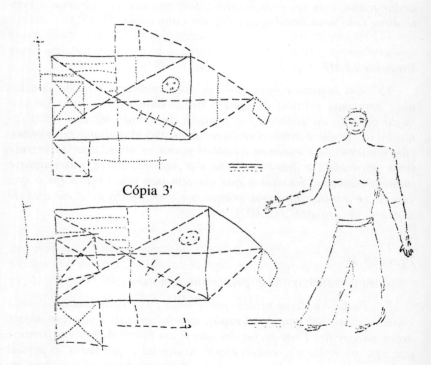

Cópia 3'

Memória 2'30"

Anexos: protocolos das nove observações 249

Observação nº 8: Danièle, quarenta e dois anos

Prancha 1

16" *É uma criança que tem o ar pensativo aí... uma criança que parece ter problemas também... digamos aí como poderia ser meu filho... é só. Tem um brinquedo de que ele exatamente não se serve...* (fim?) *uma criança que não é feliz!* (1'15")

Prancha 2

12" *Aí também é a mesma coisa, isso deve ser uma mulher que tem problemas... que está tão pensativa... e que deve também fazer um bocado de reflexões com certeza.* (1'08")

Prancha 3 RH

15 *"Nessa aí é uma criança que deve ter dormido... certamente estando cansada dormiu do lado da cama... isso deve ser isto, né? ... (o que é que vai acontecer?) Não sei ele vai dormir aí ao lado da cama em lugar de se deitar de novo normalmente.* (1'12")

Prancha 4

13" *Isso aí deve ser um assunto de casal que não vai bem em que a mulher tenta segurar o marido suponho... em que ele estava com outra mulher eu não tinha visto, sim concordo.* (fim?)*... Bom sua mulher deve tentar segurá-lo mesmo que talvez não consiga.* (1'30")

Prancha 5

16" *Aí eu não sei... é uma mulher que parece estar só também... não vejo muito bem.* (46")

250 — *O equilíbrio psicossomático*

Prancha 6 MF

10" *Aí é uma mulher que parece espantada de ter um homem atrás dela, não?... e então eu não sei o que vai se passar... não sei ... ela vai aceitar... não sei.* (51")

Prancha 7MF

8" *Aí é uma mãezinha que deve estar explicando alguma coisa à sua filhinha e as duas parecem aborrecidas ambas... é, eu me vejo de fato algumas vezes assim elas também têm jeito de estarem* colocando problemas uma para a outra, sim. (51")

Prancha 9 MF

14" *Nessa aí é uma mulher que parece querer se suicidar provavelmente... ela certamente não irá até o fim pois há uma outra que a está olhando... é tudo o que eu vejo.* (1')

Prancha 10

18" *Nessa aí eu não vejo nada absolutamente... é um homem aí?...não eu não vejo. Isso deve ser um homem adormecido, mas então será que é uma mulher?... que se abaixa para abraçá-lo... não eu não vejo muito bem aí.* (1'35")

Prancha 11

25" *Nessa aí também não...(?) isso faz lembrar sonhos... É a gente veria figuras como essas em sonho... (?)... um homem que parte a cavalo... e isso seria como os sonhos, não se vê o fim.* (1'45")

Prancha 13 HF

13" *Aí é um homem que matou a mulher... não é isso? Sim sem*

Anexos: protocolos das nove observações 251

dúvida. Enfim para mim e que não vê muito bem a quantas ele anda... ele deve se perguntar o que é que ele acaba de fazer... é só o que eu consigo ver. (1'04")

Prancha 19

8" Nessa aí também são coisas que se veria em sonhos... a gente se veria partindo num navio e o sonho se apaga, coisas irreais... é tudo o que eu vejo... sim é possível que eu tenha tido um sonhozinho nesse sentido por que meu irmão tinha me oferecido uma viagem à Tunísia e no navio eu encontrei um homem divorciado, ele tinha um filho, ele era tunisiano queria me escrever mas isso me deu medo e eu não dei continuação ao caso... digamos que eu tive medo. (2')

(Diz que foi há seis anos, sua mãe também estava no navio, tanto que ela teve medo da água do mesmo modo que seu filho; a mãe não era contrária ao projeto.)

Prancha 16

10" É uma coisa muito difícil... eu gostaria de ter um lar porque a gente tem falta de carinho, falta de alguma coisa... meu filho isso também lhe faz falta... mas são coisas muito difíceis de realizar... já pelo fato de primeiramente não se ter boa saúde... porque penso que de todas as maneiras isso ajudaria talvez muito numa doença se a gente pudesse ter uma vida estável como não se tem. (1'40")

Figura de Rey da observação nº 8

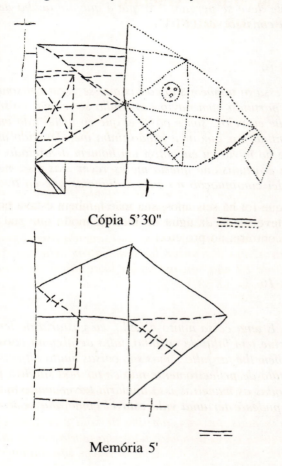

Cópia 5'30"

Memória 5'

Anexos: protocolos das nove observações 253

Observação nº 9: Gaëtan, setenta e um anos.

Prancha 1

3" *Tenho a impressão de que é uma criança que sonha diante de um violino... ou ele pensa... (fim?) isso pode terminar com música... não sei... certamente.* (45")

Prancha 2

10" *Mulher da esquerda preocupada, mulher da direita mais... não sei... que está olhando para um vinhateiro... um trabalhador em seu campo com um cavalo... tenho a impressão de que é uma vinha, não tenho certeza, sim... pessoa da esquerda preocupada, pessoa da direita eu a vejo descontraída, sim... atrás dela é o... um trabalhador... a hora eu não consigo situar bem, talvez de manhã, talvez de tarde, não vejo.* (1'38")

Prancha 3 RH

3" *Pois bem, estou mesmo um pouco perplexo... é um garoto, pelo menos a seus pés, que parece fumar um cigarro dormindo arriado em cima de uma cama ou de uma poltrona?... Não é uma poltrona, é mais um sofá, um tipo de sofá e ao lado dele à esquerda há alguma coisa no chão, não vejo muito bem o que que é, se é ... não sei... certamente não é um revólver, absolutamente... não vejo bem o que é... não posso lhe atribuir um...não isso não me inspira mais, essa aqui também não.* (1'21")

254   *O equilíbrio psicossomático*

Prancha 4

6" *Sim é sem dúvida dois seres atraídos um pelo outro ou são marido e mulher... ou enfim poderíamos pensar... o marido e a mulher, vejo uma pessoa sentada à esquerda que parece estar esperando sem participar muito... no segundo plano à esquerda, sim... à direita mais nada.... nada mais é essa a única... a mulher tem jeito de querer dar segurança ao marido ou à pessoa que está aí, não sei... em todo o caso não é alguém que está desesperado, mas antes tranqüilizador.* (1'36")

Prancha 5

8" *Uma cômoda, uma lareira... é isso, é uma mulher eu penso que ela está abrindo a porta para olhar, ela tem um ar de surpresa... vejo um abajur em cima da mesa, com um vaso de flores, livros numa estante presa à parede e atrás três livros apertados numa espécie de cômoda ou não sei o quê em que vejo reproduzido o vaso de flores numa gaveta à esquerda... e eu não compreendo muito o ar de surpresa da pessoa que não parece mesmo assim preocupada... vejo uma mulher?* (1'41") *A senhora está me dando muitos zeros, doutora?* (ri)

Prancha 6 RH

9" *Uma senhora que se volta... que parece inquieta e o marido ou o senhor com o chapéu na mão que parece implorar alguma coisa que não lhe pode ser concedida e a senhora que olha alguma coisa lá fora.* (40")

Prancha 7 RH

6" *Dois senhores, um ao lado do outro... o da direita tem jeito de estar pensando muito em alguma coisa que deseja, o da esquerda*

Anexos: protocolos das nove observações 255

tem um ar mais, mas relaxado, sem dúvida menos preocupado que o da direita, a menos que seja efeito de uma reflexão intensa. (1'20")

Prancha 8 RH

5" Uma operação aí... o cirurgião que parece muito ocupado evidentemente isso é normal... o assistente que está vigiando, o paciente que não se mexe, parece estar dormindo para valer?... Ao lado vejo alguma coisa que é talvez um aparelho de uma sala de operação e que me parece ser um fuzil mas que não é, certamente não, e o garoto que espera... preocupado eu não acho... em todo o caso não muito interessado no trabalho do cirurgião para o deixar preocupado ou que ele não pode agüentar... no primeiro plano o garoto e eu vejo uma porta à direita atrás do assistente do cirurgião ou anestesista... vejo o paciente completamente confiante... não vejo se o garoto está preocupado ou confiante... confiante mas só pela metade... não acho que seja um membro da família do paciente, ele não seria admitido ali. (2'25")

Prancha 10

6" Aquele ali está olhando para os dedos... quem é aquela? (gira a prancha).

26" No primeiro plano um senhor que parece explicar alguma coisa, não sei o que, a alguém que parece chegar do céu ali atrás para ouvi-lo... não sei se é um homem ou uma mulher... o orador não parece preocupado, atento, é só... no primeiro plano muito atento explicando com a mão... eu penso, de um músico. (1'27")

Prancha 11

18" Vejo no fundo um bichinho que avança com as patas espalmadas... não acho que seja um esqualo* ... uma espécie de peixe no fundo e à esquerda... no fundo devem ser árvores, no primeiro plano blocos de pedras, um riacho e animais que parecem matar a sede de repente à direita no primeiro plano um bichinho ou

256 *O equilíbrio psicossomático*

um peixe... tenho a impressão de ver olhos no alto?... ou há uma comporta atrás... isso pareceria ser algo inspirado pela proteção da natureza e desta campanha contra a poluição que se faz hoje com razão acho eu... não sei se é um flamingo ou o quê, este animal com patas espalmadas... e à direita o que é isso... são esses os meus dotes de observação. (2'30")

Prancha 13 HF

8" *vejo uma mulher estendida atrás, um braço caído no chão mas não posso saber se... no primeiro plano, um homem que esconde o rosto como se acabasse de matar a mulher... não posso me dar conta se ela está morta ou não... diante dele uma mesa com dois livros em cima, uma luz, uma cadeira entre a cama, se é uma cama, e a mesa... pendurado na parede um quadro ou uma aquarela eu não posso distinguir muito bem... é uma gravura para enfeitar o lugar... não consigo ver se a pessoa está morta ou não... a mulher.* (1'43")

Prancha 19

(revira a prancha) 33" *No primeiro plano não sei se é água... é, isso poderia ser água... tenho a impressão, não estou certo... dois círculos: o da direita como uma espécie de casa, uma casinha pontuda, o da esquerda dois sujeitos um pequeno e um grande... com alguma coisa no pescoço ali... depois atrás isso me parece ainda ser um riacho, água com alguma coisa plantada no meio, não sei o que é... no fundo perfeitamente como dentes... não acho nada... não sei o que é... duas janelas e como uma cabeça de pássaro com um bico... é um braço e no fundo são dentes pendurados... eu não sei o que isso aí representa, zero.* (2'37")

Prancha 16

9" *Eu posso lhe dizer que eu tenho um moral muito bom, não pretendo perdê-lo... até aqui é sempre o que me ajudou em 75% de me tirar de um mau passo, os outros 25% sendo amplamente obra dos médicos... não atribuo nenhum valor aos medicamentos salvo se forem indispensáveis como a insulina ou outra coisa... e na realidade tenho confiança absoluta nas pessoas que me cercam... quando eu posso julgar que posso fazer, é definitivo, é irrevogável... tenho muito bons amigos que sempre conservei, mesmo colegas que escolhi... tenho cinco ou seis a quem fui leal e que sempre foram leais a mim... talvez eu tenha uma personalidade ruim, isso é certo, é preciso que eu exploda e depois acabou.* (2'15")

Figura de Rey da observação nº 9

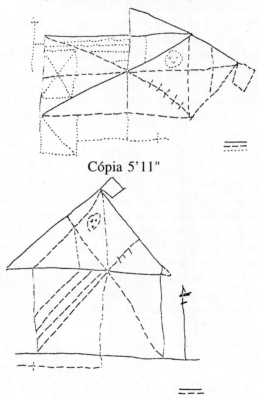

Cópia 5'11"

Memória 4'22"

BIBLIOGRAFIA

ABRAHAM N., TOROK M.

1978. l'Objet perdu - Moi. Notions sur l'dentification endocryptique, in *l'Écorce et le Noyau*, Paris, Aubier-Flamarion, p. 295-318.

ALEXANDER F.

1950, *la Médicine Psychosomatique*, Paris Payot, "Petite bibliothèque Payot", 1977.

1953, Problémes méthodologiques, et Medicine psychosomatique, *Évolution Psychiatrique*, 3.

ANZIEU D.

1974, le Moi-peau, *Nouvelle revue de psychanalyse*, 9, 195-208.

ATLAN H.

1979, *Entre le cristal et la fumée. Essai sur l'organisation du vivant*, Paris, Seuil.

BALINT M.

1957. *le Médecin, son malade et la maladie*, Paris, P.U.F., 1960.

260   *O equilíbrio psicossomático*

BECKER D., IGOIN L.

1973-1974, Approche dynamique du statut crée par l'hémodialyse chronique, *Bulletin de psychologie*, 311, 27, 10-12

BION W.R.

1964, Théorie de la pensée, XXIII Congresso Internacional de Psicanálise, Edimburgo 1961, *Revue française de psychanalyse*, 28, 75-84.

BOURDIER P.

1972, l'Hypermaturation des enfants de parents malades mentaux, *Revue française de psychanalyse*, 36, 19-42.

BOWLBY J.

1973 *l'Attachement. La séparation, angoisse et colère*, Paris, P.U.F., 1978.

BRAUNSCHWEIG D.

1971, Psychanalyse et réalité. A propos de la théorie de la technique psychanalytique, comunicação do XXXI Congresso dos Psicanalistes de Línguas Românicas, *Revue française de Psychanalyse*, 35, 655-800.

BRAUNSCHWEIG D., FAIN M.

1973, *la Nuit, le jour. Essai psychanalytique sur le fonctionnement mental*, Paris, P.U.F.

CRAMER B., FETHL F., PALACIO-ESPASA F.

1979, le Diabète juvénile, maladie difficile à vivre et à penser. Étude psychiatrique multifocale d'enfants diabétiques, *Psychiatrie de l'enfant*, 22, 5-66.

Bibliografia

CREMERIUS J.

1977, Some Reflections about the Conception of "Psychosomatic Patients" in the French School, Proc. 11th Eur. Conf. Psychosom. Res., Heidelberg 1976, *Psychother. Psychosom.*, 28, 236-242.

DAVID C.

1975, la Bissexualité psychique. Élements d'une réévaluation, *Revue française de psychanalyse,* 39, 713-856.

DEBRAY R.

1973, *l'Interprétation psychanalytique du T.A.T. Contribution à une théorie des critères diagnostiques*, tese para o doutorado do 3° ciclo, Universidade de Paris X-Nanterre

1978, Conflits, fantasmes et réalité à propos de leur traitement chez les diabétiques insulino-dépendants, *Psychologie française*, 23, 141-147.

1979, Insomnie précoce chez le jeune enfant et problématique matenelle, *Génitif,* 1,3,7-11.

DEJOURS C.

1977, Diabète et psychiatrie, *Encyclopédie médico-chirurgicale*, 37 665, A 10, 5, 31-40.

DEUTSCH F.

1926, Der Gesunde und der kranke Körper in Psychoanalyticsher Betrachtung, *Int. Seit of Psa.*, 12, 493-503.

1950, Thus Speaks the Body, *Acta Medica Orientalia*, 9, 199-215.

262   *O equilíbrio psicossomático*

DUNBAR F.

1955, *Mind and Body: Psychosomatic Medecine*, Nova Iorque, Randon House.

ENGEL G.

1955, Studies of Ulcerative Colitis III, The Nature of the Psychologic Process, *Amer. J. Med.*, 19, 231.

1960, Unified Concept of Health and Disease. *Perspectives in Biology and Medicine*, 3, 459.

EY H.

1975, *Des idées de Jackson à un modèle organo-dynamique en psychiatrie*, Paris, Privat.

EY H., BERNARD P., BRISSET C.

1978, *Manuel de Psychiatrie*, Paris, Masson, 5ª ed.

FAIN M.

1969, Réflexions sur la structure allergique, *Revue française de psychanalyse*, 33, 227-242

1971, Prélude à la vie fantasmatique, *Revue française de psychanalyse*, 35, 291-242.

FEDERN P.

1913, An Example of Libido Displacement during the Course of Treatment, *Minutes of Vienna Psychoanalytic Society*, (8.01.1913) Vol.4, 1912-1918, Nova Iorque, International Universities Press, 1975, 141-146.

Bibliografia 263

FILLIOZAT A. M., HENNEQUET A.

1976, Evolution psychologique et mucovicidose, *Annales pédiatriques*, 23, 47-52.

FREUD S.

1895, Qu'il est justifié de distinguer un syndrome de la neurastthénie sous le nom de névrose d'angoisse, in *Névrose, psychose et perversions*, Paris, P.U.F., 1974, p. 15-38.

1900, *l'Interprétation des rêves*, Paris, P.U.F., 1973.

1905, *Cinq psychanalyses*, Paris, P.U.F., 1970.

1916, la Nervosité commune, in *Introduction à la psychanalyse*, Paris, Payot, "Petite bibliothèque Payot", 1972, p.356-369.

1920, Au-delà du principe de plaisir, in *Essais de psychanalyse*, Paris, Payot, "Petite bibliothèque Payot", 1968, p. 7-81.

1923 a, "Psychoanalyse" e "Libido Theorie" (dois artigos da *Encyclopédie*) G.W.I., *13*, 231, S.E., 18, 257.

1923 b, le Moi et le Ça in *Essais de psychanalyse*, Paris, Payot, "Petite bibliothèque Payot", 1968, p. 177-234.

1926, *Inhibition, symptôme et angoisse*, Paris, P.U.F.., 1973.

1938, *Abrégé de psychanalyse*, Paris, P.U.F., 1950.

GARMA A.

1957, *la Psychanalyse et les ulcèresgastro-duodénaux*, Paris, 1957.

1964-1965, l'Intégration psychosomatique dans le traitement psychanalytique des maladies organiques, XXIV Congresso dos psicanalistas de línguas românicas, *Revue française de psychanalyse*, 28, 5-45.

264 *O equilíbrio psicossomático*

GEIST H.

1964, *The Psychological Aspects of Diabetes*, Springfield, III., Charles Thomas, 81 p.

GRODECK G.

1923, *le Livre du Ça*, Paris, Gallimard, "Tel", 1973.

1951, Psychosomatische Forschung als Erforschung des Es, *Psyche, 4*, 481-487.

HARTMANN H.. KRIS E.., LOEWENSTEIN R.

1956. Comments on the Formation of Psychic Structure, *The Psychoanalytic Study of the Child*, 2, 11-38.

HAYNAL A., PASINI W.

1978, *Abrégé de médecine psychomatique*, Paris, Masson.

HEINROTH J.C.

1818, *les altérations des facultés intellectuelles et leur traitement*.

JACKSON H.

1886, A Contribution of the Comparative Study of Convultions, *Brain*, 9, 1-23.

KLEIN M.

1932, *la Psychanalyse des enfants* (trad. J. B. Boulanger), Paris, P.U.F., 1069.

Bibliografia 265

KOHUT H.

1970, *le Soi*, Paris. P.U.F. 1974.

KREISLER L., FAIN M., SOULE M.

1974, l'*Enfant et son corps. Étude sur la clinique pychosomatique du premier âge*, Paris, P.U.F.

LACAN J.

1949, le Stade du miroir comme formateur de la joncion du Je telle qu'elle nous est révélée dans l'expérience psychanalytique, in *Écrits*, Paris, Seuil, 1966.

LAPLANCHE J., PONTALIS J. B.

1968, *Vocabulaire de la psychanalyse*. Paris, P.U.F.

LESTRADET H., BESSE J., GRENET P.

1968, *le Diabète de l'enfant et de l'adolescent*, Paris, Maloine.

MARTY P.

1958, la Relation d'objet allergique, *Revue française de psychanalyse*, 22, 30-35.

1969, Notes cliniques et hypothèses à propos de léconomie de l'allergie, *Revue française de psychanalyse*, 33, 243-254.

1972, Intervenção na comunicação de D. Flagey no XXXII Congresso dos Psicanalistas de Línguas Românicas: Points de vue psychanalytiques sur l'inibition inellectuelle, *Revue française de psychanalyse*, 36, 805-816.

1976, *les Mouvements individuels de vie et de mort. Essai déconomie psychosomatique*, Paris, Payot.

266   *O equilíbrio psicossomático*

1978, Structures allergiques et manifestations allergiques, texto não publicado e apresentado por J.M. Alby no Congresso de Psiquiatria de Atlanta (E.U.A.) em maio.

1980, *l'Ordre psychosomatique. Désorganisation et régressions. Les mouvements individuels de vie et de mort*, tomo II, Paris, Payot.

MARTY P. M'UZAN M. DE, DAVID C.

1968, le Cas Dora et le point de vue psychosomatique, *Revue française de psychanalyse*, 32, *679-714*

1963, la "Pensée opératoire", *Revue Française de psychanalyse*, 27, 345-356.

MARTY P., M'UZAN M. DE

1963, la "Pensée opératoire", *Revue framçaise de psychanalyse, 27,* 345-356.

MARTY P., M'UZAN M. DE, DAVID C.

1963, *l'Investigation psychosomatique,* Paris, P.U.F.

MISKY I.A.

1948. Emotional Factors in the Patient with Diabetes Mellitus, *Bulletin of the Menninger Clinic*, 12.

MITSCHERLICH A.

1965, Öber die Behandlung psychosomatischer Krankheiten, *Psyche, 18*, 642-663.

Bibliografia 267

REY A.

1959, *Manuel: test de copie d'une figure complexe*. Éditions du centre de psychologie appliquée.

ROUART J.

1975, la Position actuelle de Julien Rouart, in Ey H., *Des idées de Jackson à un modèle-organo dynamique en psychiatrie*, Paris, Privat, p.200.

SAMI-ALI M.

1969a, Préliminaire d'une théorie psychanalytique de l'espace imaginaire, *Revue française de psychanalyse, 33*, 25-78.

1969b, Étude de l'image du corps dans l'urticaire, *Revue française de psychanalyse, 33* 201-226.

1974, *l'Espace imaginaire*, Paris, Gallimard.

SCHUR M.

1955, Coments on the Metapsychology of Somatization, *The Psychoanalytic Study of the Child*, Nova Iorque, *10*, 119.

SELYE H.

1956, *le Stress de la vie. Le problème de ladaptation*, Paris, Gallimard, i975.

SHENTOUB V.

1972-1973, Introduction théorique à la méthode du T.A.T.., *Bulletin de psychologie, 26*, 305, 582-602.

268   *O equilíbrio psicossomático*

SHENTOUB V. DEBRAU R.

1969, Contribution du T.A.T. au diagnostic différentiel entre le normal et le pathologique chez l'enfant, *la Psychiatrie de l'enfant, 1*, 241-261.

1970-1971, Fondements théoriques du processus T.A.T.., *Bulletin de psychologie, 24*, 292,903-908.

1971, Diagnostic différentiel entre des états pathologiques chez le jeune adulte. Étude de quatre cas, *la Psychiatrie de l'enfant, 14*, 233-272.

1978-1979, Que faire d'une excessive richesse fantasmatique? Interprétation d'un protocole'inhabituel au T.A.T.., *Bulletin de psychologie, 32*, 339, 309-322.

SOULAS B.

1978, Deuil et apparition des crises épileptiques chez l'enfant, *Revue française de psychanalyse*, 42, 389-410.

SPITZ R.

1946, Anaclitic Depression, *The Psychoanalytic Study of the Child*, Nova Iorque. 2

1965, *De la naissance à la parole. La première année de la vie*, Paris, P.U.F., 1968.

VLABREGA J.P.

1966, Problèmes de théorie psychosomatique, *Encyclopédie Médico-Chirurgicale*, 37 400, C 10.

VON ÜEXKÜLL T.

1963, *la Médecine psychosomatique*, Paris, Gallimard, 1966.

Bibliografia 269

WESIACK W.

1978, The role of Psychoanalysis in Psychosomatic and General Medecine, conferência feita na Sociedade Sigmund Freud a 23 de fevereiro de 1976, *Sigmund Freud House Bulletin*, 2,3037.

WINNICOTT D. W.

1965, *Processus de maturation chez l'enfant*, Paris, Payot, 1970.

1971, *Jeu et réalité* (1971), Paris, Gallimard, 1975.

EPARMA

Impresso nas oficinas da
EDITORA PARMA LTDA.
Telefone: (011) 912-7822
Av. Antonio Bardella, 280
Guarulhos - São Paulo - Brasil
Com filmes fornecidos pelo editor